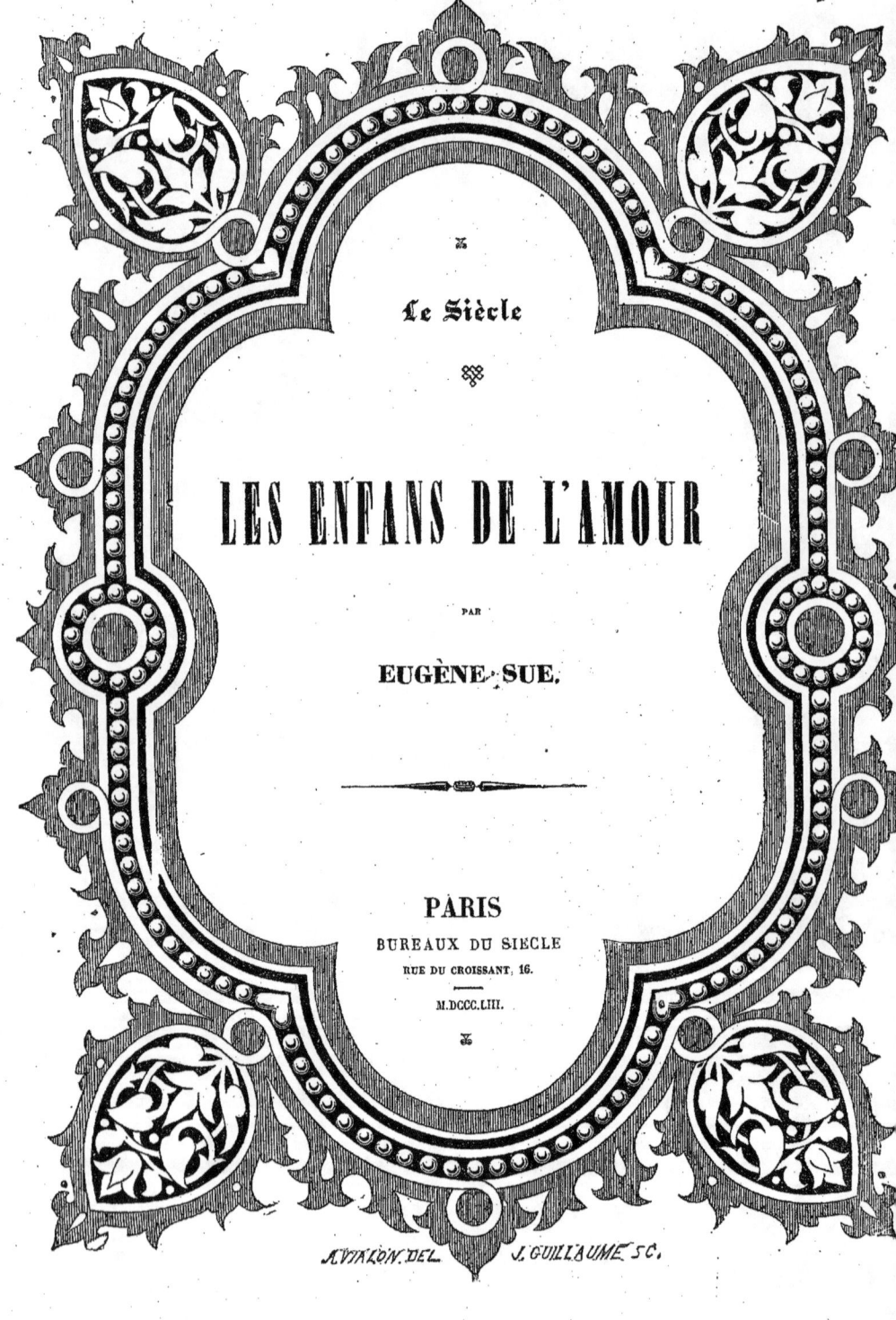

Eugène Sue.

LES
ENFANS DE L'AMOUR.

PROLOGUE.

I.

Vers les premiers jours du mois d'avril 1816, par un beau jour de soleil printannier, le *boulevard de Gand*, à cette époque fort à la mode à Paris, était encombré de promeneurs circulant entre deux rangs de personnes assises ; çà et là, dans la foule, on remarquait des uniformes étrangers, l'armée alliée occupant encore la France.

Parmi les personnes assises au coin du boulevard et de la rue *Taitbout*, à l'angle de laquelle est placé le *café Tortoni*, alors le rendez-vous habituel des anciens *volontaires royaux* et d'un grand nombre d'officiers prussiens et autrichiens d'un grade élevé, se trouvaient, sur des chaises voisines l'une de l'autre, deux femmes accompagnées de leur mari ; elles ne se connaissaient pas ; l'une d'elles avait à ses côtés son fils, enfant de quatre ans d'une figure charmante. Cette jeune femme, blonde et remarquablement jolie, s'appelait madame *Delmare* ; elle était coiffée comme on disait alors à l'*anglaise*, et mise avec une extrême élégance.

M. Delmare, son mari, homme d'un âge mûr, d'une épaisse et forte stature, portait des besicles d'or ; ses traits, d'une douceur, d'une bonhomie candide, avaient une expression de quiétude et de félicité parfaites ; il venait de prendre sur ses genoux l'enfant dont nous avons parlé, le couvait des yeux, et paraissait en adoration devant lui ; le petit garçon tenait de chaque main un de ces drapeaux de papier blanc fleurdelisés que l'on vendait alors sur les boulevards, tandis que, sur une chaise voisine, se voyaient plusieurs autres jouets achetés pour lui durant la promenade : ses moindres caprices étaient des ordres pour son père, M. Delmare.

Soudain ce dernier, se penchant vers sa femme, lui dit à demi-voix d'un air enchanté :

— Anna... Anna... as-tu entendu ?

— Quoi ! mon ami ?

— Cette dame... qui est à côté de nous, à gauche...

— Cette dame en chapeau bleu ?... — reprit madame Delmare en s'avançant un peu pour regarder sa voisine ; elle est jolie comme un ange, quoiqu'un peu pâle... je l'avais déjà remarquée.

— Eh bien ! ma chère Anna, la dame au chapeau bleu... est aussi spirituelle qu'elle est jolie...

— Comment le sais-tu, mon ami ?

— Elle vient de dire à son mari... en lui montrant notre petit Adalbert : « Mon Dieu... voyez donc le délicieux » enfant avec ses cheveux blonds... »

— Je conçois, mon ami, que tu trouves cela très spirituel, — répondit en souriant madame Delmare ; — mais sans aller aussi loin que toi dans l'élan de ma reconnaissance, je dirai qu'en trouvant Adalbert charmant, la dame au chapeau bleu... fait preuve de très bon goût.

M. Delmare, pressant alors entre ses mains la tête blonde de l'enfant, l'embrassa tendrement et lui dit tout bas :

— As-tu entendu cette belle dame assise à côté de nous ? elle te trouve charmant.

— Mon ami, — reprit la jeune femme à son mari avec un accent de doux reproche, — vraiment tu gâtes trop Adalbert.

— Le gâter ! — reprit M. Delmare. — Allons donc... jamais je ne le gâterai assez pour le bonheur qu'il me donne... bonheur encore doublé par les angoisses que m'a causées sa naissance... pauvre amour !... Sais-tu, Anna, que sur cent enfans qui comme lui viennent trop tôt dans ce monde, les chers petits impatiens, il n'y en a pas dix qui survivent... tandis que lui, je te le demande, hein ? est-il fort ! est-il vermeil ! est-il beau !

Et M. Delmare, dans son enthousiasme paternel, couvrant de nouveau son fils de caresses, ne remarquait pas la rougeur et l'embarras momentanés de sa femme : il reprit donc avec un accent de bonheur ineffable :

— Que veux-tu que je te dise, Anna ! Eh bien ! oui, je suis fou, idolâtre de mon fils, il faut en prendre ton parti... Et puis, — ajouta M. Delmare en regardant sa femme avec une expression si tendre, si douce, si aimante, qu'elle donna du charme à sa physionomie jusqu'alors insignifiante, — tu as un excellent moyen de m'empêcher de ne songer qu'à gâter ce cher enfant.

— Cela me paraît difficile, — répondit la jeune femme en souriant, — mais enfin... mon ami, voyons ce moyen.

M. Delmare, se penchant à l'oreille de sa femme, lui dit tout bas, avec un accent d'amour passionné :

— Donne-moi un autre petit ange... et Adalbert ne sera plus le seul que je gâterai... je partagerai mon idolâtrie.

Madame Delmare baissa les yeux, rougit de nouveau et resta quelques momens silencieuse, pendant que son mari la regardait d'un air conquérant.

Tandis que cette petite scène d'intimité conjugale se passait, la dame au chapeau bleu, après s'être extasiée sur la délicieuse figure de l'enfant de madame Delmare, était retombée dans une sorte de triste rêverie, dont ne pouvaient la tirer les empressemens marqués de M. de Bourgueil, son mari, jeune homme de vingt-cinq ans environ, brun, grand, d'un extérieur distingué, d'une figure agréable, quoique ses lèvres minces et pincées, son regard un peu couvert, donnassent parfois à son coup d'œil et à son sourire quelque chose de faux et de contraint.

Sa femme, nous l'avons dit, était d'une beauté remarquable ; d'épais bandeaux de cheveux châtains encadraient son pâle et doux visage d'une angélique pureté ; pensive et mélancolique, elle répondait avec distraction ou par monosyllabes à son mari ; après être restée assez longtemps silencieuse, elle vient, on le sait, remarqué la jolie figure de l'enfant de madame Delmare, et dit à M. de Bourgueil :

— Quelle délicieuse figure d'enfant !

— En effet, il est charmant, et son père le dévore de caresses, — avait répondu M. de Bourgueil.

Et bientôt ne pouvant étouffer un soupir pénible, et cherchant le regard de sa femme, il ajouta tout bas :

— Il couvre un fils de caresses... Il est bien heureux, cet homme-là !

Mais madame de Bourgueil, retombée dans sa rêverie, ne répondit ni au regard ni aux paroles de son mari ; celui-ci, dans son dépit, lui dit à mi-voix, en lui touchant légèrement le coude :

— Mais, Julie... je vous parle...

— Pardon, mon ami, — reprit la jeune femme presqu'en sursaut, — que me disiez-vous ?

— En vérité, vous devenez d'une distraction, d'une taciturnité inconcevables... Je vous ai proposé cette promenade, croyant vous être agréable, et c'est à peine si je puis tirer deux mots de vous.

— Il faut m'excuser, mon ami, je suis, vous le savez, depuis quelque temps assez souffrante ; pardonnez-moi donc de ne vous avoir pas répondu... Vous me disiez, je crois...

— Je vous disais... que ce monsieur, dont vous trouvez le petit garçon si joli, est un heureux père...

— Il doit l'être, avec un pareil enfant.

— Et c'est un bonheur... que je ne serai probablement jamais appelé à connaître, moi ! — reprit M. de Bourgueil avec amertume. — Depuis un an... je vous inspire... tant d'éloignement !

— Monsieur, de grâce... — répondit madame de Bourgueil à demi-voix et avec embarras, craignant que ses voisins n'entendissent cet entretien ; — de grâce... pas un mot de plus...

— Est-ce ma faute, à moi, — reprit M. de Bourgueil à voix plus basse, mais avec un redoublement d'amertume, — est-ce ma faute si la vue d'un bonheur que j'envie, que je ne connaîtrai jamais peut-être... m'arrache du cœur... une plainte involontaire ?

Madame de Bourgueil implorait de nouveau son mari du regard pour le supplier de mettre un terme à cette conversation, dont elle paraissait péniblement affectée, lorsque l'enfant de M. Delmare, instruit par celui-ci de la dame au chapeau bleu trouvait charmant, quitta les genoux de son père après quelques momens de réflexion, et, s'approchant de madame de Bourgueil, lui dit :

— Madame... papa m'a dit tout à l'heure que vous me trouviez charmant... Cela m'a fait bien plaisir, aussi je veux vous donner un de mes drapeaux... Tenez, — ajouta l'enfant en offrant à la jeune femme ses deux petits drapeaux, — choisissez le plus joli, madame...

M. Delmare avait suivi de l'œil et de l'oreille la démarche de son fils ; aussi, se retournant vers sa femme d'un air à la fois ébahi et triomphant, il s'écria :

— Anna... l'entends-tu ? à son âge ! à quatre ans !! trouver cela de lui-même ! C'est... c'est inouï... c'est admirable !

— Madame, — dit madame Delmare en se levant aussitôt de sa chaise et s'approchant de madame de Bourgueil, qui, touchée de la gentillesse de l'enfant, l'avait pris sur ses genoux pour l'embrasser, — je vous demande mille pardons de l'indiscrétion de mon fils.

— Je suis, au contraire, madame, très heureuse qu'il m'ait entendue, — répondit gracieusement madame de Bourgueil, — et, vous le voyez, je suis récompensée de m'être montrée si sincère... j'y gagne ce joli drapeau...

M. Delmare, retournant aussitôt sa chaise du côté de madame de Bourgueil, lui dit avec une bonhomie pleine de franchise :

— Ma foi ! madame, je ne suis pas si modeste que ma femme, moi, et j'accepte avec joie, avec reconnaissance, tout ce que vous voudrez bien dire d'aimable sur mon petit Adalbert.

Ce nom d'*Adalbert* n'est pas un de ces noms communs, si constamment prodigués qu'ils ne frappent pas lorsqu'on les entend prononcer ; aussi madame de Bourgueil ne put s'empêcher de tressaillir imperceptiblement à ce nom d'*Adalbert*, une faible rougeur colora un instant son pâle visage, et un sourire douloureux effleura ses lèvres ; cette émotion fugitive passa inaperçue, et madame de Bourgueil reprit en s'adressant à M. Delmare, dont elle tenait toujours le fils sur ses genoux :

— Vous avez raison, monsieur, de ne pas être modeste ; un si aimable enfant donne le droit d'être fier.

M. de Bourgueil, se mêlant alors à l'entretien, dit obligeamment à madame Delmare, dont la grâce, la distinction annonçaient une femme de très bonne compagnie, et qui s'était assise sur une chaise vacante auprès de celle de madame de Bourgueil :

— Madame, je me permettrai de vous avouer que je suis très jaloux du cadeau que ce joli enfant vient de faire à ma femme. J'ai pensé comme elle... je mérite autant qu'elle.

— Alors, monsieur, — reprit gravement le petit Adalbert, ne perdant rien de ces paroles, — je vous donne mon autre drapeau.

Et, toujours assis sur les genoux de madame de Bourgueil, l'enfant offrit son autre jouet au mari de la jeune femme. Celle-ci portait au corsage de sa robe une de ces petites épingles napolitaines, en corail sculpté, représentant une main fermée moins l'index étendu, sorte de préservatif contre le *mauvais sort*, disent les Italiens. Adalbert, trouvant ce petit bijou de son goût, dit à madame de Bourgueil, en véritable enfant gâté :

— Madame, je vous ai donné mon drapeau, vous me donnerez votre belle épingle, n'est-ce pas ?

Et, sans attendre que sa demande fût agréée, il enleva lestement l'épingle du corsage de la jeune femme.

M. Delmare, dans son engoûment paternel, trouva le trait fort plaisant et se prit à rire aux éclats ; tandis que sa femme, très visiblement contrariée de l'indiscrétion de l'enfant, dit à madame de Bourgueil :

— En vérité, madame, je suis confuse de cette espièglerie, dont je vous demande mille pardons.

Et s'adressant à son fils d'un air sévère, elle ajouta :

— Il faut rendre cette épingle à madame, mon enfant ; ce que vous avez fait là est fort mal.

— Mais non, madame, — répondit en souriant madame de Bourgueil, touchée de l'embarras de la jeune mère, — l'échange est fait... Je garde le drapeau.

— Ces épingles défendent, dit-on, contre le *mauvais sort*,

—ajouta M. de Bourgueil,—il faut au contraire que ce cher enfant la garde.

Madame Delmare et son mari, touchés de la parfaite bonne grâce de leurs voisins, voulurent néanmoins restituer l'épingle ; mais Adalbert serra le bijou dans sa main, criant de toutes ses forces que la jolie dame le lui avait donné et qu'il le garderait.

Ce débat commença d'attirer l'attention des personnes assises sur les chaises voisines. M. Delmare dit à demi-voix à M. de Bourgueil :

— Soyez assez bon, monsieur, pour me donner votre adresse... afin que demain je puisse avoir l'honneur de vous reporter cette épingle, et de vous réitérer mes excuses et celles de ma femme.

— Non, non, monsieur,—reprit M. de Bourgueil,—cette épingle n'a aucune valeur ; nous sommes très heureux qu'elle plaise à ce charmant enfant..

— En tout cas, monsieur, — reprit M. Delmare, — permettez-moi d'insister pour avoir votre adresse, afin que ma femme et moi nous puissions du moins aller vous remercier.

M. de Bourgueil, cédant à ces instances, prit une carte dans sa poche, la remit à M. Delmare en lui disant poliment :

— Quoiqu'il n'y ait en vérité, monsieur, nullement lieu à des remercîmens de votre part, pour si peu de chose, madame de Bourgueil et moi nous serons très heureux d'avoir l'honneur de vous recevoir.

M. Delmare venait de serrer la carte dans son gilet, lorsqu'il entendit sa femme dire à demi-voix à madame de Bourgueil, auprès de qui elle était assise :

— Mon Dieu, madame, regardez donc la belle créature !

— Quelle figure caractérisée ! — répondit madame de Bourgueil,—elle doit être italienne ou espagnole.

M. Delmare, entendant ces paroles, leva les yeux, et vit debout, à peu de distance et en face de lui, une grande jeune femme misérablement vêtue. Elle portait sur son bras droit un enfant au maillot, enveloppé de haillons ; de sa main gauche, elle tenait plusieurs petits bouquets de violettes qu'elle offrait aux promeneurs.

Ainsi que l'avait fait observer madame de Bourgueil, la bouquetière offrait le type achevé de la beauté méridionale ; elle était grande, svelte, et, sous les plis disgracieux de sa mauvaise robe de toile, on devinait une taille accomplie ; son mouchoir rouge, noué en marmotte, laissait apercevoir deux bandeaux de cheveux d'un noir bleu comme le noir de ses longs sourcils ; ses traits, amaigris par la misère, mais d'une beauté rare, semblaient dorés par les rayons du soleil du Midi ; sa bouche avait une expression de fierté douloureuse ; son regard, tantôt fixe, tantôt distrait, donnait une expression étrange à ses grands yeux noirs. Elle resta quelques instans immobile devant les deux jeunes femmes, tenant son enfant sur un bras ; puis elle leur offrit ses bouquets de violettes sans prononcer une parole, comme si elle eût obéi à un mouvement machinal pendant que son esprit était ailleurs.

— Pauvre femme... elle a l'air presque égaré ;—dit tout bas madame Delmare à madame de Bourgueil.

— Le chagrin peut-être,—répondit celle-ci ;—elle paraît être dans une grande misère.

La bouquetière continuait d'offrir ses violettes sans prononcer une parole. M. Delmare avança le bras, prit quatre bouquets, et, fouillant dans sa poche, dit à la marchande :

— Combien ces quatre bouquets ?

Elle ne parut pas l'entendre et continua de regarder autour d'elle d'un air presque hagard.

— Eh ! la marchande, — reprit M. Delmare d'une voix plus haute et lui touchant le bras,—je vous demande combien ces bouquets ?

— Qué voudrez, — répondit-elle avec un accent italien très prononcé, en regardant à peine M. Delmare.

Celui-ci, n'ayant pas compris le qué voudrez de la bouquetière, dit à sa femme :

— As-tu entendu, chère Anna ?

— Cette pauvre femme veut dire, sans doute, que vous lui donniez ce que vous voudrez, mon ami, — reprit madame Delmare ; — soyez généreux, la pauvre créature semble bien malheureuse...

— Tu sais, chère Anna, que tout ce que tu désires... est fait, dit à demi-voix M. Delmare à sa femme.

Et tirant de sa poche une pièce de cinq francs, il allait la donner à la bouquetière, lorsque se ravisant, et voyant son fils qui, debout et un peu en avant des deux jeunes femmes, regardait avec la curiosité de son âge la marchande de bouquets, il appela l'enfant en lui disant :

— Adalbert !

A ce nom, qui avait déjà paru frapper madame de Bourgueil, la bouquetière sortit de sa distraction et regarda autour d'elle d'un air inquiet.

L'enfant n'ayant pas tout de suite répondu à l'appel de son père, celui-ci reprit :

— Tu ne m'entends donc pas, Adalbert ?... Adalbert ?

La bouquetière, à ce nom répété coup sur coup, frémit de tout son corps ; ses traits prirent une indéfinissable expression d'angoisse et d'alarme, on eût dit que ce nom retentissait dans son cœur d'une manière déchirante ; aussi, fronçant ses noirs sourcils, elle s'écria vivement, en regardant M. Delmare presque avec égarement :

— Adalbert... Pourquoi Adalbert ?...

— Mais, ma pauvre femme, — répondit M. Delmare fort surpris,—Adalbert... c'est mon fils, et je l'appelle pour lui remettre cette pièce de cinq francs afin qu'il vous la donne...

Puis, se penchant à l'oreille de M. de Bourgueil, il ajouta :

— Décidément, la malheureuse est à moitié folle.

— J'en ai grand'peur, — reprit M. de Bourgueil avec un accent de commisération.

L'enfant s'étant enfin rendu à la voix de son père, celui-ci lui donna les cinq francs, qu'il alla tout fier remettre à la bouquetière.

La pauvre créature reçut machinalement l'argent, et silencieuse, contempla pendant quelques instans le petit Adalbert avec un regard étrange... presque jaloux.

M. Delmare et M. de Bourgueil, se tenant alors debout derrière les chaises de leurs femmes, ne pouvaient remarquer leurs traits.

Toutes deux, simultanément frappées de l'émotion pénible que le nom d'Adalbert paraissait causer à la bouquetière, avaient beaucoup rougi, baissé les yeux et détourné la tête, tâchant d'éviter mutuellement leurs regards, comme si chacune eût voulu cacher à l'autre son embarras ; toutes deux essayèrent pourtant de jeter un coup d'œil furtif sur cette marchande de bouquets, si belle et si misérable, que le nom d'Adalbert semblait douloureusement troubler...

A ce moment, trois voitures élégamment attelées s'étant successivement arrêtées devant le perron du café *Tortoni*, il se fit dans la foule des promeneurs dont le boulevard était encombré une sorte de tumulte ; on eût dit qu'il s'agissait d'un spectacle imprévu... extraordinaire.

II.

Une sorte de tumulte mêlé de clameurs et d'éclats de rire, s'élevant parmi les promeneurs du boulevard de *Gand*, avait donc accueilli l'arrivée de trois voitures élégamment attelées ; elles venaient de s'arrêter à l'angle de la rue Taitbout et du boulevard, en face du café *Tortoni*, non loin de l'endroit où madame Delmare et madame de Bourgueil se tenaient assises.

La foule devint bientôt si compacte, autour des deux

jeunes femmes, qu'elles furent, ainsi que leurs maris et la bouquetière elle-même, tellement enserrées de tous côtés qu'elles se trouvèrent très heureuses d'être garanties par leurs chaises contre ce flot de curieux toujours croissant.

Au milieu de ceux-ci était un homme jeune encore, de grande taille, d'une figure à la fois mélancolique et austère, à laquelle de longues moustaches et une impériale donnaient un caractère militaire; un col noir, une longue redingote bleue, boutonnée jusqu'en haut, et ornée de la rosette d'officier de la Légion d'honneur, donnaient à cet homme tous les dehors d'un officier à demi-solde, *d'un brigand de la Loire*, comme les royalistes disaient alors. Arrivant de voyage, il avait à la main un petit portemanteau de cavalerie en drap rouge, et paraissait contrarié d'être arrêté en chemin par ce rassemblement inattendu.

Cependant, entendant les éclats de rire et les clameurs redoubler à la porte du café Tortoni, le *major* MAURICE (c'était son nom) partagea bientôt la curiosité générale et resta tout proche des deux jeunes femmes et de la bouquetière; celle-ci, ayant même été assez brusquement heurtée par la brusque pression de la foule, le major Maurice eut pitié de cette pauvre femme tenant dans ses bras son enfant, qu'elle tâchait de préserver, et lui dit avec bonté :

— Tenez-vous là !... devant moi... jusqu'à ce que ce rassemblement soit dissipé; vous ne serez pas bousculée, et il n'arrivera rien à votre enfant...

La bouquetière remercia l'officier d'un regard reconnaissant; un nouveau mouvement de la foule ayant eu lieu, le major Maurice se retourna et regarda si sévèrement les curieux impatients de se glisser au premier rang, que la bouquetière et son enfant ne furent pas exposés à d'autres chocs.

M. Delmare, à la prière de sa femme, monta sur une chaise, ainsi que M. de Bourgueil, afin de voir au-dessus de la foule et d'apprendre enfin la cause de ce singulier tumulte.

Soudain, M. Delmare partit d'un grand éclat de rire, et dit :

— Ah ! ah ! ah ! la bonne plaisanterie !

— C'est, en effet, très comique, — ajouta M. de Bourgueil, en partageant l'hilarité de son voisin.

— Faites-nous donc au moins part de ce que vous voyez, messieurs, — dit madame Delmare.

— Deux jeunes gens, de très bonne mine, ma foi... et portant moustache, viennent de descendre d'une de ces voitures, — répondit M. Delmare ; ils sont poudrés et coiffés à l'oiseau royal, ils ont des habits bourgeois avec des épaulettes, des culottes courtes, des bas chinés... des épées en travers, et des cocardes blanches grandes comme des assiettes...

— Véritable costume d'émigrés, de *voltigeurs de Louis XIV*, comme on dit, — reprit M. de Bourgueil, en riant plus fort.

— Bon ! voici qui est mieux, — ajouta M. Delmare redoublant d'hilarité, — un grand et gros homme qui a près de six pieds, et dont les moustaches rousses longues d'une aune, descend de la seconde voiture, habillé comme les autres en *voltigeur de Louis XIV*... seulement au lieu d'épée... Ah !! ah ! ah ! mon Dieu que c'est drôle ! il porte une broche de cuisine avec une dragonne...

— Ah ! ah ! voyez donc, — reprit M. de Bourgueil, — il a une grande croix de Saint-Louis en ferblanc attachée par derrière entre les deux boutons de la taille de son habit.

— C'est, ma foi, vrai ! — dit M. Delmare, — je viens de la voir, cette croix, au moment où il faisait une pirouette en prenant des airs de marquis... Ah ! ah ! mon Dieu, quel drôle de gros homme !... Entendez-vous, mesdames, les éclats de rire, les applaudissemens ?

— Mais que signifie cette mascarade ? — demanda madame Delmare, aussi surprise que l'autre jeune femme.

— Le carnaval est terminé depuis longtemps, — ajouta madame de Bourgueil.

— Je comprends tout maintenant ! — s'écria M. Delmare en se frappant le front. — Le café Tortoni est le rendez-vous habituel des anciens volontaires royaux, de beaucoup d'officiers étrangers...

— Et ces jeunes gens, — ajouta M. de Bourgueil, — qu'il est facile de reconnaître à leurs figures militaires pour d'anciens officiers de l'empire, auront, par dérision et par bravade, pris le costume d'émigré (1).

— Quelle folie ! — dit madame Delmare en souriant.

— Malheureusement, cette folie pourrait amener une querelle, — reprit madame de Bourgueil, — si le café Tortoni est, comme le disent ces messieurs, le rendez-vous habituel des anciens volontaires royaux.

— Vous avez raison madame, — dit l'autre jeune femme; — ces volontaires pourraient prendre très au sérieux la plaisanterie de ces officiers de l'empire.

— Et la prendre d'autant plus au sérieux, ma chère Anna, — reprit M. Delmare, — que, parmi ces ex-volontaires royaux habitués de Tortoni, il y a, dit-on, deux ou trois duellistes très redoutés. Il se pourrait donc qu'après tout cette bouffonnerie se terminât par quelque mort, et, je l'avoue, ce serait moins gai que le commencement.

— Ah ! — dit madame Delmare, — ce serait horrible !

— Espérons, — reprit madame de Bourgueil, — que les choses n'iront pas si loin.

— Oh ! oh ! — dit M. Delmare, toujours debout sur sa chaise, — voici la dernière voiture... Aux derniers les bons, sans doute.

— Diable ! cela va se gâter, — reprit M. de Bourgueil. — Déjà plusieurs officiers étrangers et quelques habitués de Tortoni sont sortis sur le perron du café, sans doute pour recevoir peu courtoisement les prétendus voltigeurs.

— Mais ceux-ci paraissent attendre leurs amis de la dernière voiture, — ajouta M. Delmare. — Ah ! voilà le fameux *Lostange*... un ancien volontaire royal ; il sert aussi du café. C'est un de ces fameux duellistes dont je parlais tout à l'heure. On me l'a fait voir il y a quelques jours.

— Où cela ? où est-il ? — demanda M. de Bourgueil.

— Tenez, celui qui vient de descendre la première marche du perron là-bas, ce grand blond qui tient une badine. Voilà un gaillard que je n'aimerais pas, je l'avoue, regarder entre les deux yeux, — dit naïvement M. Delmare, — car je ne suis pas duelliste, moi, diantre ! tant s'en faut !

— Ah ! vraiment, c'est là ce fameux Lostange ! — reprit M. de Bourgueil ; — je le connais de réputation... Triste réputation ! Il est, dit-on, à son quinzième duel et à son neuvième mort !... Plus de moitié... c'est joli.

— Ah ! l'homme affreux ! — s'écria madame Delmare presque avec effroi.

— Avoir neuf morts à se reprocher, c'est horrible ! — reprit madame de Bourgueil.

Et s'adressant à madame Delmare avec inquiétude,

— Mais, madame, entre de tels adversaires, cette plaisanterie va peut-être avoir des suites effrayantes.

— Je vous avoue, madame, que, malgré moi, j'ai le cœur cruellement serré.

— Ah ! mon Dieu ! — s'écria tout à coup M. de Bourgueil avec une expression de vive surprise et d'anxiété, — c'est lui ! c'est bien lui !... Il vient de descendre de la dernière voiture.

— De qui parlez-vous, mon ami ? — lui demanda sa femme.

Mais M. de Bourgueil ne répondit pas et parut de plus en plus alarmé. Il continua :

— Le voici qui passe le premier des six jeunes gens travestis en voltigeurs... Il monte le perron... Il va se trouver face à face avec le terrible Lostange !

— Encore une fois, mon ami, — reprit Mme de Bourgueil, —de qui parlez-vous donc ?

— M. de Bourgueil parle d'un grand jeune homme à

(1) En 1815 ou 1816, plusieurs jeunes officiers de l'empire ont eu, en effet, cette idée, et sont allés, ainsi travestis, au café Tortoni.

moustaches noires... charmante figure, ma foi, malgré sa grotesque coiffure à l'oiseau royal, — répondit M. Delmare à madame de Bourgueil. — Le voilà en haut du perron.

— Lostange le toise et l'arrête ! — s'écria M. de Bourgueil avec effroi.

— Ils échangent vivement quelques paroles, — ajouta M. Delmare, — pendant que le gros et grand homme à moustaches rousses, qui a une broche pour épée, continue ses pirouettes de marquis en regardant sous le nez un officier autrichien... Hum !... hum ! Décidément, ça va se gâter et devenir du vilain !

— Ah ! — s'écria M. de Bourgueil avec un redoublement d'anxiété, — il vient de briser en deux la badine que Lostange agitait impertinemment en lui parlant. Les voilà qui entrent tous dans le café... Plus de doute, il va se battre avec Lostange. Il est perdu... — ajouta M. de Bourgueil en descendant de sa chaise, — il est mort...

— Mais, monsieur, — dit M. Delmare en descendant aussi de sa chaise, — quel est donc ce jeune homme... à qui vous vous intéressez et pour qui vous craignez un si déplorable sort ?

Un de mes bons amis, — répondit tristement M. de Bourgueil, — le *colonel* ROLAND...

— Comment, — dit vivement M. Delmare, — ce grand beau jeune homme, que nous venons de voir là ?... c'est ce fameux colonel Roland qui a fait, dit-on, à Waterloo, des prodiges d'héroïsme à la tête de son régiment de hussards.

— C'est lui-même, monsieur, — reprit M. de Bourgueil avec une anxiété croissante ; — oui, c'est le colonel Roland... une des dernières et des plus jeunes gloires de l'empire... un des hommes les plus aimables, les plus spirituels que je connaisse, et ce soir, peut-être, il sera tué par Lostange ; car personne, dit-on, n'est, à l'épée, de la force de ce spadassin.

De même que, quelques momens auparavant, madame Delmare, madame de Bourgueil et la bouquetière avaient paru vivement impressionnées au nom d'*Adalbert*, le nom du *colonel* ROLAND, et surtout l'annonce du danger qu'il allait courir, produisit encore des effets simultanés et divers, non seulement sur les trois jeunes femmes, mais encore sur le *major Maurice*. Il ne s'était pas éloigné de la bouquetière, qu'il continuait de protéger, et avait, ainsi qu'elle, entendu le récit de ce qui venait de se passer sur le perron du café Tortoni.

Madame Delmare, au nom du colonel Roland, au mot de duel, avait pâli, rabaissé son voile sur son visage, afin de cacher son trouble, et serré contre elle son enfant avec un mouvement presque convulsif.

Madame de Bourgueil, dans un premier élan d'épouvante insensée, s'était brusquement à demi-levée, comme si elle avait pu aller conjurer le péril dont était menacé le colonel Roland ; puis, ayant réfléchi, elle était retombée sur sa chaise, saisie d'un tremblement nerveux, si violent que ses dents se heurtaient les unes contre les autres ; aussi, pour comprimer ce spasme qui l'eût trahie, elle fut obligée de mordre son mouchoir en baissant la tête sur sa poitrine.

La bouquetière, dès qu'elle eut compris que le colonel Roland courait un danger de mort, devint presque effrayant de douleur, de colère et d'audace : ses grands yeux noirs étincelèrent, et, s'adressant au major Maurice, qui l'avait jusqu'alors protégée, elle lui dit en lui tendant son enfant :

— Vous êtes bon... Gardez-le... Je vais là.

Et, d'un mouvement de tête, elle montra le café Tortoni.

Le major Maurice, à cet instant, se disposait lui-même à percer énergiquement la foule, car sa figure mâle et triste avait aussi pris une expression d'anxiété en entendant prononcer le nom du colonel Roland, et raconter les différentes péripéties de l'arrivée des prétendus voltigeurs de Louis XIV au café Tortoni ; le major fut donc très surpris de la demande de la bouquetière, qu'il crut folle, tant sa physionomie et son agitation étaient étranges ; aussi lui dit-il en haussant les épaules :

— Restez là... Je ne peux pas me charger de votre enfant.

Et il fit quelques pas en avant pour traverser la foule et aller au café Tortoni rejoindre ses frères d'armes, s'éloignant ainsi de mesdames Delmare et de Bourgueil, trop cruellement absorbées pour remarquer ce qui venait de se passer entre le major Maurice et la bouquetière.

Mais celle-ci, marchant sur les pas de l'officier, le rejoignit, et, se cramponnant à son bras, lui dit d'une voix haletante et avec son accent italien :

— On veut le tuer... Gardez mon enfant... Je défendrai... je défendrai...

Mais cette créature énergique et passionnée, ne pouvant résister à la violence de ses émotions, balbutia encore quelques paroles en italien d'un air égaré ; puis, sa voix expirant sur ses lèvres, elle poussa un cri étouffé. Le major Maurice sentit son bras serré comme dans un étau, se retourna vivement et assez à temps pour soutenir la bouquetière, qui, perdant connaissance, s'affaissait sur elle-même.

Le major Maurice était humain ; il avait déjà eu pitié de cette malheureuse femme : il ne voulut pas l'abandonner en une si triste occurrence. La foule devenant un peu moins compacte, il réclama l'assistance de quelques personnes apitoyées comme lui, et, avec leur aide, il chercha un endroit où l'on pourrait donner les premiers secours à la pauvre bouquetière.

III.

Pendant que le major Maurice prenait ainsi pitié de la bouquetière, la foule des curieux rassemblés sur le boulevard, commençant à comprendre que l'issue du travestissement des officiers de l'empire pouvait avoir des suites tragiques, attendait avec un redoublement de curiosité leur sortie du café Tortoni, où ils étaient entrés depuis quelques minutes.

Mesdames Delmare et de Bourgueil, dominant leur première angoisse, étaient parvenues à cacher en partie leur trouble à leurs maris, très peu surpris, d'ailleurs, de voir des femmes alarmées à la pensée de duels meurtriers ; puis enfin, M. de Bourgueil recevant journellement chez lui le colonel Roland, s'expliquait naturellement les inquiétudes de sa femme pour leur ami commun. Aussi lui dit-il, afin de la rassurer :

— Je suis peut-être allé trop loin dans mes craintes pour notre ami, ma chère Julie. Ce Lostange est, dit-on, le plus redoutable des duellistes, mais le colonel Roland est l'intrépidité même, et, comme militaire, il doit savoir parfaitement tirer l'épée.

— Malheureusement, il n'en est pas toujours ainsi, — reprit M. Delmare. — J'ai entendu dire que des militaires, terribles sur le champ de bataille, ne savaient pas plus manier l'épée que moi ; et ce n'est pas peu dire, vu mon peu de goût pour les armes blanches et même pour les armes à feu, — ajouta-t-il en riant avec bonhomie.

— Il est vrai que je n'ai jamais songé à demander au colonel Roland s'il était bon tireur, — reprit M. de Bourgueil. — Espérons qu'il est aussi adroit que brave.

Et s'adressant à sa femme, qui, la tête toujours baissée, ne prononçait pas une parole et tremblait si fort que l'on voyait ses épaules tressaillir sous son châle :

— Allons, ma chère Julie, ne tremblez pas ainsi... vous êtes, en vérité, d'une faiblesse !... cela devient de l'enfantillage... Nous faisons là de simples suppositions... Il est toujours assez temps de se chagriner lorsqu'un malheur est arrivé.

— J'avoue ma faiblesse... mais un duel ! — murmura la pauvre femme, en se faisant une violence inouïe pour articuler ces paroles : — un duel, quel que soit celui des adversaires qui succombe, est toujours quelque chose de si déplorable !

— Et penser, — ajouta madame Delmare d'une voix plus ferme, — et penser que des familles aujourd'hui heureuses, demain seront peut-être dans le deuil !

— Oh ! toi, ma pauvre Anna, — répondit affectueusement M. Delmare, — tu n'es pas plus brave que madame, tu es même moins brave qu'elle ; car enfin tu ne connais le colonel Roland ni d'Ève ni d'Adam, et ta voix est tremblante, ton visage altéré... Aussi regarde notre Adalbert, comme il est attristé de te voir inquiète, ce pauvre cher enfant ! Au diable les duels et les duellistes ! Il faut, ma parole d'honneur, que des hommes soient fous, archi-fous, pour aller s'entretuer ainsi ! N'est-ce pas, monsieur de Bourgueil ?

— Sans doute, monsieur, l'abus du duel est déplorable ; cependant il y a des occasions... où, ma foi...

— Serviteur de tout mon cœur à ces occasions-là ! — reprit naïvement M. Delmare, — je ne connais pas d'occasion où il faille risquer de se faire tuer. C'est bien assez déjà d'être exposé à mourir de sa belle mort. Brrrr !... Ces idées seules donnent le frisson.

— Décidément, — se dit M. de Bourgueil en souriant, — ce digne homme n'est pas un crâne.

Soudain ces mots circulèrent dans la foule :

— Les voilà !... les voilà !...

— Ils sortent avec les officiers étrangers et des habitués de chez Tortoni !

M. de Bourgueil et M. Delmare remontèrent sur leur chaise pour voir ce qui allait se passer.

Leurs deux femmes ne pouvaient plus en douter : le trouble, les angoisses, les alarmes qu'elles trahissaient, enfin cet instinct de jalousie toujours si sûr, tout leur disait qu'elles tremblaient pour le même homme... et que cet homme était le colonel Adalbert Roland.

Cependant, par une contradiction, moins étrange qu'elle ne le paraîtra peut-être, ce ne fut ni de l'envie ni de la haine que ces deux jeunes femmes ressentirent en ce moment l'une pour l'autre, mais une sorte de douloureux et mutuel intérêt, né du malheur commun dont elles étaient menacées.

Aussi madame de Bourgueil, se penchant à l'oreille de madame Delmare, lui dit d'une voix pleine de larmes à peine contenues :

— Madame... je l'aime, mais je lui ai résisté... je vous le jure !... Vous tremblez comme moi... *Vous l'aimez....* aussi !

— Oui, je tremble pour lui... mais depuis quatre ans... je ne l'ai pas revu, — répondit madame Delmare.

Et devinant que madame de Bourgueil hésitait à admettre cette longue séparation, elle ajouta avec un accent d'irrésistible sincérité :

— Croyez-moi... je dis la vérité...

Il faut renoncer à peindre la physionomie de madame de Bourgueil, le mélange de joie et de larmes qui la rendit si touchante, lorsqu'elle apprit que l'homme qu'elle adorait, mais à qui elle avait eu jusqu'alors le courage de résister, ne la trompait pas, ainsi qu'un instant elle l'en avait soupçonné. Elle serra donc à la dérobée la main de madame Delmare avec une expression de reconnaissance ineffable, pour la remercier de la délivrer d'un doute affreux.

Tout ceci s'était passé rapidement et à l'insu des deux maris, qui remontèrent sur leurs chaises, regardant du côté du café Tortoni.

— Allons, — dit tristement M. Delmare en quittant son poste d'observateur, — il n'y a plus à en douter : ils vont aller se battre ; le colonel Roland, ainsi que le grand et gros homme à moustaches rousses qui a une broche pour épée, viennent de sortir du café avec ce terrible Lostange et un officier autrichien ; tous quatre sont entrés dans la même voiture, en faisant assaut de courtoisie lorsqu'il s'est agi de savoir qui monterait le premier. Bien obligé de la politesse ! il y a joliment de quoi de faire ainsi des *salamalecks*.

— Et ainsi des autres, — ajouta M. de Bourgueil, — ils se sont appareillés... Six contre six... avec des volontaires royaux et des officiers étrangers. Ils vont sans doute sur l'heure se couper la gorge au bois de Vincennes ou au bois de Boulogne.

— Peut-être que l'esclandre de cette rencontre en plein midi aura été tel, — reprit M. Delmare, — que la police va s'en mêler... et les empêchera de se battre ; ce serait, ma foi, bien heureux.

— Monsieur a raison, — dit madame de Bourgueil, — se rattachant à cet espoir ; il est impossible qu'on laisse un pareil duel avoir lieu.

— En admettant cela, ma chère amie, — reprit M. de Bourgueil, — ce ne serait qu'un retard ; le duel serait remis ; et, je l'avoue, dans l'inquiétude où je suis, je préférerais, pour ma femme et pour moi, être fixé le plus tôt possible sur le sort de notre pauvre ami... le colonel Roland.

Après le départ des voitures qui emmenaient les combattans, la foule se dissipa peu à peu.

M. Delmare, offrant alors son bras à sa femme, dit à M. et madame de Bourgueil :

— Je sais maintenant presque gré à mon fils de son indiscrétion, puisqu'elle me procure le plaisir de vous revoir.

— J'espère, monsieur, que ces relations, amenées par le hasard, continueront entre nous, — reprit M. de Bourgueil, — et je suis certain, en parlant ainsi, d'être l'interprète de ma femme.

Madame de Bourgueil, qui cachait toujours sa pâleur et son trouble sous son voile, offrit la main en tremblant à madame Delmare, et lui dit avec un accent significatif :

— Madame... quoique j'aie l'honneur d'être bien peu connue de vous, vous croirez, je l'espère, à mon vif et sincère désir de vous revoir.

— Je crois d'autant plus facilement à ce désir, madame, que je le partage, vous pouvez en être assurée, — répondit madame Delmare.

Et les deux couples se saluant se séparèrent.

M. Delmare était sorti à pied, mais il avait donné des ordres pour que sa voiture se trouvât sur le boulevard, dans le cas où sa femme et son fils eussent été fatigués.

— Comment allons-nous terminer notre après-dîner, ma bonne Anna ? — dit-il à sa femme. — Puis, la regardant plus attentivement, il ajouta : — Mon Dieu ! mon Dieu ! te voilà toute attristée par cette diable d'aventure !... Ce n'est pas un reproche que je t'adresse, au moins... il faudrait avoir un cœur de roche pour assister avec indifférence au départ de braves gens qui vont s'entr'égorger... entre autres le colonel Roland, si jeune et si déjà si renommé à la guerre ; mais ce qu'il y a de certain, c'est que je suis aux regrets d'avoir si mal choisi notre promenade aujourd'hui, et de t'avoir rendue par ainsi dire témoin d'une scène qui t'a péniblement affectée... Notre seule compensation à ce désagrément est notre rencontre avec ce monsieur et sa femme ; ils sont très aimables ; la jeune dame est vraiment charmante, n'est-ce pas, ma chère Anna ?

— Elle est en effet charmante, mon ami ; mais tu m'as demandé ce que je comptais faire cette après-dîner : je désire aller chez ma mère...

— A merveille... je t'y rejoindrai.

— Comment, mon ami, tu ne viens pas avec moi et Adalbert ?

— Impossible, — reprit M. Delmare en souriant ; — une affaire importante, très importante...

— Laquelle ?

— Et les cerises, madame ? — dit M. Delmare avec un sérieux comique ; — vous avez pourtant oublié les cerises !

— Que veux-tu dire ?

— Comment, chère Anna, tu ne te rappelles pas qu'hier, en passant en voiture, avec Adalbert, devant la boutique du fruitier du roi, il s'est écrié : — Oh ! voilà des cerises *neuves* ! j'en veux ! — « Des cerises neuves ! » il n'y a que lui pour trouver de si gentilles expressions !... Aussi en aura-t-il des cerises neuves ; oui, tu en auras, cher amour, et je vais t'en aller chercher.

— Oh ! alors, — reprit l'enfant d'un ton câlin et caressant, — petit père sera bien bon s'il m'apporte de belles cerises. Merci, petit père.

— Tu l'entends, — dit M. Delmare à sa femme. — Tiens, vois-tu, quand ce démon d'enfant prend sa voix câline, et qu'il me dit *petit père*, il fait de moi tout ce qu'il veut. Petit père ! il me ferait marcher sur la tête avec ce mot-là. Ainsi, chère Anna, c'est convenu, va chez ta mère, je ne tarderai pas à t'y rejoindre ; car sans toi et cet enfant, je suis comme un vrai corps sans âme.

Ce disant, M. Delmare était arrivé avec sa femme et son fils près de sa voiture, où il les fit monter.

Le valet de pied, après avoir ouvert et fermé la portière, dit à M. Delmare en lui remettant une lettre :

— Monsieur, on a apporté cette lettre à la maison... Comme on a dit au concierge qu'elle était très pressée et très importante, j'ai cru bien faire en l'apportant à monsieur, puisque je venais le chercher avec la voiture.

— Vous avez eu raison, — répondit M. Delmare en prenant insoucieusement la lettre sans la regarder, occupé qu'il était de dire encore adieu à sa femme et de répondre aux baisers que l'enfant lui envoyait gentiment par la portière au moment où les chevaux s'éloignaient.

— Hum... hum ! monsieur Adalbert, — dit M. Delmare en riant et s'adressant à son fils, tandis que sa femme, plus contrainte, se jetait au fond de la voiture en fondant en larmes ; — hum, hum, monsieur Adalbert ! ces baisers-là... me paraissent diantrement sentir les *cerises neuves*, comme vous le dites dans votre gentil jargon.

La voiture était partie depuis quelques momens, que M. Delmare la suivait encore d'un regard joyeux et attendri.

— Ah !... — se dit-il en regagnant le boulevard, tenant toujours à la main la lettre que l'on venait de lui remettre, — je ne sais pourquoi je n'ai jamais peut-être mieux senti mon bonheur qu'aujourd'hui... Ma femme !... mon enfant !... Toute ma vie est là... C'est singulier... je me le demande encore... pourquoi n'ai-je donc jamais peut-être mieux senti qu'aujourd'hui combien je suis heureux ?... Eh parbleu ! je m'en doute !... Oui, c'est cela... L'homme est ainsi fait, que, sans être égoïste ou méchant, le malheur d'autrui lui rend son bonheur plus cher, plus précieux encore... Ces officiers qui vont se battre ont des mères, des sœurs... peut-être des femmes et des enfans qu'ils chérissent... qu'ils adorent comme j'adore ma femme et mon fils ; et pourtant, aujourd'hui, sans doute, la mort va les prendre pleins de vie, d'amour et d'espérance. Pauvres gens !... c'est affreux !... Je ne m'étonne plus maintenant de l'émotion d'Anna... Songeant sans doute, comme moi, à notre bonheur... elle faisait les réflexions qui me viennent maintenant... Voilà ce que c'est que d'être toujours en retard... c'est mon défaut !... ajouta ce digne homme en souriant. — Allons, chassons ces tristes pensées... Dieu merci ! cette chère et bonne Anna peut être tranquille : si jamais je lui cause des *souleurs* par ma crânerie... il fera chaud !... Mais ne pensons plus à ces vilaines idées : courons vite acheter ces jolies cerises *neuves*, afin de revenir plus tôt près de mes deux trésors... Bon ! et cette lettre que j'oublie ! une lettre importante ! — ajouta-t-il en haussant les épaules ; — ils sont bons là comme s'il y avait d'autres lettres importantes que celles que pourrait m'écrire mon ange de femme. Il n'importe : lisons cette lettre prétendue importante... D'abord, l'écriture de l'adresse m'est inconnue... Voyons... décachetons-la.

M. Delmare décacheta la lettre : elle en contenait une seconde, qu'il mit de côté pour lire la première.

Au bout de quelques instans de cette lecture, ses traits, ordinairement fortement colorés, devinrent livides... il s'arrêta pétrifié.

Puis, passant la main sur ses yeux, comme pour s'assurer qu'il n'était pas dupe d'une vision, M. Delmare relut une seconde fois la première lettre, et jeta les yeux sur l'écriture de la seconde.

Alors il trébucha comme un homme ivre, et n'eut que le temps de se laisser tomber sur une des chaises du boulevard.

Il ne voyait plus, il n'entendait plus, il était hébété... inerte... anéanti.

IV.

Le colonel Roland, l'un des héros de notre récit, occupait un élégant petit hôtel, entre cour et jardin, situé dans la rue de *l'Arcade*.

Ce quartier, en ce temps-là fort retiré, avait été choisi à dessein par le colonel, car, grâce à une petite porte, son jardin donnant sur des terrains vagues et déserts, plus d'une *Elvire*, inquiète et tremblante, pouvait entrer chez *don Juan*, ou en sortir, sans avoir à redouter les regards curieux des passans.

Dans l'après-dîner du jour où avaient eu lieu les événemens précédens, le valet de chambre, ou plutôt l'homme de confiance du colonel Roland, se trouvait seul dans le salon de son maître, salon meublé avec autant de luxe que de recherche.

Ce serviteur, homme de trente ans environ, était Corse, et se nommait *Pietri*.

Il allait et venait dans le salon d'un air inquiet ; sa physionomie, ordinairement empreinte d'une impertinance railleuse, qui sentait son *Frontin* d'une lieue, était sombre, sinistre, pleine d'angoisse.

— Ces épées, — disait-il en marchant avec agitation, — ces épées... c'est un duel !... Est-il seulement témoin... ou se bat-il ?... Si malgré son courage... son adresse... il allait... Non, non... Cette idée est horrible...

Les réflexions de Pietri furent interrompues par l'entrée d'un domestique en livrée ; il portait un magnifique vase de porcelaine, où s'épanouissait un beau camélia rouge en pleine floraison.

— Voilà encore un bouquet, monsieur Pietri, — dit le domestique ; — faut-il le mettre sur la table, à côté des autres ?

Pietri, au lieu de répondre à cette question, dit au domestique :

— A quelle heure, au juste, Jacques est-il venu chercher les épées de la part du colonel ?

— Deux heures sonnaient à l'office, monsieur Pietri...

— Et il est quatre heures et demie, — reprit Pietri en regardant la pendule ; et se remettant à marcher avec anxiété : — que penser ? que craindre ?...

— Je peux toujours déposer le vase sur la table, monsieur Pietri ?

— Oui.

Le domestique, assez surpris de la préoccupation du valet de chambre, plaça le vase dont il était chargé sur le marbre d'une table, où l'on voyait déjà une grande corbeille, de joncs finement tressés, remplie de violettes de Parme, un superbe bouquet supporté par un cornet de verre de Bohême, et, dans une petite caisse d'ébène incrustée d'arabesques d'argent, un rosier si fleuri qu'il avait autant de roses que de feuilles.

— J'espère, monsieur Pietri, — dit le domestique, — que M. le colonel reçoit assez de beaux bouquets pour le jour de sa fête ! Voilà un *saint* fièrement fêté, et, j'en suis sûr, par de fièrement jolies fêteuses !... Ah !... j'oubliais cette lettre qu'on vient d'apporter ! Faut-il la mettre avec les autres ?

— Oui, — répondit Pietri en continuant de marcher pendant que le domestique plaçait la lettre à côté de plusieurs autres billets ployés de façons différentes.

— Monsieur Pietri, — reprit le domestique, — comme vous avez l'air inquiet ! Est-ce que vous croyez que c'est pour s'en servir que M. le colonel a envoyé chercher tantôt ses épées de combat ? Après cela, il était si drôlement déguisé... ce matin, que ça aura pu faire rire, et M. le colonel n'est pas endurant. Alors...

Mais le domestique ne recevant aucune réponse de Pietri, quitta le salon, très étonné du silence du valet de chambre.

Celui-ci, après s'être encore promené, parut se rappeler un souvenir, s'approcha vivement de la table où le domestique avait déposé une lettre récemment apportée, la prit, examina l'écriture de l'adresse, tressaillit, et, après quelques instants de réflexion, sortit du salon emportant la lettre avec lui.

A peine avait-il disparu par une porte latérale que le domestique rentra vivement, tenant à la main deux épées de combat dans leurs fourreaux, et s'écriait :

— Monsieur Pietri !... monsieur Pietri !

Mais voyant que celui-ci avait disparu, il ajouta :

— Où diable est-il ?... Sans doute il aura remonté à sa chambre par l'escalier dérobé... Qu'est-ce qu'il a donc aujourd'hui, M. Pietri ? il est d'une humeur de dogue, lui qui ordinairement est très bon enfant, et n'abuse pas de sa position d'homme de confiance du colonel.

Puis s'approchant des fleurs, dont il aspira le parfum, le domestique ajouta :

— Dieu ! que ça embaume !... est-il heureux, mon maître !... est-il adoré !... est-il fêté !... Décidément il n'y a que les colonels de hussards, et les directeurs de grandes dames, pour être choyés de la sorte... Quelles belles fleurs !... Et, bien sûr, ce ne seront pas les dernières ! Ah ! si toutes les maîtresses du colonel se mettent à lui envoyer des bouquets, il pourra ouvrir un fameux marché aux fleurs !

Pietri étant rentré en ce moment, le domestique lui dit en lui montrant les épées qu'il tenait :

— Vous voyez bien, monsieur Pietri ! vous aviez tort de vous inquiéter pour M. le colonel ; Jacques vient de rentrer avec la voiture et de rapporter les épées.

— Et le colonel ? — demanda Pietri avec une angoisse inexprimable. — Comment n'est-il pas revenu dans sa voiture ? Il est donc blessé ?... hors d'état d'être transporté ?... Mais réponds donc !... répondras-tu ?...

— Vous ne m'en donnez pas le temps... Encore une fois, rassurez-vous : M. le colonel se porte comme vous et moi.

— D'où le sais-tu ?

— Jacques l'a vu, il y a une heure... il lui a parlé.

En apprenant qu'il n'avait plus rien à craindre pour la vie de son maître, la joie, l'émotion de Pietri, furent si vives qu'il ne put d'abord trouver une parole ; puis il reprit avec un profond sentiment d'allégement :

— Ah ! de quel poids je suis soulagé !... Mais pourquoi le colonel a-t-il renvoyé sa voiture ? Était-il donc seulement témoin de ce duel ?

— Je n'en sais rien, monsieur Pietri. Voilà seulement ce que Jacques vient de me raconter : M. le colonel, en sortant de chez Tortoni, est monté en voiture avec le gros commandant Brossard, déguisé comme lui, un officier autrichien et un grand monsieur blond habillé en bourgeois. Le colonel a dit à Jacques d'ordonner au cocher de s'arrêter en face de la Madeleine.

— Et alors Jacques est venu ici me demander les épées de combat ; je sais cela. Ensuite ?

— Ensuite, monsieur Pietri, lorsque Jacques a eu apporté les épées, la voiture est repartie et s'est arrêtée au commencement de l'allée des Veuves, aux Champs-Élysées. Là, le colonel et les autres personnes sont descendues ; le grand monsieur blond sonne à la porte d'une maison entourée d'un jardin ; le colonel et les autres y sont entrés. Dix minutes après arrivaient encore deux voitures, et ceux qui étaient dedans entraient aussi dans la maison de l'allée des Veuves. Au bout d'un grand quart d'heure, un homme, sortant de cette maison, est venu appeler le valet de pied du colonel Roland. Jacques est accouru ; on l'a fait passer dans une chambre, où il a trouvé le colonel. Celui-ci lui a dit en lui remettant les épées : « M. de Saint-Mar-» ceau me reconduira chez moi, tu vas t'en aller avec la » voiture. Emporte ces épées, et tu remettras ce billet » chez M. de Bourgueil, rue Royale. » — C'est ce que Jacques a fait, monsieur Pietri. Seulement, comme c'est aujourd'hui la fête de M. le colonel, Jacques et le cocher, après avoir porté le billet, se sont ensuite arrêtés au coin de la rue Royale pour boire sur le siège une bouteille à la santé de M. le colonel... C'est pour cela qu'ils ne sont pas revenus ici plus tôt.

— De sorte, — dit Pietri d'un air pensif, — de sorte qu'il y a environ une heure que Jacques a porté le billet du colonel chez M. de Bourgueil ?

— Oui, monsieur Pietri, puisque la rue Royale est à deux pas d'ici...

— Allons, grâce à Dieu, — dit Pietri avec un nouveau soupir d'allégement, — je m'étais alarmé à tort... Ainsi, Jacques est bien certain que le colonel n'a pas même été légèrement blessé ?

— Oui, monsieur Pietri, Jacques en est bien sûr... Mais j'entends sonner, je vais voir ce que c'est.

Lorsque le domestique fut sorti, Pietri replaça sur la table le billet qu'il avait un instant emporté dans sa chambre, et le mit au-dessous des autres lettres avec un sourire étrange.

Le domestique revint bientôt et dit au valet de chambre, dont les traits reprirent dès lors leur expression habituelle :

— Monsieur Pietri, c'est un monsieur qui demande le colonel... J'ai répondu qu'il n'y était pas, mais ce monsieur désire attendre son retour. Il se nomme le major Maurice.

— Le meilleur ami de mon maître, — s'écria Pietri, — son camarade de régiment !... Vite... vite, prie-le d'entrer.

Et ce disant, Pietri se dirigea vers la porte pour aller au devant du major.

Celui-ci entra bientôt, l'air inquiet, troublé ; les premiers mots qu'il adressa à Pietri furent :

— A-t-on des nouvelles du colonel ?

— Monsieur le major sait donc...

— Oui, je sais qu'il a dû se battre tantôt...

— Eh bien ! monsieur le major, tranquillisez-vous... mon maître n'a pas une égratignure, et il ne peut tarder à rentrer...

— Ah ! tant mieux, tant mieux ! — dit le major Maurice avec expansion ; et il ajouta, en se parlant à lui-même : — Allons, ces singuliers pressentimens étaient vains... et pourtant...

Après un moment de silence et de réflexion, il dit au valet de chambre :

— Maintenant que me voici rassuré sur Adalbert, bonjour, mon brave Pietri.

Et Maurice lui tendit cordialement la main.

— Monsieur le major, — répondit Pietri, n'osant, par déférence, prendre la main que l'officier lui tendait, — je ne mérite pas..

— Quoi ! vous ne méritez pas ? que ma main serre la vôtre ? Allons, Pietri... est-ce que j'oublierai jamais que, sans votre dévouement, sans votre courage, Adalbert, mon meilleur ami, restait l'an passé sur le champ de bataille de Waterloo.

— Monsieur le major, je me suis conduit en fidèle serviteur, voilà tout.

— Voilà tout ! Et ces deux coups de lance reçus par vous en cherchant votre maître sur le champ de bataille à travers ces monceaux de cadavres, d'où vous l'avez tiré demi-mort, criblé de blessures et perdant son sang, pendant que de mon côté je ne valais guère mieux !... Allons,

Pietri, votre main... cette brave et loyale main qui, en sauvant Adalbert, m'a rendu un ami, un frère !

Cette fois Pietri ne se refusa pas à serrer dans la sienne la main que lui offrait le major Maurice, et il lui dit :

— Combien mon maître va être heureux et surpris de vous voir, Monsieur ! Il y a peu de jours encore, il s'étonnait et s'affligeait de ne pas recevoir de nouvelles de vous... Le climat de l'Egypte est souvent, dit-on, si malsain !...

— Ce n'est pas une raison de santé qui m'a fait quitter l'Egypte, mon brave Pietri... Mais parlons d'Adalbert... Comment va-t-il? Ses dernières blessures ne se sont pas rouvertes ?

— Non, monsieur, la santé du colonel est parfaite ; il n'a jamais été plus gai, plus en train ; aussi je vous assure qu'il ne perd pas son temps... Et même vous voyez, monsieur le major, qu'il l'emploie assez bien, — ajouta Pietri en riant et montrant du geste les fleurs et les bouquets étalés sur la table.

— En effet, voilà de charmantes fleurs ; mais je ne comprends pas...

— C'est aujourd'hui la fête du colonel, et il paraîtrait, d'après ces bouquets, qu'il y a beaucoup de personnes dévotes à *saint Adalbert*... C'est un saint... très couru... très recherché.

— Ainsi, le colonel est toujours le même? — reprit le major avec un sourire mélancolique : — toujours homme à bonnes fortunes ?

— Ah ! monsieur le major, moi qui vois cela de près, car mon maître a toute confiance en moi, je me demande sans cesse comment il fait pour se reconnaître et ne pas s'embrouiller au milieu de tant d'intrigues, pour ne pas se tromper d'adresse ou dire un nom pour un autre... car il y a véritablement confusion... encombrement... Mais pas du tout, le colonel ne commet jamais d'erreur ; il dit que c'est tout simple, vu qu'à son régiment il ne se trompait jamais sur le nom de ses nombreux hussards.

— Je vois qu'Adalbert n'a pas changé, il n'est fidèle qu'à l'inconstance.

— Que voulez-vous, monsieur le major ! mon maître ne s'appartient pas, il n'est pas égoïste... il est aussi prodigue de lui-même que de sa fortune, et comme le soleil, il luit pour tous les yeux... à condition qu'ils soient beaux ; car c'est une justice à lui rendre, mon maître n'est pas fier, pourvu qu'une femme soit jolie, grande dame ou grisette, il s'accommode de tout.

Et un imperceptible tressaillement fronça les sourcils de Pietri, tandis que le major, devenu pensif et triste, reprenait :

— Oui, je sais qu'en effet Adalbert s'accommode de tout... et aujourd'hui même un hasard singulier...

Puis après un moment de silence, il reprit : — Dites-moi, Pietri... parmi ces amours obscurs dont le colonel s'accommode...

Mais s'interrompant, le major ajouta :

— Après tout, Pietri... je ne veux ni commettre une indiscrétion ni vous engager à en commettre une... Je m'adresserai directement à Adalbert.

— Alors, monsieur le major, vous n'aurez pas longtemps à attendre... car une voiture vient d'entrer dans la cour : ce doit être mon maître.

En effet, peu d'instans après, le colonel Roland, instruit par ses gens de la visite du major Maurice, entra dans le salon, dont Pietri sortit discrètement, afin de laisser seuls les deux frères d'armes.

V.

Le colonel Roland, lorsqu'il entra dans le salon, était encore costumé en *voltigeur de Louis XIV*, poudré et coiffé à l'oiseau royal, portant un habit bourgeois à longues basques, avec des petites épaulettes d'or, un gilet blanc à fleurs, un jabot, des manchettes, une culotte beurre frais et des bottes à revers laissant apercevoir des bas de soie chinés, tandis que la petite épée qu'il portait en *verrouil* lui battait les mollets.

Malgré ce grotesque accoutrement, le colonel Roland, grâce à sa charmante figure, à l'élégance de sa taille et de sa tournure, n'était rien moins que ridicule. La poudre, donnant à son regard brillant un nouvel éclat, contrastait à merveille avec ses sourcils aussi noirs que ses petites moustaches retroussées.

A la vue du major, les traits du colonel prirent une expression touchante ; il courut à lui les bras ouverts en lui disant :

— Maurice !... mon ami ! toi ici ?... quelle surprise !... quel bonheur !

— Bon et cher Adalbert ! — répondit le major, non moins ému que son frère d'armes, en le serrant entre ses bras.

— Je te retrouve toujours fidèle à notre vieille amitié.

— En as-tu donc jamais douté?

— Non... Aussi tu me vois plus heureux qu'étonné de ton accueil.

— Et moi qui te croyais encore près d'Alexandrie !... car ta dernière lettre...

— Oui, lorsque je l'ai écrite, il me restait quelque espoir ; mais de nouvelles difficultés sont survenues... puis l'inexpérience... le manque de direction... Enfin, moi et mes camarades, nous avons dû renoncer à cette tentative de colonisation et revenir en France...

— Mon bon Maurice, il n'y a rien de plus stupide que de jeter au nez des gens : —*Je vous l'avais bien dit*... — mais...

— Tu as raison, tu avais à peu près prévu ce qui est arrivé ; tu m'engageais à ne pas m'expatrier... Mais si tu savais ce que c'est pour moi que de voir la France occupée par ces armées que nous avons tant de fois battues !... Et puis ces Bourbons, ce drapeau blanc... tous ces motifs me navrent.... j'aime mieux fuir un spectacle qui me révolte.

— Et moi donc ! crois-tu que je sois insensible à la passagère humiliation de la France ?... Non, pardieu !... et aujourd'hui...

Puis s'interrompant pour rire aux éclats, le colonel ajouta :

— Mais j'y songe... Je dois te paraître fou... qu'est-ce que tu dis de ma coiffure et de mon uniforme, hein ? reconnais-tu là le colonel de l'ex-4e houzard... de ce fameux régiment toujours si *crânement ficelé*... comme nous disions ?...

— Je savais cette folie.

— Comment !... qui t'avait dit...

— Tantôt, en descendant de diligence et passant sur le boulevard de Gand...

— Tu étais là?

— Parmi les curieux... mais je ne pouvais rien voir... de ma place ; la foule était trop compacte. C'est par hasard que j'ai entendu prononcer ton nom...

— Et tu n'es pas venu nous rejoindre ?

— Pressentant que l'affaire allait tourner au sérieux, je voulais aller te retrouver... lorsque...

— Lorsque ?...

Les traits du major prirent une expression pénible et il ajouta :

— Je te dirai cela plus tard... Mais ceux qui t'accompagnaient étaient sans doute de nos anciens camarades de l'armée?

— Pardieu !... tous des *anciens* : Raymond, l'ex-colonel du 2e lanciers ; les deux frères Morin, du 8e dragons ; Saint-Marceau, ancien officier d'ordonnance de l'empereur, et pour bouquet... le gros Brossard.

— Brossard, des cuirassiers de la garde impériale ?

— Lui-même. Il était impayable ! il avait l'air d'un éléphant faisant le marquis. Il fallait le voir pirouetter sur ses grosses jambes, en jetant, palsambleu ! son chapeau sous son bras !... sans compter que pour épée il avait une broche...

— Et une croix de Saint-Louis au bas du dos. Un de mes voisins, monté sur une chaise, racontait votre entrée à Tortoni... Mais quelle singulière idée aviez-vous là !

— Figure-toi, Maurice, que Tortoni est le rendez-vous des plus exaltés des anciens volontaires royaux, mousquetaires gris, noirs, rouges, et autres soldats d'antichambre, qui n'ont jamais vu que le feu du salon des Tuileries. Ces blancs-becs-là, renforcés de bon nombre d'officiers étrangers, déblatèrent journellement contre nous, soldats de l'empire, nous traitant de bandits, de brigands de la Loire, et autres turlupinades royalistes. Alors, nous convenons de la plaisanterie que tu sais, afin d'aller prier ces pékins-là de nous répéter leur impertinences entre les deux yeux.

— N'y avait-il pas à Tortoni un certain Lostange, grand duelliste?

— Le bourreau des crânes était, dit-on, un mouton auprès de lui... Par bonheur c'est lui qui me reçoit sur le perron du café. — « Le carnaval est fini, me dit-il ; les » masques n'entrent pas ici. » — Sans doute parce qu'ils font pour aux blancs-becs? — lui dis-je. Et comme en parlant il gesticulait avec une badine, ce qui m'impatientait, j'en fais deux morceaux de sa badine, et je les jette à ses pieds. — « Monsieur, s'écrie-t-il, vous m'insultez ! » — C'est probable, mais entrons dans le café, nous causerons. — Nous entrons, aussitôt le gros Brossard, frappant sur une table avec sa broche, crie de sa voix de taureau : — « Gar» çon ! un bol de punch, et des verres qui n'aient servi ni » à un officier étranger ni à un royaliste... enfin, des ver» res propres... »

— Ce gros Brossard casse toujours les vitres, — dit le major en souriant.

— Tu as raison, c'était trop brutal ; mais ce brave garçon ne se pique guère de finesse dans l'épigramme. Il n'importe : ce coup de boutoir avait porté. Les habitués royalistes et les officiers étrangers se consultent à voix basse, et au bout d'un instant six d'entre eux s'approchent de notre table, deux volontaires royaux, deux officiers prussiens, un Autrichien et le fameux Lostange, le *loustic* de la *chambrée* probablement ; il vient à moi et me dit d'un ton mielleux, en me toisant des pieds à la tête : — » Mon» sieur, je suis chargé de vous dire, de la part de ces mes» sieurs, que vous et vos amis, *buonapartistes* sans doute, » vous êtes habillés d'une façon aussi ridicule qu'inso» lente ! »

— Comme vous voyez, lui dis-je : vrai costume d'émigré royaliste ; il ne me manque qu'un cosaque pour cuirasse ; alors ce serait complet ; à savoir : ridicule, insolent et lâche, comme la conduite des gens qui n'ont osé rentrer dans leur pays que cachés dans les fourgons de l'étranger.

— « Et qui, aussi féroces que lâches, ajouta Saint-Marceau, » ont fait assassiner Ney, Brune, Labédoyère, et massacrer » les bonapartistes dans le Midi ! »

— Bien répondu !...

— C'est drôle : le fameux Lostange n'a pas été de ton avis ; il est devenu pâle de rage. — « Vous m'avez déjà » insulté personnellement en cassant ma badine, — s'est» il écrié en s'adressant à moi ; — maintenant, brigands » de buonapartistes que vous êtes, vous insultez l'émigra» tion, les royalistes et de braves officiers étrangers ! Vous » voilà six, nous sommes six : il faut du sang, beaucoup » de sang, pour laver cette injure ! — Une vraie lessive, » répondit Brossard avec son gros rire et son esprit de » caserne. — Ah çà ! — ajouta-t-il, — où est-ce que nous » allons aller nous chercher nos puces. — Dans le jardin » de ma maison, — reprit Lostange ; — nous ne serons pas » dérangés. Je demeure allée *des Veuves*... Avis à ceux » de vous qui sont mariés, messieurs. — Sacredieu ! » reprend le gros Brossard en se grattant l'oreille, — si » vous alliez nous tuer comme des poulets, ce serait vexant » pour madame *Don-Don*, mon épouse, qui est déjà veuve

» de deux chanoines. Enfin, c'est égal, je me risque ; seu» lement, je vous déclare une chose, c'est que tous tant » que vous êtes, vous ne valez pas l'honneur d'un coup » d'épée, et que... je ne me bats qu'avec ma broche... »

— Il n'y a que ce garçon pour avoir des idées pareilles !...

— Tu crois qu'il plaisantait, pas du tout !

— Comment ?

— Il n'y a pas eu moyen de le faire démordre de cette belle idée, et il s'est battu...

— A la broche, peut-être ?...

— Oui... et très bien... il y a de cela deux heures... dans le jardin de la maison de Lostange, avec un grand diable d'officier de hulans autrichiens qui, bien qu'il tirât à la mode allemande, n'était pardieu pas commode à manier.

— Sérieusement... Brossard avec sa broche ?

— A tiré comme un dieu, en riant comme un bossu ; il disait à chaque passe : — *Je vas l'embrocher... je l'embrocherai...* et, en fin de compte, il a littéralement embroché l'Autrichien en se fendant à fond, après un froissé si violent... tu connais son bras d'Hercule... qu'on eût dit un coup de massue... Ensuite de quoi Brossard a dit, en essuyant sa broche : Allons, madame *Don-Don*, tu ne seras pas encore veuve de ce coup-là, bobonne.

— Quel original ! Ah çà, et toi ?

— Moi, j'avais affaire à Lostange, excellent tireur, ma foi ! prompt comme l'éclair, un jarret d'acier, une main de fer, mais trop emporté par la haine. Il était, parole d'honneur, très laid à voir avec ses traits crispés et ses yeux hors de la tête. C'est une de ces bêtes féroces qui ne se battent pas pour le plaisir de se battre, mais pour faire du mal... pour tuer. Le sang leur monte au cerveau et les grise. Heureusement, je l'ai dégrisé au moyen d'une bonne petite quarte basse, et d'ici à deux mois il ne tuera personne.

— Et nos camarades.

— Saint-Marceau et Raymond ont été blessés tous deux : Saint-Marceau assez grièvement ; je viens de le reconduire chez lui dans sa voiture, qui m'a ensuite ramené ici. Mais les deux frères Morin, Brossard et moi, nous nous sommes, tu le vois, gentiment tirés d'affaire... C'était, mon brave Maurice, une partie complète... Tu nous manquais.

— Adalbert, tu sais ce que je pense des duels...

— Oui, tu ne les aimes pas... Ce qui ne t'empêche pas, je l'ai vu, de te battre avec une aisance, un *brio*...

— Quand il le faut... mais à regret.

— Pardieu ! c'est comme à la guerre. Car voilà qui est fièrement original : tu es un des meilleurs officiers que je connaisse, et tu abhorres la bataille... Tu es très éloquent lorsque tu parles contre la guerre, contre ses désastres, le sang qu'elle coûte... Et pourtant, je ne sais personne pour enlever comme toi une charge à fond. Je t'ai vu à Leipsick, à Lutzen, et dans la campagne de France, à Montmirail, à Ligny, à Waterloo. Ah ! mon pauvre Maurice, si tu n'avais pas été un loup, un sauvage, un philosophe, un songe-creux, qui croit aux rêves, aux pressentiments et autres bouffonneries germaniques auxquelles tu as mordu pendant les campagnes d'Allemagne, tu aurais dû être nommé colonel deux ans avant moi, et tu n'étais que major à Waterloo. Tu vois que je ne te ménage pas tes vérités.

— Et il m'est aussi si cérité, mon cher Adalbert. Te rappelles-tu nos longues discussions au feu du bivouac ?... car il est impossible de voir de vieux amis professer des principes plus opposés presque sur toutes choses.

— Qu'est ce que cela prouve ? la solidité de notre amitié. Ah çà ! dis-moi, puisque tu as renoncé à tes projets de colonie et de retraite en Egypte... que vas-tu faire ?

— Je n'en sais rien encore... Quelques-uns de nos frères d'armes ont, dit-on, le projet d'aller au Texas...

— Maurice !... encore t'expatrier !...

— J'aime mieux l'exil que ce que je vois ici.

— Mais ce voyage n'est pas prochain ? Tu resteras du moins quelque temps à Paris ?

— Le moins possible.

— Soit ! mais ce temps... il est entendu que tu le passeras chez moi...

— Je te remercie de ton offre, mon ami, mais...

— Il n'y a pas de mais... tu logeras ici.

— Non... vrai, je te gênerais.

— Pas du tout. Un petit pavillon composé de trois pièces dépend de cet hôtel ; il est inoccupé ; tu seras là tout seul, comme un loup ; puisque tes goûts ne sont pas changés, tu pourras philosopher et rêver à ton aise...

— Encore une fois, mon ami, tu n'as pas choisi sans dessein cette demeure assez isolée ; tu es toujours un *don Juan* par excellence ; or, ma présence ici effaroucherait je ne sais combien d'amours... si j'en juge... par ces bouquets charmans envoyés ici pour le jour de ta fête, — ajouta Maurice en souriant et montrant les fleurs placées sur la table du salon — ingrat !... et tu ne leur a pas seulement encore accordé un regard à ces fleurs... à ces lettres...

— Est-ce à toi de m'en blâmer ?... toi qui me les fais oublier ? Va, Maurice, l'amour change, passe, s'oublie ; l'amitié seule est éternelle...

— Alors, comme tu es bien certain de toujours retrouver mon amitié, ouvre donc, au moins, ces pauvres lettres qui sont là... dans leur enveloppe, attendant impatiemment que tu les lises...

— Ah ! pardieu, je pourrais dire d'avance ce qu'elles contiennent... — répondit le colonel Roland, en prenant négligemment les lettres sur la table, — de même que ma réponse est aussi connue d'avance par mes correspondantes !

— Alors pourquoi s'écrire ?

— Pourquoi ? — dit le colonel en décachetant et lisant les lettres, tout en parlant à son ami, — mais pour se donner des rendez-vous, morbleu ! Vois-tu, Maurice, on a beau entortiller ses phrases, toute correspondance amoureuse se réduit à ceci :

— *Madame, venez donc chez moi, je vous en supplie.*

— *Ah ! monsieur, fi ! l'horreur ! Non, certes, je n'irai pas chez vous.*

— *Si, mon ange, vous viendrez, car je vous adore.*

— *Monsieur, si vous m'adorez, c'est différent, je viendrai.*

— Quant aux : *je n'irai pas*, vois-tu, Maurice, je les cite pour mémoire... car, dès qu'une femme vous écrit, c'est qu'elle a envie de venir tôt ou tard, et...

Le colonel n'acheva pas, il venait de prendre sur la table la dernière lettre de toutes (celle que Pietri avait un instant emportée chez lui). Le colonel, à la vue de cette lettre, tressaillit ; ses traits, jusqu'alors empreints d'une légèreté insouciante ou moqueuse, prirent une expression de surprise et de joie qui devinrent de l'ivresse à mesure qu'il lut les quelques lignes de ce billet ; alors, il s'écria en portant cette lettre à ses lèvres et la baisant passionnément :

— Ce soir !... elle viendra... Ah ! je ne l'espérais pas si tôt... Elle a tant lutté... tant résisté !... Enfin... elle viendra !...

Puis, se rappelant la singulière théorie qu'il venait d'exposer à son ami, le colonel Roland, oubliant son émotion passagère, partit d'un grand éclat de rire, et s'adressant au major :

— Avais-je tort, Maurice, de te dire qu'en amour tout se réduisait à cette question : « Venir ou ne pas venir ? »

— Ah !... c'est indigne ! — s'écria le major, révolté de la réflexion de son ami. — Ce n'est plus de la légèreté ; c'est du mépris, c'est de la cruauté.

Et prenant son chapeau, il se dirigea rapidement vers la porte.

— Maurice ! — s'écria le colonel stupéfait en courant à lui, — qu'y a-t-il ? où vas-tu ? pourquoi ce visage irrité ? De quel mépris, de quelle cruauté parles-tu ?

Et prenant son ami par la main, il lui dit avec une émotion sincère dont le major fut touché malgré lui :

— Maurice, un départ si brusque et sans explication, après notre séparation, au moment où j'ai tant de bonheur à te revoir ! ! Que t'ai-je dit, que t'ai-je fait ? T'ai-je involontairement blessé ? Pardonne-moi. Est-ce que deux amis comme nous se fâchent jamais, est-ce que nous pouvons oublier le passé, est-ce que tu ne te souviens pas de notre émotion à tous deux, lorsqu'après une rude journée de bataille, nous que le danger faisait rire nous tombions, les yeux humides, dans les bras l'un de l'autre, restant ainsi quelques instans cœur contre cœur, incapables de parler... dans notre joie de nous retrouver vivans. Et à Leipsick ! Courageux comme un lion pour me dégager des cuirassiers autrichiens, n'as-tu pas veillé à mon chevet, dévoué, soigneux comme une mère ? Enfin, que te dirai-je ? Le matin même de cette bataille, ta tendre et inquiète amitié n'avait-elle pas été jusqu'à s'effrayer d'un pressentiment inexplicable que le hasard a justifié ?... Et c'est après tant de preuves d'affection partagée que nous irions nous fâcher pour un mot !... Allons, Maurice, mon bon Maurice, ne l'avons-nous pas dit cent fois ? c'est quelque chose de sacré qu'une amitié de soldats !...

Il est impossible de rendre la touchante sincérité de l'accent du colonel Roland en s'adressant ainsi à son ami, de peindre la douloureuse anxiété qui donnait à ses traits charmans une expression tellement irrésistible, que le major Maurice se laissa ramener pour ainsi dire pas à pas, et s'écria en regardant son ami avec un mélange d'affection et de sévérité :

— Tel acte de sa vie doit soulever d'indignation toute âme généreuse, et pourtant il est bon... il a du cœur ; la voix de l'amitié vibre profondément en lui ; hélas !... il n'a pas conscience du mal qu'il fait, et pourtant ce mal est horrible !...

Et après un moment de silence, le major reprit d'un ton presque solennel :

— Adalbert, tu viens de rappeler mes tristes pressentimens du matin de la bataille de Leipsick... Eh bien !.. c'est sous le coup de pressentimens presque semblables que je suis tout à l'heure entré chez toi...

— Que veux-tu dire ? — reprit le colonel, frappé de l'air grave de son ami ; — quels sont ces pressentimens ?

Le major ne répondit pas. Un silence de quelques instans interrompit l'entretien des deux amis.

VI.

Le colonel Roland rompit le premier le silence. Tout heureux de voir son ami lui rester, il lui dit gaîment :

— Voyons, Maurice, ne me laisse pas sous le coup d'un logogriphe. De quels pressentimens veux-tu parler... illuminé, rêveur, chercheur de pierre philosophale.

— Tout à l'heure je m'expliquerai, — répondit le major d'un air soucieux et sévère ; — maintenant, tu ne me comprendrais pas !

— Soit ! j'attendrai tes prophéties, terrible Cassandre que tu es ; mais peux-tu au moins m'expliquer... A qui diable en avais-tu tout à l'heure en me disant : *c'est du mépris, c'est de la cruauté*, et en prenant ton chapeau là-dessus ?

— Tu ne m'as pas compris ?

— Non, d'honneur !...

Le major Maurice regarda son ami d'un œil de doute sévère, puis, après réflexion, il reprit :

— Non, c'est vrai, tu ne dois pas m'avoir compris... Là peut-être est ton excuse.

— Tu vois donc bien, Maurice... on doit être indulgent pour les gens excusables.

Mais le major, se reprochant sans doute d'avoir cédé trop facilement à son amitié, s'écria :

— Non, non, pas de faiblesse !... Non, ceux-là ne sont pas excusables dont l'intelligence est saine, dont le cœur vibre encore à certains sentimens généreux... non, ceux-là ne sont pas excusables d'être méchans, de vouer aux larmes, au mépris, aux tortures, de pauvres créatures dont le seul tort est d'être confiantes et dévouées jusqu'au sacrifice.

— Ah çà ! de qui veux-tu parler ?

— Non... la Providence pour ceux-là garde des châtimens terribles !

— Bon ! — dit le colonel en riant, — si tu enfourches ton *dada* favori... si tandis que je ne possède qu'un pauvre petit âne de Montmorency, tu te lances, toi, sur un grand scélérat de cheval anglais, comment diable veux-tu que je te suive ? Allons, sérieusement, Maurice, laissons ces contes à ces braves illuminés d'Allemagne qui t'ont rendu à moitié fou avec leurs prévisions, leur seconde vue et autres extravagances, bonnes pour les vieilles femmes.

— C'est très plaisant, n'est-ce pas, Adalbert ? un soldat qui parle de la Providence !

— Plaisant, non ; il est triste, au contraire, de voir un esprit aussi distingué, aussi ferme que le tien donner dans de telles rêveries.

— Pardieu, mon beau *Lovelace*, mon intrépide *don Juan*, — dit le major avec un sourire amer, — tu choisis bien ton jour et ton heure pour railler... lorsque aujourd'hui même en venant chez toi...

— Eh bien !... en venant chez moi ?

— Mais non, procédons par ordre : la mine est riche.

— Quelle mine ?

— Une mine d'indignités où tu puises à pleines mains.

— Ce bon Maurice !... toujours le même !... Allons, va, je t'écoute.

— Tout à l'heure, tu as porté un billet à tes lèvres en t'écriant : « Elle viendra ! Après avoir tant lutté, tant résisté... elle viendra ! »

— Je l'espère bien ; je fais mieux que d'espérer, je suis certain qu'elle viendra : elle n'a jamais menti, celle-là !

— Une femme qui n'a jamais menti, Adalbert, une femme qui a longtemps résisté, longtemps lutté, est encore une honnête femme pourtant !

— Elle ! ah ! Maurice... Tiens, tu as lu les *Liaisons dangereuses* ?

— Oui, *Valmont*.

— Flatteur !

— Comme le bourreau flatte ceux qu'il marque à l'épaule.

— Tudieu ! mon brave Maurice, tu n'as rien perdu de ton âcreté : ça me rappelle nos beaux jours de Vienne. Mais, pour en revenir à ma comparaison, puisque tu as lu les *Liaisons dangereuses*, tu te souviens de la présidente de Tourvel ?

— Parfaitement.

— Eh bien la femme dont je te parle est une autre madame de Tourvel. Même vertu, même fermeté de principes combattus par les irrésistibles élans d'une âme tendre et passionnée... qui ressent pour la première fois le besoin d'aimer. Joins à cela une beauté ravissante... des yeux d'un brun velouté longs comme ça... des dents de perle... une peau de satin, une main, une taille, un pied... oh ! un pied ! Que te dirai-je ? c'est en la voyant monter en voiture que j'en suis devenu amoureux fou. Enfin, Maurice, figure-toi un ange... un ange à l'instant de sa chute, c'est-à-dire dans la situation la plus adorable.

— La taille, les dents, le pied, la main, rien de plus angélique, assurément, — reprit le major avec un air sardonique. — Ce garçon n'est qu'esprit, nuage et éther, et cette femme, tu vas la perdre de sang-froid ?

— De sang-froid, quand tu as vu quelle ivresse m'a causée la lecture de ce billet !

— Soit !... tu la perdras avec ivresse. Et après ?...

— Comment ! après ?

— Oui, quand elle sera perdue, comme tant d'autres ? déshonorée, abandonnée, oubliée par toi, comme tant d'autres ?...

— D'abord, mon brave Maurice, comme elle est charmante et qu'on ne trouve pas tous les jours une aussi délicieuse maîtresse, je la garderai le plus longtemps possible ; enfin, tant que nous nous conviendrons ; car, tu le sens bien, si l'on était forcé de rester ensemble, quand on ne se plaît plus...

— Autant vaudrait le mariage !

— Pardieu ! et comme rien n'est éternel ici-bas, à un moment donné, nous nous quitterons dans les meilleurs termes, car je suis galant homme ; elle prendra un autre amant, moi une autre maîtresse, et nous resterons les meilleurs amis du monde. C'est la seule manière, vois-tu, de se créer pour ses vieux jours de véritables amitiés de femmes. Et c'est étonnant combien j'en ai déjà, de ces amitiés-là !

— Et le mari boira sa honte sans mot dire, probablement ?

— Le mari ? allons donc, Maurice ! il ne se doute de rien, il ne se doutera de rien ; il est jeune, beau garçon, point sot du tout, ma foi, et ceux-là sont les derniers jaloux. Et puis, figure-toi que je l'ai ensorcelé ; il m'adore, mon ami, il m'adore !... Il ne peut se passer de *son cher colonel;* mieux que cela, d'honneur ! ces maris sont uniques ! imagine-toi que sa femme, se voyant malgré elle entraînée vers moi, avait pris le grand moyen des vertus aux abois : un beau matin elle quitte Paris, et va se réfugier chez une parente à la campagne. Que fait le mari ? Il vient chercher *son cher colonel*, et le supplie de l'aider à faire entendre raison à sa femme et à la ramener à Paris. Aussi tantôt, après le duel, mon premier soin a été d'écrire à ce digne ami... pour le rassurer... et sa femme aussi... Elle pouvait apprendre l'histoire par le bruit public... Pauvre ange ! elle serait morte de peur... Il se peut même que le rendez-vous imprévu de ce soir soit une conséquence de sa joie de savoir que je ne suis pas mort. Comme les femmes sont drôles... hein !

— Très drôles, en effet ! Mais, dis-moi, Adalbert, il se peut que cet aveugle mari ait un jour les yeux ouverts. Après tout, cela est arrivé, n'est-ce pas ?

— C'est vrai, et pourtant je ne sais pas à quoi diable ça leur sert de savoir ces choses-là, aussi bien ! C'est sans doute, comme tu dis, la *Providence* qui s'amuse. Mais enfin, c'est vrai, il y a des maris qui ont l'avantage d'être parfaitement certains de leur affaire.

— Et si le mari dont nous parlons avait une de ces certitudes-là ?

— Ça va de soi-même. Comme c'est après tout un homme d'honneur, il me demanderait réparation par les armes ; je me mettrais à ses ordres, et... Mais en vérité, Maurice, tu me fais les plus singulières questions... C'est le pont-aux-ânes, que tout cela. Si ledit mari veut venger son *honneur outragé*, comme ils appellent ça, eh bien... nous nous battrons.

— Et il te tuera ou tu le tueras...

— Dame ! c'est tout simple ; que veux-tu que j'y fasse ?

— Ainsi donc, si ta liaison avec sa femme se découvre, tu tueras cet homme ou il te tuera. Si ta liaison ne se découvre pas, tant qu'elle durera, le premier venu peut en être instruit ; car ça s'est encore vu, n'est-ce pas ?

— Il est, en effet, difficile que tôt ou tard le monde ne devine pas... Mais où veux-tu en venir ?

— A ceci : que le premier venu qui aurait deviné ta liaison serait parfaitement en droit de te dire : « Colonel » Roland, vous êtes un fourbe, un hypocrite, un menteur ? »

— Tu sens bien, mon brave Maurice, que ce premier venu-là recevrait, primo : la plus admirable paire de soufflets qui soit jamais tombée sur la face d'un insolent, secundo, six à huit pouces de lame d'épée dans le ventre.

— C'est probable : tu es très brave et très adroit ; cela n'empêcherait le premier venu d'avoir dit vrai.

— En m'appelant fourbe, hypocrite et menteur ?

— Oui.

— Maurice, le mot de l'énigme...

— Je te défie de tromper, et tu l'as dit, d'ensorceler un mari, sans être fourbe, hypocrite et menteur.

— Ah!... pardieu, comme cela... à la bonne heure!
— A la bonne heure... est naïf.
— Tiens, Maurice... tu m'avais habitué à tes bizarreries, à tes idées biscornues, sauvages, mais Dieu me damne! parce que tu reviens d'Egypte, on dirait que tu arrives de l'autre monde... et je te trouve encore plus original que lors de ton départ...
— C'est tout simple... nous avons marché chacun de notre côté... nous ne pouvons guère nous rencontrer ; mais poursuivons... tu permets?
— Je t'en prie ; c'est très amusant...
— Ce n'est rien encore.
— Tant mieux, morbleu, tant mieux !
— Te voilà donc très allègrement résigné à te dire qu'en ta qualité d'homme à bonnes fortunes, les trois quarts de ta vie se passent dans la fourberie, l'hypocrisie, le mensonge?
— Un instant! pourvu qu'il s'agisse de tromper des maris.
— Certainement! au moins ça en vaut la peine. Il y a un tas de misérables qui usent de la fourberie, de l'hypocrisie et du mensonge pour filouter quelques sous, faire quelques maigres dupes ; mais un séducteur ne joue pas pour si peu ce rôle odieux et lâche... Il lui faut faire incessamment planer l'épouvante et les remords sur la femme qu'il a perdue, le déshonneur sur une famille !... Attends donc, Adalbert, ne ris pas si fort, le plus comique est pour la fin...
— Allons, Maurice, tu te vantes!
— Mais non... tu vas voir...
— Voyons donc !
— Tu trouverais impertinent, n'est-ce pas, qu'on te reprochât de voler au jeu?
Le colonel partit d'un éclat de rire homérique et reprit :
— Mais oui, je trouverais cela passablement impertinent.
— Eh bien! à ma connaissance, une fois dans ta vie... et ce n'est pas la seule probablement, tu as volé...
— Bravô, Maurice! — s'écria le colonel en redoublant d'hilarité ; — tu avais raison, diable ! le plus comique était pour la fin !...
— Et ce n'est pas encore la vraie fin.
— Diable ! mon bon Maurice, cela m'intrigue... Je suis curieux de savoir où tu pourras trouver de plus bouffon que... moi, voleur, car c'est bien ça, hein ?
— Je dis que, par ton fait, la fortune d'autrui a été volée... Est-ce clair ?
— Très clair... Mais le bon de la chose est de savoir quand et comment j'ai été l'auteur de ce vol.
— C'est très facile.
— Je t'écoute.
— Il y a environ cinq ans... à notre retour d'Espagne, nous tenions garnison à Lyon...
— Et c'est là que j'ai volé?...
— Là tu as séduit une jeune personne de très bonne famille...
— A Lyon?... Attends donc, à Lyon, il y a cinq ans? — répondit le colonel en cherchant à se remémorer la chose. — Ah! oui, très bien, j'y suis... une blonde adorable! Je n'ai jamais vu de plus belles épaules... Pauvre Anna !... Elle s'appelait Anna... Je t'ai raconté cela dans le temps... Mais cette liaison était contre mes habitudes ; car, par principes, je préfère...
— Tu dis : Par principes?
— Certainement.
— Continue.
— Eh bien ! par principes, je préfère une femme mariée ; c'est moins compromettant.
— Il est vrai, car après que tu as eu séduit cette jeune personne, un mariage est bientôt devenu nécessaire.
— C'est alors que notre régiment est parti pour l'Allemagne...
— Après ton départ, placée entre la crainte d'un déshonneur éclatant et un mariage qui s'offrait pour elle à Paris, où sa mère l'avait conduite, mariage qui pouvait cacher la honte de cette jeune fille, elle n'a pas hésité...
— Et elle a joliment bien fait! car il paraît qu'elle a trouvé un trésor, un brave homme de mari... qui a cent mille livres de rentes.
— Oui, un niais, un *Georges Dandin*, n'est-ce pas? qui, plein d'une foi aveugle dans la vertu de sa femme, ne s'est douté de rien. Un imbécile qui garde dans sa maison un enfant étranger, un enfant à toi, qu'il a la sottise de croire à lui, de chérir comme le sien !... ton enfant enfin, qui, s'il a des frères, les *volera* en partageant avec eux de grands biens auxquels il n'a aucun droit !... ton enfant, qui, si son père supposé n'a pas d'autre héritier, *volera* la famille de cet homme en héritant de lui.
— Ah! pardieu, à ce compte-là, tu as raison... je suis un fameux voleur ! — reprit le colonel Roland en éclatant de rire ; — je suis un vrai *Cartouche*, un *Mandrin* cosmopolite, car j'ai volé en Europe partout où s'est promené notre drapeau ; j'ai volé à Madrid, à Vienne, à Naples, à Berlin, et si je jouissais du fruit de tous mes larcins, je serais cinq ou six fois millionnaire ; car le diable m'emporte! je ne suis pas de mon temps, j'aurais dû naître du temps d'Abraham... Et c'est toi, Maurice, toi un philosophe, qui oserais me reprocher d'avoir eu des idées pratiques sur la famille universelle ?
— C'est très gai, très spirituel, ce que tu dis là !... rien ne prête en effet davantage à la plaisanterie que ces naissances adultères jetées dans la famille, amenant presque toujours la spoliation des fortunes, la honte et les remords des mères, le déshonneur des époux, le tourment des enfants ! Et puis, tu ne penses pas à quelque chose de plus bouffon encore.
— Voyons ça, Maurice, car d'honneur, tu es impayable !
— Réfléchis donc, écervelé, que cette famille adultère, ainsi créée au sein de la famille légale, avec ses alliances, ses liens, ses parentés, adultères aussi, mais toutes entourées de mystères et d'incertitudes.
— C'est pardieu vrai. Un incroyable *tohu-bohu*.
— N'est-ce pas, c'est très amusant? Car enfin, dans ce tohu-bohu, comme tu dis si plaisamment, les uns sont frères sans le savoir, les autres coudoient leur véritable père sans le connaître, ceux-ci passent à côté de leur sœur et ne s'en doutent pas.
— Le fait est que le diable ne se reconnaîtrait pas dans un pareil *chassé-croisé* ; je n'avais pas songé à cela. Ce que c'est que les philosophes pourtant ! Comme ils vont au fond des choses !
— Rien de plus bouffon, te dis-je, Adalbert ; car enfin, est-ce que cela ne peut pas amener entre ces gens, inconnus les uns aux autres, toutes sortes d'incestes, de fratricides, et même, qui sait ? eh ! eh ! çà et là quelques parricides les plus divertissans du monde !
— Oh ! si tu veux tourner la comédie au tragique... à l'impossible...
— Pas si impossible !... Eh mon Dieu ! tiens... je te disais que je te réservais pour la fin le plus comique...
— Il est pourtant difficile d'aller plus loin que tu n'as été, mon bon Maurice.
— Peut-être... Écoute-moi. Ce matin, sur le boulevard de Gand, pendant que vous faisiez votre expédition à Tortoni, une pauvre jeune femme, marchande de bouquets, ayant un enfant dans les bras, s'est trouvée mal à côté de moi. J'en ai eu pitié.
— En vrai chevalier français ; je te reconnais là.
— En vrai chevalier français si tu y tiens ; j'ai aidé à transporter cette malheureuse dans une boutique ; puis, lorsqu'elle a eu repris ses sens, j'ai, pour plusieurs raisons trop longues à t'expliquer, insisté pour la reconduire chez elle... c'est-à-dire dans un misérable galetas, digne d'ailleurs de la pauvre créature en haillons qui l'habitait... et qui (je te dis cela en passant) avait été une de tes maîtresses...
— Cette femme?

— Oui.

— Cette femme en haillons! habitant un galetas! a été ma maîtresse?

— Oui, oui, elle est presque folle de misère et de chagrin, car, sans sa petite fille, elle se serait tuée vingt fois, m'a-t-elle dit.

— Comment, alors, ne s'est-elle pas adressée à moi? Et cette fois, Maurice, je parle sérieusement; quelquefois, je ne suis pas très délicat sur le choix de mes amours, c'est vrai; mais tu sais si je tiens à l'argent. Aussi, je suis, je t'assure, très surpris, très contrarié de ce que tu m'apprends là... Mais es-tu bien certain?

— Elle se nomme *Paula.*

— Paula! — s'écria le colonel Roland, — la compatriote de Pietri? Ah! la pauvre fille!

Et le colonel resta un moment silencieux et pensif.

VII.

La surprise presque pénible que le colonel Roland avait éprouvée en entendant son ami lui parler de Paula, compatriote de Pietri, cessa peu à peu, et il dit au major :

— Maurice, je ne conçois rien à ce que tu m'apprends... Paula, depuis un an, est retournée en Corse... son pays.

— Oui, mais elle l'a quittée après avoir mis au monde son enfant. Ne pouvant supporter les reproches de sa famille... elle a enduré là... m'a-t-elle dit, des tortures de honte et d'ignominie qui te feraient... rire.

— Maurice... Maurice... tu es injuste!

— Il en est résulté, qu'aux trois quarts folle, elle s'est remise en route, avec sa petite fille, ta fille... entends-tu?... ta fille... pour revenir ici, mendiant et chantant sur la route... Une fois à Paris, son idée fixe, à travers le peu de raison qui lui reste, a été de gagner, en vendant des bouquets, assez d'argent pour s'acheter *une belle robe*, sans laquelle elle n'oserait se présenter à toi; car elle ne semble vivre que par ton souvenir. Tandis que dans son galetas elle me parlait de toi avec incohérence, en berçant son enfant... tu vas bien rire... je regardais cette pauvre petite créature... ta fille... « Ainsi élevée dans les larmes et dans
» la misère, me disais-je; quel avenir... que le sien! que
» deviendra-t-elle?... Si elle est belle... séduite et misérable-
» blement abandonnée comme sa mère... elle tombera
» dans le vice... dans l'infamie!... » Oui, c'est de ta fille que je disais cela... Tu ne ris plus, Adalbert?... Et pourtant, tu le vois, j'ai gardé le plus comique pour la fin.

— Je ne ris pas, Maurice, parce qu'il n'y a là ni de quoi rire ni de quoi pleurer. J'ai séduit Paula, je l'avoue; elle était admirablement belle, et, je dois le dire, d'une rare délicatesse; car, quoique pauvre et de basse condition, elle n'avait rien voulu accepter de moi. Un jour, sans me faire connaître la cause de son départ, elle a disparu, me faisant seulement savoir qu'elle retournait en Corse... C'était peu de temps avant le retour de l'Empereur. Les *cent jours* sont venus... puis la guerre... puis Waterloo... et voici la première nouvelle que j'ai de cette pauvre fille... Maintenant, Maurice, je n'ai pas besoin de te dire qu'étant sur la trace de Paula, puisque tu sais où elle demeure, j'assurerai son sort... et celui de son enfant... Je compte assez sur ton amitié pour te demander de te charger...

— De cette aumône?

— De cette dette, Maurice, de cette dette sacrée...

— Pourquoi ne vas-tu pas la payer toi-même?

— Je préfère ne pas revoir cette pauvre fille... Tout est fini entre nous. Il serait cruel à moi de la chagriner.

— Quel bon cœur tu as pourtant!

— Meilleur que tu ne le crois, — reprit le colonel, et, tirant deux billets de la poche de son gilet, il ajouta : — Je t'en supplie, Maurice, sois mon intermédiaire auprès de Paula; fais-lui entendre raison; voici deux mille francs pour les premiers besoins. Demain, je verrai mon notaire pour assurer à Paula cent louis ou mille écus de rente viagère, reversible sur sa fille... Enfin, lorsque celle-ci sera en âge d'être mariée, je ferai convenablement pourvoir à son établissement... Tu vois, Maurice, que, sans être un rigoriste, un philosophe...

— Tu abandonnes ton enfant, et tu paies la honte de sa mère avec de l'argent dont tu n'as pas besoin... c'est héroïque!...

— Je ne prétends pas faire de l'héroïsme, mais tout simplement me conduire en honnête homme.

— Ah!

— Oui, Maurice, en honnête homme, et je défie les gens les plus rigoristes de ne pas approuver ma conduite...

— Tu crois?

— Mais, mordieu! que veux-tu donc que je fasse de plus? que j'épouse cette fille, peut-être?

— Moi, supposer une monstruosité pareille! Allons donc! Tu as pris cette jeune fille pure; tu rends hommage à sa délicatesse; tu l'as séduite, et elle t'adorait; elle est devenue presque folle d'amour, de chagrin, de honte et de misère; tu es très riche, tu lui donnes de l'argent pour elle et pour ton enfant, te voilà parfaitement en règle envers toi-même et ces estimables rigoristes dont tu parles. Aussi maintenant tu savoureras dans le calme d'une conscience satisfaite les délices de ton rendez-vous de ce soir...

— Pourquoi non?

— Certainement, *Fais ce que dois*, n'est-ce pas, *advienne que pourra!* L'homme est si heureux lorsqu'il n'a rien à se reprocher!

— Tiens, mon pauvre Maurice, ce n'est pas d'aujourd'hui que je te le dis, mais, avec tout ton esprit, tu as un grand tort : c'est de prendre le monde à l'envers, de te choquer de ce qui ne choque personne. En ce moment tu te fais un monstre d'une chose toute simple; car enfin, qui est-ce qui n'a pas eu plus ou moins de femmes mariées et de jeunes filles pour maîtresses? Qu'y a-t-il de si exorbitant à ce qu'un galant homme ait çà et là quelques enfans naturels?

— Dis-moi, Adalbert... il y a huit ou neuf ans, je crois, tu as vu mourir ta vertueuse et excellente mère, entourée de l'amour, de la vénération de sa famille, et si légitimement regrettée par ton père qu'il lui a survécu de peu de temps?

— C'est vrai... Où veux-tu en venir?

— Si au lieu de voir ta mère mourir calme, sereine, environnée des respects de tous, tu l'avais vue mourir bourrelée de honte et de remords adultères, maudite par ton père, méprisée par les siens, trouverais-tu plaisant les séductions et les adultères? Tu ne réponds rien?...

— Maurice...

— Écoute encore... Tu te souviens qu'une fois... une seule fois... aux premiers jours de notre amitié, tu m'as demandé quelques détails sur ma famille?

— En effet, Maurice; mais comme tu m'as répondu d'un air chagrin qu'une fois pour toutes tu me suppliais de ne jamais plus mettre la conversation sur ce sujet... je m'en suis toujours discrètement abstenu.

— Adalbert... ma mère... a été séduite et abandonnée comme Paula...

— Maurice... que dis-tu?...

— Je l'ai vue lentement mourir de douleur, de honte... comme mourra sans doute Paula... J'ai dans mon enfance et dans ma première jeunesse dévoré les humiliations cruelles dont on poursuit presque toujours ceux que l'on appelle... *des bâtards...* J'avais quinze ans quand j'ai perdu ma mère... Le jour qui a précédé sa mort, elle m'a dit sa faute, son abandon, ses remords, ses souffrances. Par cet aveu terrible pour une mère, elle voulait expier ce que j'avais souffert à cause d'elle. De ses tourmens, elle est morte, en me demandant pardon... Je lui ai fermé les yeux et me suis engagé dans le régiment où tu m'as connu, officier... Après m'être battu en enfant, j'ai réfléchi en homme, et j'ai maudit la guerre tout en la faisant. Mais je n'avais pas d'autre carrière, mon régiment était devenu pour moi une famille, et quand je t'y ai connu, Adalbert, j'ai trouvé en toi un frère...

— Ah ! Maurice... Maintenant je comprends...

— Tu comprends peut-être que ces séductions, ces succès brillans, ces bonnes fortunes, qui font ta joie, ta gloire, ne m'inspirent, à moi, qu'amertume et tristesse, parce que je sais les larmes, les tortures, les désastres, que laissent presque toujours après eux ces enivremens fugitifs !

— Mon ami... je te le jure... si cette confidence... tu me l'avais faite plus tôt... jamais je ne t'aurais involontairement blessé par ma légèreté, ainsi que j'ai dû le faire souvent en te racontant mes folies. Maurice... Maurice... mon ami... tu n'en doutes pas?... dis-le. Loin de moi la pensée de te reprocher le silence que tu avais jusqu'ici gardé avec moi sur le secret de ta naissance. Je vois au contraire dans cet aveu une nouvelle preuve de ton amitié. Je regrette qu'il ait été si tardif, parce que, l'ignorant, j'ai dû, je te le répète, bien des fois te blesser.

— Ce secret, je l'aurais gardé sans les circonstances d'aujourd'hui... sans la rencontre de cette malheureuse femme... sans un inexprimable pressentiment...

— Que veux-tu dire ?...

— Tu te le rappelles... car tout à l'heure tu m'en as parlé, la veille de la bataille de Leipsick, où tu as failli périr...

— Oui, ton inquiète amitié avait eu d'étranges pressentimens... C'est inexplicable, mais cela est... Je ne peux nier l'évidence... Le matin, avant de monter à cheval, je t'ai trouvé sombre. — Qu'as-tu, Maurice ? t'ai-je dit. — La journée sera fatale, m'as-tu répondu avec anxiété... — Je t'ai plaisanté sur la prévision... comme tout à l'heure ; et trois heures après, grièvement blessé, sans toi j'étais achevé par les Autrichiens.

— Eh bien, Adalbert... tantôt, chez cette malheureuse femme, séduite par toi... je me suis dit : « Non, non, la Providence n'est pas un vain mot ; non, ces séductions, ces désordres... ces crimes... oui, ces crimes... commis avec une effrayante légèreté, ne sauraient être impunis ! Par quelle voie, quand, à quelle heure, seront-ils expiés ? Je ne sais... » — Mais, je te jure, Adalbert... un inexplicable pressentiment m'a brisé le cœur...

— Bon Maurice !... Tu craignais sans doute pour moi l'issue du duel de ce matin... Tu auras pris cela pour un pressentiment.

— Certes, ce duel m'inquiétait... Mais je connaissais ton adresse, ton courage... Non, non, ce n'est pas cela que je redoutais pour toi... car ce danger n'existe plus, et mes pressentimens sont les mêmes.

— Mais alors que crains-tu ?

Le major resta un moment silencieux et reprit :

— Je ne sais... cela est bizarre... Je suis venu ici sous l'impression de ce pressentiment... Ta méchante insouciance envers tes maîtresses, le cynisme de tes principes m'ont révolté... Malgré moi, j'ai été amer, sardonique... au lieu de m'adresser à ton cœur... Car il y a en lui, malgré tes excès, des cordes généreuses. Je l'ai vu tout à l'heure... lorsque je t'ai parlé de ta digne et noble mère... Mon ami... parmi les femmes que tu as si cruellement perdues... il en était de pures... d'estimées comme ta mère. Et pourtant, sans remords, tu as détruit chez elle ce qui fait ton orgueil filial... As-tu jamais songé à ce que tu aurais ressenti si un homme avait eu le droit de mépriser ta mère? Entends-tu : *de mépriser ta mère* ?... Et ce n'est pas tout, mes tristes jours, passés sans jeunesse, ne se disent-ils pas ce que c'est que le sort de ces *enfans de l'amour*, dont tu parles si plaisamment ! Et encore moi, je suis un homme ; soldat à quinze ans, la vie militaire m'a sauvé de bien des fautes, du vice, du crime peut-être, orphelin abandonné que j'étais !... Mais l'enfant de Paula... ta fille ?... Sais-tu quel sera son sort ? Crois-tu quitte envers elle,

envers sa mère pour avoir assuré leur pain? Ami... réponds-moi : *Paula serait ta sœur... que dirais-tu* ?

La voix du major Maurice avait un accent si pénétrant que le colonel Roland se sentit ému.

Soudain la pendule du salon sonna six heures.

C'était à sept heures que madame de Bourgueil devait venir chez le colonel.

La pensée de son rendez-vous avec cette femme charmante effaça bientôt l'émotion causée chez le colonel par les paroles de son ami.

— Maurice, — dit vivement le colonel Roland, — voilà six heures !... *Elle* doit venir à sept !...

Et comme il vit un amer et triste sourire effleurer les lèvres du major, il reprit gaîment :

— Allons, Maurice, que diable !... si *don Juan* que tu me supposes, tu ne crains pas que *la statue du commandeur* vienne ce soir me demander à souper...

— C'est juste. — reprit Maurice avec une ironie glaciale en prenant son chapeau et se préparant à sortir ; — j'étais un niais ; que venais-je te préparer de pressentimens, de pensées meilleures, de renoncement à tes désordres? Est-ce qu'un tel revirement est possible ! Tu roules à l'abîme, et je te crie : « De grâce, arrête-toi ! » Tu as raison, avec ma philosophie, je suis un sot ! Bonsoir.

— Maurice, un dernier mot, et sérieux celui-là ! Ne crois pas que tes paroles aient été vaines; non, ton appel au souvenir de ma mère, m'a ému malgré moi, m'a fait réfléchir; mais tu l'as dit, un revirement complet dans la vie d'un homme ne s'accomplit pas en un jour ; un péché de jeunesse de plus ou de moins n'empêche pas une conversion; toi seul peux la tenter; pour cela il me faut te voir souvent; promets-moi donc de demeurer ici ; je vais te faire préparer le pavillon que je te destine ; il sera prêt à te recevoir lorsque tu vas revenir de chez Paula, car tu me promets de la voir tout à l'heure. Ce soir, n'est-ce pas ? nous souperons ensemble, et qui sait, mon bon Maurice, peut-être t'étonnerai-je fort par mes vertueuses résolutions...

Après un moment de réflexion, le major reprit :

— Je vais chez Paula, puis je reviendrai dans le pavillon que tu me destines.

— A la bonne heure, Maurice, voilà parler !...

— Je reviendrai ici... parce que j'ai peur.

— Peur?

— Pour toi.

— Ce soir?

— Ce soir.

— Maurice, tu es fou !

— Le matin de la bataille de Leipsick, étais-je fou ?

L'accent du major était empreint d'une telle conviction, ses traits trahissaient une anxiété si sincère, que le colonel tressaillit et laissa son ami quitter le salon sans lui adresser une parole.

Mais le caractère indomptable du colonel Roland reprenant bientôt le dessus, il s'écria :

— Je suis, pardieu ! stupide de me laisser prendre aux airs prophétiques de cet original de Maurice. Eh ! c'est justement parce qu'une fois un jeu du hasard a justifié des pressentimens inexplicables qu'il ne les justifiera pas une seconde, — ajouta-t-il en allant à sa sonnette.

Pietri entra dans le salon. Son maître lui dit :

— Pietri, ma toilette à l'instant.

— Oui, colonel.

— Envoie les gens à l'office, et porte close pour tout le monde.

— Oui, colonel.

— Tu comprends ? pour tout le monde.

— Oui, colonel, je fermerai comme d'habitude la porte de l'antichambre, et je m'y tiendrai seul au dedans.

— C'est cela.

— Monsieur le colonel ne dînera donc pas?

— Non, mais je souperai, morbleu ! et royalement ; dis cela à l'office. Deux couverts, des fleurs, des cristaux ; mais surtout du solide ; les meilleurs vins de ma cave.

— Pardon, colonel... vous avez dit deux couverts? — demanda Pietri avec une inflexion particulière, que son maître comprit, car il reprit en riant :
— Non, Pietri, non, pour cette fois deux couverts... masculins. Les gens serviront à table ; c'est le major Maurice qui soupe avec moi. Donne à l'instant des ordres pour que l'on fasse du feu dans le pavillon de la cour, et qu'on prépare tout pour y recevoir le major : il l'habitera.
— Oui, colonel.
— Ah! diable! j'y pense, — reprit le colonel en indiquant du geste les fleurs rangées sur la table. — Ote-moi ces fleurs, et mets-les provisoirement dans ta chambre.
— Il faut tout ôter, colonel?
— Non, laisse cette grande corbeille de violette de Parme. Pauvre cher ange, — ajouta-t-il à part, — c'est son bouquet de fête, il faut bien qu'elle en jouisse.
— Puis il reprit tout haut :
— La clef de la petite porte du jardin, où est-elle?
— La voici, colonel, — dit Pietri en allant la prendre sur un meuble.
Et il la remit à son maître en lui disant avec un sourire discret :
— Monsieur le colonel a l'air bien heureux ce soir...
— Heureux!... Ah! Pietri, dis donc dans l'ivresse! Tiens, tu vois bien cette pendule, elle marque six heures et quart.
— Oui, colonel.
— Eh bien, je donnerais une année de ma vie pour entendre sonner à l'instant sept heures.
— Si, en pareille occasion, monsieur le colonel avait fait souvent de ces marchés-là, — reprit gaîment Pietri, — il y a longtemps qu'il serait mort.
— C'est diablement vrai, ce que tu dis là, mon pauvre Pietri! Allons, vite à ma toilette ; tu reviendras ôter ces fleurs, sauf la corbeille de violettes de Parme, et recommande le souper.
— Oui, colonel.
Et tous deux sortirent du salon.

A sept heures moins un quart, la nuit venue, le colonel Roland allait se placer, l'oreille au guet, derrière la petite porte de son jardin, qui, nous l'avons dit, donnait sur des terrains déserts environnant l'église de la Madeleine, alors en construction.

A sept heures et quelques minutes, le colonel entendit au loin le roulement d'une voiture.

Il entrebâilla la porte de son jardin.

La voiture s'arrêta.

Quelques instans après, la porte du jardin se referma sur madame de Bourgueil, si pâle, si émue, si tremblante, que le colonel Roland fut obligé de la soutenir dans ses bras, tandis qu'elle lui disait d'une voix éteinte :
— Si vous saviez... tantôt... combien j'ai tremblé pour vous!...

VIII.

Une heure s'est passée depuis l'arrivée de madame de Bourgueil chez le colonel Roland.

La jeune femme est assise dans le salon : on voit sur son pâle et beau visage la trace récente de ses larmes ; ses grands yeux, brillans d'un éclat presque fiévreux, sont attachés sur ceux du colonel Roland avec un mélange d'amour et d'anxiété inexprimable ; elle tient dans ses mains les mains d'Adalbert, agenouillé à ses pieds.
— Julie, qu'avez-vous, ange aimé? — lui dit-il d'une voix vibrante et passionnée. — Pourquoi ce silence, cette inquiétude dans vos yeux? Regrettez-vous d'avoir cru à la sincérité de mon amour? Julie... ce silence m'inquiète...

Encore des larmes!... toujours des larmes!... De grâce, qu'avez-vous?... Julie, par pitié, réponds-moi.

Madame de Bourgueil resta muette, serra convulsivement les mains du colonel Roland entre les siennes, et continua de le regarder fixement à travers ses larmes, qui coulaient lentement sur ses joues.
— Tu pleures? — reprit le colonel d'un ton de tendre reproche. — Tu pleures... et tu me vois si heureux!
— Vrai?... — dit madame de Bourgueil d'une voix touchante en regardant le colonel Roland avec une expression d'ineffable mélancolie ; — vrai?... bien heureux?
— Julie!... mon ange!
— Et... vous m'aimez autant...
— Je suis à vous, je vous appartiens ; ma vie est désormais la vôtre... je vivrai par vous... pour vous... Ah! Julie... tu es... tu seras mon seul, mon dernier amour!

L'accent, l'émotion du colonel Roland parurent si sincères à madame de Bourgueil, que, dans un élan de confiance ineffable, elle porta vivement à ses lèvres les deux mains de son amant et les baisa en murmurant :
— Oh! merci... Adalbert... merci!... je vous crois... j'ai tant besoin de vous croire!
— As-tu donc un instant douté de moi?...
— Non... non... pardonnez-moi! je suis folle... Mais si vous saviez aussi tout ce qui se passe dans la tête d'une pauvre femme... lorsqu'elle n'a plus d'autre refuge que le cœur de celui à qui elle a tout sacrifié, honneur, considération, famille! Que voulez-vous!... à ce moment où elle rompt à jamais avec le passé... L'effroi la saisit malgré elle. Puis, regardant Adalbert avec une nouvelle angoisse, elle ajouta en frémissant :
— Car enfin, si vous m'abandonniez, que deviendrais-je?
— Moi! vous abandonner, Julie!... Ah! ce doute est cruel.
— Non, non, ce n'est pas un doute... Douter de vous à cette heure, ce serait la mort! Non, ce n'est pas un doute... c'est plutôt la générosité, la grandeur de votre dévoûment pour moi, mon Adalbert, qui me confond et m'accable... Tenez, je puis à peine y croire.
— Que parlez-vous de ma générosité!... C'est vous, ange adoré, qui êtes généreuse! C'est vous qui me comblez d'une ivresse jusqu'alors inconnue. Dites, Julie, que sont les preuves de mon amour, auprès de celles que vous me donnez?
— Adalbert, n'est-ce donc rien que de vous consacrer à moi... à moi seule?
— C'est assurer le bonheur de ma vie, voilà tout.
— Renoncer à ce monde où vous avez tant de succès?
— Que m'importe ce monde? je n'y voyais que toi.
— Mon Dieu! mon Dieu! — dit madame de Bourgueil en joignant les mains et levant les yeux au ciel avec une expression de ravissement indicible, — tant d'amour! tant d'amour!... Ah! c'est la seule excuse de ma faute!
— Julie, votre cœur pouvait-il vous tromper?
— Ainsi, mon Adalbert, — reprit la jeune femme dans une sorte d'extase, — nous ne nous quitterons plus... A chaque heure du jour je serai là... près de toi... vivant de ta vie de tous les instans. Oh! tu verras... tu verras! je serai si tendre, si dévouée!... le bonheur me donnera tant de force... tant de séduction... que tu ne regretteras rien de ce que tu me sacrifies. Oui, je le sens, je te chérirai tant, tu me trouveras plus belle que les plus belles, plus aimante que les plus aimantes! Je veux, vois-tu, que nos jours, à jamais confondus, soient pour toi comme un songe enivrant. Je veux, au fond de la retraite que nous choisirons, te faire oublier tout dans notre amour...
— Julie... ma Julie... tu m'aimes donc bien?
— Toi!... Il me le demande, maintenant!
— Pauvre ange adoré... quel beau rêve!...
— Oh! oui... tu verras!
— Hélas! pourquoi nous faut-il détourner les yeux d'une ravissante illusion pour envisager la réalité!... Mais heureusement elle est riche encore de bonheur et d'avenir.

— Quelle réalité?

— Pauvre chère âme... et ta réputation? est-ce qu'elle ne m'est pas aussi précieuse, plus précieuse encore qu'à toi? est-ce que ce n'est pas à moi de la sauvegarder... à force de réserve, de discrétion... de prudence?

— Que dit-il? — s'écria madame de Bourgueil stupéfaite. — Ma réputation?

— Ah! ne craignez rien, Julie : ce trésor le plus sacré d'une femme est confié à un homme d'honneur... Mais qu'avez-vous? cette pâleur...

— Ma réputation! et je suis ici, chez vous?...

— Douteriez-vous de ma discrétion?

— Votre discrétion! et mon mari?...

— Julie, je vous en conjure, rassurez-vous ; ne tremblez pas ainsi ; il est impossible que Bourgueil ait le moindre soupçon. Fiez-vous à moi ; je redoublerai pour lui de prévenances, d'amitié ; vous serez pour lui aussi gentille que possible, et tout ira pour le mieux.

La jeune femme regardait le colonel Roland avec une stupeur et une épouvante croissantes.

— Aucun soupçon! — dit-elle d'une voix altérée ; — mon mari n'aura aucun soupçon... et ce soir?

— Ce soir?

— Quand il ne me verra pas rentrer chez lui.

— Julie, que dites-vous?... rester ici? mais c'est impossible!... mais c'est une folie!... mais c'est vous perdre!... Julie, vous n'y songez pas... revenez à vous...

— Mon Dieu! mon Dieu! — dit la jeune femme avec une angoisse inexprimable, comme si elle ne pouvait croire à ce qu'elle entendait, — c'est à en perdre la raison!... il me parle maintenant de retourner chez mon mari!...

— Sans doute... je...

— Rentrer chez moi... et pourquoi faire?

— Pourquoi faire? mais, encore une fois, pour que Bourgueil ne se doute de rien, puisque, par un heureux hasard, il dînait aujourd'hui hors de chez lui, et que...

— Mon Dieu! il a cru qu'après avoir été sa maîtresse, j'oserais revenir chez mon mari! — s'écria la jeune femme atterrée.

S'adressant alors au colonel avec une expression déchirante :

— Vous me croyez donc la plus vile, la plus hypocrite, la plus indigne des femmes?

— Julie... encore une fois vous ne songez pas aux conséquences de ce coup de tête! — s'écria le colonel Roland. Et il ajouta tout bas :

— Diable! comme elle y va! C'est trop, beaucoup trop d'amour! un instant!

Il était en effet effrayé de la résolution de madame de Bourgueil, car, dans cette liaison comme dans toutes celles qu'il avait eues, cet homme ne voyait rien de sérieux, n'entendait pas le moins du monde mettre en pratique le fameux dicton de : *Une chaumière et son cœur.*

— Moi, — continua la jeune femme, — moi, à présent, affronter le regard de mon mari!... Vous ne savez donc pas que de ma vie je n'ai pu mentir? vous ne savez donc pas que vingt fois j'ai été au moment d'avouer à M. de Bourgueil que je vous aimais, et que l'espoir de résister à ce fatal amour a seul retenu mes aveux? Et, à cette heure, j'irais lâchement vivre avec un homme que je n'aime pas et que j'ai déshonoré!... le trompant chaque jour, pour vous voir chaque jour! Mais je préférerais la mort à une pareille honte!

— Julie... mon ange... reviens de ton égarement... C'est vouloir te perdre à jamais...

— Me perdre à jamais que d'aller vivre avec vous dans quelque retraite ignorée?

— Mais, encore une fois, c'est impossible.

— Impossible!... Et ces promesses... ces sermens, que vous m'avez toute l'heure encore, à mes pieds...

— Je parlais de t'aimer, de t'adorer sans cesse... mais en sauvant ta réputation, car je suis homme d'honneur.

— Tenez, Adalbert, vous me rendrez folle, — répondit la jeune femme presque avec égarement, en pressant son front entre ses deux mains.

Et après un moment de pénible silence elle reprit :

— Eh bien! oui, vous m'avez pris pour une de ces femmes qui se donnent à leur amant et continuent de vivre avec leur mari. Cette injure, je ne croyais pas la mériter... non... je ne le croyais pas, — ajouta la jeune femme avec un sanglot déchirant. — Mais, enfin, puisque vous n'avez pu deviner que je n'étais pas de ces femmes-là... je vous l'apprends, moi : je vous dis que je ne veux pas retourner chez mon mari ; je vous dis que je n'ai plus vous au monde. Ne me parlez donc plus de ma réputation, de mon honneur, de ma famille : à tout cela j'ai renoncé en mettant le pied chez vous ; tout cela est perdu pour moi!

— Non, Julie... non, tout cela ne sera pas perdu pour vous... car j'aurai s'il le faut la prudence qui vous manque ; je puiserai dans la force même de mon amour le courage de résister à un entraînement qu'il ne me serait que trop doux de partager.

— Mon Dieu! il m'épouvante!... Adalbert... écoutez-moi!...

— Oh! si je ne consultais que mon goût, que mon cœur... si j'étais de ces égoïstes endurcis qui ne songent qu'à satisfaire leur désir du moment et leur vanité... je vous dirais : Oui, partons!... Allons cacher notre heureux amour au fond de quelque solitude ignorée.

— Je t'en conjure à mains jointes, Adalbert, écoute-moi seulement, écoute-moi!...

— Mais je ne suis pas de ces gens-là, Julie!... je comprends les devoirs que l'amour d'une femme comme vous impose à un galant homme... Peut-être aujourd'hui vous blesserai-je, pauvre ange aimé... mais demain, revenue de votre exaltation passagère, vous ressentirez pour moi une reconnaissance éternelle.

— Adalbert, par pitié!

— Ecoutez-moi, Julie... Il me faut vous aimer aussi profondément que je vous aime, il me faut un grand courage, un grand dévouement, pour vous parler ainsi. Non! vous ne plongerez pas votre famille dans la douleur par un scandale irréparable...

— Et si je le veux, moi!

— Et si je ne le veux pas, moi! chère et malheureuse folle que vous êtes... Et si, décidé à vous sauver malgré vous, je vous dis : Ou vous retournerez chez votre mari, et notre amour sera aussi heureux que caché, ou bien...

— Ou bien?... — répéta la jeune femme avec une mortelle angoisse, — ou bien?...

— Ou bien, dussé-je mourir de désespoir, j'aurai la force de rompre aujourd'hui même une liaison qui devait être le bonheur de ma vie...

— Adalbert! — s'écria la jeune femme avec égarement en se jetant aux pieds du colonel Roland, — tu ne feras pas cela!... non, tu ne briseras pas ainsi une malheureuse créature qui te demande à genoux de te dévouer sa vie, sa vie entière. Voyons, enfin, sois juste : quel est mon tort? de ne pas vouloir être hypocrite et infâme... Tu ne peux pourtant pas me reprocher cela? Est-ce que tu ne me connais pas? Mon Dieu! mon Dieu! Mais comprends donc que maintenant, à la vue de mon mari, je mourrais de remords et de honte!

— Vous vous figurez cela, Julie : c'est une exagération...

— Mais vous n'avez donc ni cœur ni âme!

— Julie...

— Non, non, pardon, j'ai eu tort... Je ne sais plus ce que je dis... Je t'en supplie, ne te fâche pas... tu es si bon!... Laisse-moi achever... Où en étais-je?... Ah! tu dis que tu ne veux pas me perdre, n'est-ce pas? Tu vas voir si j'ai raison... Seulement, écoute-moi sans te fâcher... je ne te demande que cela... Ce n'est pas beaucoup, n'est-ce pas? Tu dis que tu ne veux pas me perdre... Mais songes-y donc : c'est si tu m'abandonnes que je serais perdue... Car alors, que m'importe qu'il me fasse, que je devienne, moi?... Tu me dis : Je t'ordonne de retourner avec ton mari... Adalbert... sois juste, as-tu le droit de m'ordonner cela?

ajouta la jeune femme avec des sanglots étouffés. —
—Tu as le droit de me dire : Aime-moi pour la vie... sois dévouée, résignée, soumise... sois mon esclave, sois mon chien... Oh! oui, tu as le droit de me dire cela... et tu verras avec quel bonheur je t'obéirai... Mais me forcer à l'hypocrisie, à la lâcheté?... Pour cela, non, jamais, jamais !... J'ai ma volonté aussi, moi, entendez-vous ! et je ne vous écouterai pas, je vous résisterai, je...

Mais elle ne put achever ; les sanglots la suffoquaient. Elle cacha dans son mouchoir sa figure baignée de larmes.

—Julie, — reprit le colonel Roland aussi impatienté qu'irrité de cette insistance, — voilà bientôt neuf heures, il serait imprudent de prolonger plus longtemps votre séjour chez moi.

—Adalbert... grâce ! grâce !

—Julie, vous me faites un horrible chagrin... Mais je vous le répète, malgré vous je vous sauverai. Ou vous allez retourner chez votre mari, ou tout est désormais rompu entre nous. Je vous en donne ma parole, Julie, ma parole d'honneur !... et jamais je n'y ai manqué !

—Eh bien, non ! non ! — s'écria Mme de Bourgueil avec désespoir, en mordant son mouchoir au milieu de ses pleurs convulsifs. — Non, je ne m'en irai pas d'ici... vous ferez de moi ce que vous voudrez... vous me chasserez... vous me tuerez... je ne m'en irai pas !...

Soudain on entendit au dehors du salon un grand bruit. Des coups violens, précipités, retentissaient à une des portes extérieures de l'appartement.

—Qu'est-ce que cela ? — s'écria le colonel Roland en tressaillant et écoutant avec anxiété. — On dirait que l'on veut briser la porte de l'antichambre !

IX.

Mme de Bourgueil, au bruit retentissant des coups que l'on frappait au dehors, comme pour entrer de force dans l'appartement, Mme de Bourgueil s'était levée brusquement dans un premier mouvement d'épouvante.

Le colonel Roland prit vivement sur un canapé le châle et le chapeau de la jeune femme, puis, courant à elle et la saisissant par la main, il lui dit :

—Julie... ne craignez rien... venez... Cette porte ouvre sur un couloir... Vous monterez un petit escalier, vous vous trouverez dans la chambre de Pietri ; de là, il vous sera facile de gagner le jardin. Vite... vite !... les coups redoublent... la porte cède ! Sauvez-vous ! je réponds du reste.

Madame de Bourgueil, frappée de terreur, avait d'abord suivi machinalement le colonel et traversé avec lui le salon d'un pas précipité ; mais au moment où il ouvrait la porte de l'escalier dérobé, elle s'arrêta et dit avec un sourire effrayant :

—Pourquoi fuir ?...
—Comment !
—Je reste.
—Malheureuse folle ! mais c'est votre mari peut-être !
—Tant mieux.
—Julie... je vous en supplie...

Le colonel Roland ne put achever

Pietri, pâle, effaré, parut tout à coup dans le salon en s'écriant :

—Colonel !... un commissaire de police ! des soldats !... Ils ont commandé d'ouvrir au nom de la loi... J'ai refusé... Ils sont entrés de force dans l'antichambre... alors j'ai fermé la porte du second salon. Mais elle ne résistera pas longtemps. Tenez... tenez... entendez-vous ?... ils la brisent !

—Et que veulent ces gens ?
—Le jardin est aussi cerné !
—Mais que veulent-ils ?
—J'ai écouté à travers la porte, j'ai entendu nommer M. de Bourgueil.

A ces mots, la jeune femme, dont les jambes vacillaient, fit quelques pas et se laissa tomber dans un fauteuil, sans être remarquée du colonel, tout occupé de ce que lui apprenait son valet de chambre. Aussi s'écria-t-il en frappant du pied avec dépit :

—Plus de doute ! un flagrant délit !

Et croyant la jeune femme toujours près de lui, il se retourna en disant :

—Vous le voyez bien... essayons du moins de...

Mais s'apercevant alors que Madame de Bourgueil était assise à l'autre bout du salon, pâle comme une morte, immobile comme une statue, il courut à elle et lui dit :

—Je vous en supplie, gagnez la chambre de Pietri, c'est la seule chance de vous sauver...

—Colonel, — cria Pietri, — la porte cède, les voilà, ils arrivent !...

—Julie ! — s'écria le colonel, — il en est temps encore, sauvez-vous !

—Non, — reprit madame de Bourgueil avec un calme effrayant, — nous verrons si après un tel éclat, vous oserez m'abandonner.

A ce moment, des pas tumultueux retentirent.

La porte s'ouvrit.

Sur le seuil apparut le commissaire de police, derrière lui étaient M. de Bourgueil et M. Delmare, que nous avons laissé sur le boulevard anéanti sous le coup d'une révélation aussi soudaine que terrible.

M. de Bourgueil ayant vu sa femme assise et immobile, dit au commissaire en la désignant du geste :

—Voici ma femme, monsieur.

—Madame, — reprit le commissaire en s'avançant d'un pas, — vous êtes...

—Je suis madame de Bourgueil, — reprit-elle d'une voix mourante.

Et elle ne bougea pas.

—Après un pareil aveu, monsieur, — dit M. de Bourgueil au commissaire, — vous pouvez, je crois, dresser votre procès-verbal, et nous laisser, moi et monsieur qui nous a servi de témoin, — ajouta-t-il en montrant M. Delmare ; — j'ai à causer avec M. le colonel Roland.

—Je vous laisse, monsieur, — répondit le magistrat.

Et il sortit.

Le colonel Roland, les traits contractés par une colère contenue, sentant l'inutilité de toute violence, s'était approché du fauteuil de madame de Bourgueil pour la protéger au besoin, et là, il attendit l'issue de cette scène, les bras croisés sur sa poitrine, le front hautain, le regard intrépide, le sourire sardonique.

Au moment où le commissaire quittait le salon, le colonel avait dit tout bas à Pietri :

—Le major est-il rentré ?
—Non, colonel.
—Dès qu'il sera rentré, tu le prie de venir ici ; tu le feras attendre dans ma chambre à coucher.
—Oui, colonel.
—Maurice !... ce prophète de malheur va être bien fier d'avoir peut-être deviné juste, avec ses pressentimens, — se dit le colonel avec un sourire amer.

Pietri étant sorti sur les pas du commissaire, madame de Bourgueil, son mari, Delmare et le colonel Roland, restèrent seuls.

Il y eut d'abord parmi ces quatre personnages un moment de silence solennel.

M. de Bourgueil était parfaitement calme ; son regard, ordinairement faux et incertain, s'arrêtait sur le colonel avec une complaisance sinistre.

M. Delmare essuyait à chaque instant son front baigné d'une sueur froide ; cette physionomie, ordinairement d'une bonhomie candide, était devenue effrayante.

Quelques heures lui avaient suffi pour lui imprimer le cachet terrible de la haine et du désespoir ; ses yeux, rougis par les larmes, semblaient renfoncés dans leur orbite, et brillaient d'un farouche éclat sous leurs besicles d'or ; cette grosse figure livide, bouleversée, avec ces cheveux raidis et collés aux tempes, avait quelque chose d'étrange, de redoutable, qui frappa le colonel Roland malgré son intrépidité dédaigneuse et hautaine. Quoiqu'il eût séduit et rendu mère avant son mariage la jeune personne qu'avait épousée M. Delmare, il n'avait de sa vie vu cet homme, le croyant seulement un témoin amené par M. de Bourgueil pour constater l'adultère de sa femme. Aussi le colonel s'étonnait-il de ce que ce témoin parût prendre si violemment à cœur le déshonneur de son ami.

M. Delmare, laissant, si cela se peut dire, M. de Bourgueil, sa femme et le colonel sur le premier plan, s'assit dans l'ombre auprès d'une console ; là, le menton sur sa main, gardant un sombre silence, il ne quitta plus des yeux le colonel Roland.

Si l'on n'eût pas cru tout au colonel Roland fou de douleur, de honte et d'épouvante, madame de Bourgueil eût perdu la raison, car elle pressentait une explication terrible entre son mari et le colonel. Elle aurait voulu, elle aurait pu fuir, afin de n'être pas témoin de ce qui allait se passer, qu'elle en eût été incapable ; elle se sentait inerte, brisée, hors d'état de faire un mouvement ; toute force physique l'avait abandonné ; elle ne pouvait plus, dans son immobilité forcée, que voir et entendre.

— Monsieur, — dit au colonel Roland, M. de Bourgueil, — la présence de ma femme ici... est, je crois, assez significative. Je ne pense pas que vous osiez nier l'évidence...

— Pas un mot de plus, monsieur, — dit le colonel Roland avec une impatience hautaine ; — je serai à vos ordres quand vous voudrez.

— *Pas un mot de plus...* est très joli, — reprit M. de Bourgueil avec un sourire sardonique et glacé. — M. le colonel Roland vient chez moi, et, sous le manteau d'une feinte et hypocrite amitié, il me trompe lâchement...

— Monsieur ! s'écria le colonel, pourpre de colère à cette insulte, — prenez garde...

— M. le colonel Roland me trahit, me trompe lâchement, disais-je, — reprit M. de Bourgueil avec un flegme imperturbable, — il séduit ma femme, et lorsque je me permets une humble observation à ce sujet, il me coupe la parole et me dit : *Pas un mot de plus !...* C'est fort curieux.

— Monsieur, — reprit le colonel en se contenant à peine, — vous abusez de votre position.

— C'est bien le moins, — reprit M. de Bourgueil, — qu'elle me donne cette petite douceur-là.

— Trêve de sarcasme, monsieur, vous savez bien qu'après l'outrage que je vous ai fait, je suis obligé d'endurer vos insolences. Cependant tout a un terme... Aussi croyez-moi, brisons là... Dites-moi votre heure, vos armes... et je vous accorderai la réparation que je vous dois.

— Il est charmant, ce cher monsieur ! — reprit M. de Bourgueil en éclatant de rire, — il appelle cela *une réparation*... Il est plus fort à l'épée que le fameux Lostange, duelliste forcené qu'il a blessé ce matin... il a souvent, devant moi, mis à quarante pas une balle de pistolet au milieu d'une carte à jouer ; de sorte qu'après m'avoir pris ma femme, il me tuerait comme un chien !... Allons donc ! vous sentez bien, mon cher colonel, que je ne veux point du tout... mais du tout, du tout, de ces réparations-là.

— Que voulez-vous donc alors, monsieur ! — s'écria le colonel exaspéré, — est-ce un procès en adultère ? Eh ! morbleu ! faites-le ; vous avez des témoins ; mais je vous dis, moi, que c'est une infâme lâcheté de rendre madame témoin d'un pareil débat. Vous ne voyez donc pas qu'elle se meurt ! — continua le colonel en se rapprochant avec compassion de madame de Bourgueil qui semblait défaillir.

— Monsieur le colonel est bien bon, — reprit le mari. — Je sais qu'il a toujours porté le plus tendre intérêt à ma femme ; mais qu'il se rassure : l'on ne meurt pas comme cela, Dieu merci ! Les femmes ont la vie dure.

— Misérable ! — s'écria le colonel.

— Oh ! oh ! *misérable* est encore plus joli que *pas un mot de plus* et l'offre de ce que ce cher colonel appelle une *réparation*, — répondit M. de Bourgueil en haussant les épaules.

Et il dit à sa femme, toujours pâle, immobile comme un spectre.

— Qu'en pensez-vous ? chère amie ! n'est-il pas ravissant, ce cher monsieur ?

— Oh ! — murmura le colonel, — et se voir là cloué, obligé de dévorer ces insultes !

— Vous me faites l'honneur de me dire, monsieur, — poursuivit M. de Bourgueil : — intentez-moi un procès en adultère ? Non pas, non pas, diable ! cela amènerait ma séparation d'avec ma femme, et j'y tiens, à ma femme ; et beaucoup plus que vous n'y avez probablement tenu à cette chère amie... Oh ! oh ! je ne l'abandonne pas comme cela, moi !

Et il se retourna en jetant sur sa femme un regard diabolique.

A ce regard, à ces paroles, la jeune femme tressaillit d'épouvante et de stupeur.

Elle croyait avoir atteint les dernières limites du malheur possible, en reconnaissant le peu d'amour du colonel Roland pour elle, mais jamais cette affreuse idée ne lui était venue à l'esprit : « Le secret de sa faute découvert, retourner vivre auprès de son mari. »

La détermination de M. de Bourgueil parut au colonel lui-même si mystérieusement menaçante pour la malheureuse femme qu'il avait perdue, que, cédant à un sentiment de générosité tardive, il dit à madame de Bourgueil :

— Rassurez-vous, madame, vous croirez à mes paroles dans ce moment solennel. Je vous jure de vous consacrer désormais ma vie tout entière. Après un tel éclat, il vous est impossible de retourner vivre auprès de cet homme, dont la froide méchanceté m'épouvante pour vous. Je ne vous abandonnerai pas ; désormais vous êtes sous ma protection, et malheur, oh ! oui, malheur à celui qui maintenant oserait vous faire verser une larme !

A cette résolution, que les circonstances imposaient pour ainsi dire au colonel Roland, la jeune femme sourit avec une dédaigneuse amertume, tandis que son mari reprenait :

— C'est touchant au possible ! Ces pauvres amants ! ils s'en iraient comme cela, devant moi, bras dessus, bras dessous, vivre maritalement dans quelque champêtre asile... C'est décidément plus en plus joli ! Ce cher colonel croit que les lois sont faites pour les autruches, probablement.

— Et ce commissaire ? — s'écria le colonel exaspéré, — pourquoi l'avoir conduit ici, si vous ne vouliez pas un éclat, une séparation ?

— Entre amis, on n'a pas de secret, — reprit M. de Bourgueil ; — je vais donc, mon cher colonel, vous expliquer le pourquoi du commissaire. Il ne me plait pas de vous dire comment aujourd'hui j'ai découvert l'indignité de madame ; mais ensuite de cette découverte, j'ai feint un dîner en ville, j'ai guetté cette vertueuse amie, je l'ai suivie, et de loin je l'ai vue entrer chez vous. Vouloir y entrer après elle, pour la convaincre de son infamie, impossible !... la petite porte de votre jardin était déjà refermée, et en me présentant du côté de la rue vos gens ne m'auraient pas ouvert. J'ai donc pris tout bonnement le parti d'aller trouver le commissaire, de lui conter mon cas, me réservant, selon mon droit, de donner suite ou non au procès en adultère, bien certain qu'accompagné d'un magistrat j'entrerais ici, de gré ou de force, et que, devant témoins, je convaincrais madame de ce qu'une misérable !...

A cette insulte, le colonel s'élança furieux, menaçant, vers M. de Bourgueil, qui lui dit en haussant les épaules :

— Des violences ! des voies de fait ! Et puis après ? vous

savez bien que je ne me battrai pas avec vous. Diable ! je tiens trop à vivre pour cette chaste amie, et à lui consacrer tous mes instans.

Le colonel se mordit les lèvres jusqu'au sang, atterré par le calme de M. de Bourgueil.

Celui-ci reprit :

Deux mots encore... et j'offre mon bras à madame... afin de laisser la place... à monsieur.

Et il montra du geste M. Delmare, toujours muet et immobile dans l'ombre, qui appuyait alors son front brûlant sur le marbre de la console près de laquelle il était assis.

— Monsieur, qui est mon ami, — poursuivit M. de Bourgueil, — aura une petite requête à adresser à M. le colonel Roland.

Celui-ci avait oublié la présence de M. Delmare ; il tourna machinalement les yeux vers lui, fut de nouveau frappé de la physionomie sinistre de cet inconnu, et se demanda quelle requête il pouvait avoir à lui adresser.

Madame de Bourgueil, convaincue que son mari voulait la reprendre afin d'exercer quelque mystérieuse vengeance, et comprenant que la loi, la force, étant pour lui, elle ne pouvait lui échapper, s'était dit, confiante dans son désespoir :

— Grâce à Dieu, je ne résisterai pas aux terribles émotions d'aujourd'hui ; je me sens frappée au cœur ; que m'importe de suivre mon mari !

M. de Bourgueil poursuivit en se retournant vers sa femme :

— Ecoutez bien, pudique amie, ce que je vais dire à votre amant, ce fier-à-bras, cet intrépide, ce héros !

Et s'adressant au colonel :

— Monsieur, vous êtes un débauché sans foi ni cœur, méprisant toutes les femmes, à commencer par cette chère amie, et à son endroit vous n'avez pas tort ; vous êtes cuirassé par l'égoïsme et la satiété : vous vous moquez des épouses séduites et des maris trompés : vous êtes inaccessible aux remords. Eh bien ! pourtant, je vous dis, moi, que vous vous rappellerez souvent, et malgré vous, et avec honte, et avec rage, la scène de ce soir, où je vous aura impunément outragé, vous, si féroce sur le point d'honneur. Je vous défie surtout, si impitoyable que vous soyez, de ne pas ressentir de temps à autre une sorte d'effroi en vous disant : — *A l'heure qu'il est, M. de Bourgueil ne quitte pas sa femme*. Cela n'a l'air de rien, n'est-ce pas ? *M. de Bourgueil ne quitte pas sa femme ?* Et pourtant, je le vois, à ce moment même, ça vous fait peur, et à cette irréprochable amie aussi ! Sur ce, monsieur, j'ai l'honneur de vous saluer avec infiniment de considération.

Et s'approchant de M. Delmare, il lui dit à demi-voix :

— C'est toujours convenu : dans une heure, ici, n'est-ce pas ?

M. Delmare leva la tête, fit un signe affirmatif, et appuya de nouveau son front sur le marbre de la console.

M. de Bourgueil retournant alors auprès de sa femme, lui dit d'une voix doucereuse :

— Venez-vous, chère amie ?

— Je vous suis, monsieur, — répondit madame de Bourgueil en se levant par un effort presque surhumain. Se tournant alors vers le colonel Roland, elle lui dit avec l'accent d'un douloureux et écrasant mépris :

— Avant peu, je serai morte de chagrin, monsieur ; mais je mourrai du moins éclairée sur l'impitoyable dureté de votre cœur. J'étais coupable, bien coupable ; je voulais ne pas aggraver ma faute par une lâche hypocrisie ; vous avez reculé devant la sincérité de mon affection, vous avez renié les devoirs qu'elle eût imposés à un homme d'honneur. Après m'avoir perdue, vous m'avez menacée de m'abandonner, si je refusais de retourner chez l'homme que j'avais outragé une fois, afin de continuer à l'outrager encore. Allez, monsieur, je serais libre à cette heure de vous consacrer ma vie que vous ne me reverriez jamais, car je vous méprise !...

— Vous voyez, monsieur, — reprit M. de Bourgueil en s'adressant au colonel, — cette estimable amie... vous méprise aussi ; je ne le lui ai pas fait dire... c'est parti tout seul !

— Votre bras, monsieur, — dit madame de Bourgueil à son mari ; — je ne sais s'il me restera la force de sortir d'ici.

— Oh ! que oui, tendre amie, vous aurez cette force-là, — répondit M. de Bourgueil avec son froid et méchant sourire. — Je vous l'ai dit, les femmes ont la vie dure, Dieu merci ! et d'ailleurs, voyez-vous, — ajouta-t-il tout bas avec un ricanement affreux, en conduisant sa femme vers la porte, qu'il ouvrit, — et d'ailleurs, voyez-vous, adorable amie, je vous entourerai des soins les plus délicats... car je veux absolument que vous viviez, moi... oui, il faut vivre... et peut-être... qui sait... vivre... *pour...*

Et M. de Bourgueil finit sa phrase à l'oreille de sa femme. Elle poussa un tel cri d'épouvante que le colonel courut vers la porte, qui venait de se refermer sur M. et madame de Bourgueil ; mais M. Delmare, croyant que le colonel voulait fuir, se leva soudain et lui barra le passage en disant d'une voix sourde :

— Et moi !

Le colonel Roland, entendant du dehors la chute d'un corps sur le plancher, suivi d'un éclat de rire de M. de Bourgueil, voulut passer outre malgré M. Delmare ; mais celui-ci, de haute et vigoureuse stature, et de qui la rage et la haine décuplaient les forces, saisit le colonel Roland au collet, malgré tous ses efforts, l'empêcha de faire un pas, et reprit d'une voix éclatante :

— Et moi donc... et moi !!!

X.

Le colonel Roland avait voulu en vain lutter contre M. Delmare, afin de courir au secours de madame de Bourgueil, tombée évanouie dans la pièce voisine, dont la porte venait de se fermer. Blême de fureur, et ne pouvant se dégager des poignets de fer de son adversaire, qui le serraient comme dans un étau, il appela Pietri à plusieurs reprises.

Le valet de chambre entra bientôt. Voyant le colonel collé par M. Delmare, il s'écria en s'élançant sur lui, comme s'il eût été révolté de ce spectacle :

— Misérable ! attaquer mon maître !...

— Pietri, ne touche pas cet homme, — dit le colonel d'une voix étranglée par la rage ; — seul, j'en aurai raison... il m'appartient... Mais cette dame... cette dame qui était ici tout à l'heure... qu'est-elle devenue ?

— Je viens d'aider M. de Bourgueil à la transporter évanouie dans une voiture qui l'attendait, colonel.

— C'est bien. Laisse-nous.

Et d'un violent et dernier effort, le colonel parvint à se dégager des mains de M. Delmare.

Celui-ci, voyant d'ailleurs que son adversaire ne cherchait plus à fuir, ne prolongea pas la lutte.

Pietri sortit ; son maître s'écria, en attachant sur M. Delmare un regard étincelant :

— Oh ! je me vengerai de cette insulte ! Oser porter la main sur moi ! Mais vous ne savez donc pas que je vous tuerai pour cela ! Tout votre sang ne suffira pas à laver cet outrage ! Oh ! vous paierez pour ce lâche Bourgueil, que vous avez accompagné ici pour votre malheur. Misère de Dieu ! je ne suis pas féroce, mais, après tout ce qui s'est passé ce soir, je me sens au cœur une haine de tigre !

— Tant mieux, — répondit M. Delmare.

Et il remit une lettre au colonel en lui disant :

— Vous connaissez cette écriture ; lisez.

Le colonel Roland prit brusquement la lettre.

A peine y eut-il jeté les yeux qu'il se dit à demi-voix :

— Une lettre d'Anna Clermont!
Et il ajouta tout en la parcourant :
— Cette lettre est de l'an dernier. Anna m'écrivait à mon retour de Waterloo. Inquiète des suites de mes blessures, elle me suppliait de lui donner de mes nouvelles; me parlait de son enfant, en faisant allusion au temps de notre amour; mais je n'ai jamais reçu cette lettre; comment cet homme l'a-t-il en son pouvoir?

Et se retournant vers M. Delmare, il lui dit avec emportement :
— Où avez-vous pris cette lettre? qui êtes-vous? saurai-je enfin le nom du seul homme qui ait jamais porté la main sur moi, et dont j'aurai la vie, s'il n'a la mienne!

M. Delmare s'avança lentement, se plaça devant le colonel et lui dit :
— Je suis le mari d'Anna Clermont.
— Vous? — s'écria le colonel Roland avec un accent de joie farouche; — vous? il serait vrai?
— Oui, moi, Jean Delmare; c'est mon nom.
— C'est vous?... Oh! voilà déjà un à-compte sur ma vengeance! C'est donc vous le mari d'Anna? — reprit le colonel en toisant M. Delmare d'un regard insultant. — Eh bien! mon pauvre homme, vous pouvez vous vanter d'avoir épousé une bien jolie femme. Et son fils? il est gentil, n'est-ce pas?

A cette parole atroce, qui mordait au plus vif de la saignante blessure d'un homme jusqu'alors idéalement heureux de son adoration aveugle pour son enfant et pour sa femme, M. Delmare ne s'emporta pas, il n'en eut pas la force; un fer brûlant et aigu lui eût traversé le cœur qu'il n'eût pas éprouvé une douleur plus horrible; il murmura seulement, en cachant dans ses deux mains son visage livide et bouleversé :
— Oh! mon Dieu... mon Dieu!
Et il pleura.
Il pleura comme un enfant.

Les larmes silencieuses de ce malheureux, dont les traits avaient été jusqu'alors empreints d'une expression tellement sinistre que le colonel Roland en avait été saisi, causèrent à ce dernier une impression étrange; d'abord il se demanda si un homme, assez faible pour pleurer ainsi devant celui qui venait de lui jeter à la face la plus sanglante insulte, aurait le courage de se battre: et cependant, se souvenant que M. Delmare n'avait pas craint de porter la main sur lui avec une rare énergie, ces pleurs, à ce moment, lui semblèrent plus effrayans que des transports de fureur. Aussi, malgré son intrépidité naturelle, le colonel sentit son cœur se serrer; il éprouvait, non pas précisément de la crainte, mais un sentiment de vague et sombre angoisse. Rougissant bientôt de cette inexplicable appréhension, et d'ailleurs humilié, exaspéré, par les froids et insolens sarcasmes de M. de Bourgueil, par les adieux écrasans de sa femme, enfin par l'outrage qu'il venait de recevoir de M. Delmare, le colonel Roland, fatalement poussé aux dernières extrémités, voulant hâter le dénoûment de cette crise, eut la barbarie de dire à cet infortuné qui sanglotait en silence :
— Il paraît que nous avons la larme facile?
— C'est vrai, — répondit machinalement M. Delmare d'une voix navrante, comme s'il eût oublié quel était son interlocuteur.

Et essuyant de sa main les larmes dont son visage était baigné, il reprit :
— Il y a tant d'années que je n'ai pleuré!
Tirant alors sa montre, M. Delmare regarda l'heure et dit d'un air affairé :
— Déjà neuf heures passées! Je n'ai plus que trois quarts d'heure. M. de Bourgueil doit être ici avec les couteaux à dix heures.

A ces mots, le colonel tressaillit de surprise et dit à M. Delmare :
— Que parlez-vous... de couteaux?
— Oui, — répondit M. Delmare d'un air toujours affairé, — deux couteaux de boucher... bien aiguisés. M. de Bourgueil est allé les acheter... Mais maintenant il ne s'agit pas de cela... il ne s'agit pas de cela... Je voudrais...
— Pardon, monsieur... Pourrais-je savoir ce que vous voulez faire de ces... couteaux, que M. de Bourgueil doit rapporter ici?
— Mon Dieu, c'est pour nous battre, — reprit M. Delmare avec une légère impatience. — Mais ce sera plus tard, et maintenant je voudrais...
— Moi? — s'écria le colonel, — moi, me battre au couteau!
— Mais oui, mais oui! Seulement, en attendant le retour de M. de Bourgueil, je voulais vous demander de...
— Ah çà, monsieur, — s'écria le colonel, interrompant encore M. Delmare, — vous moquez-vous du monde?
— Moi? — reprit M. Delmare en secouant mélancoliquement la tête.—Oh! je n'ai pas le cœur à la plaisanterie allez!

Il y avait quelque chose de si véritablement effrayant dans ce mélange de naïveté, de résolution et de larmes, que le colonel frissonna et s'écria :
— Je vous dis, monsieur, qu'un tel duel est impossible!... Entendez-vous?... impossible!

M. Delmare, soulevant un peu ses besicles d'or, comme pour mieux envisager le colonel Roland, reprit, en le regardant fixement :
— Impossible?... ce combat?... Ah! par exemple!...

Et, rabaissant ses besicles, il étancha la sueur froide dont son front s'inondait de nouveau.
— Allons donc, monsieur! — dit le colonel en haussant les épaules; — s'entr'égorger comme des assassins! Est-ce que vous êtes fou?
— Tiens, — dit M. Delmare en soulevant de nouveau ses lunettes pour regarder le colonel Roland, — il a peur!...
— Non, monsieur, non, je n'ai pas peur, — reprit le colonel avec un sourire amer et méprisant. — Je conçois qu'étranger sans doute au maniement des armes, vous vouliez égaliser les chances entre nous : c'est de toute équité; il y a pour cela un moyen parfaitement simple et commode : nos témoins mettront sous un mouchoir deux pistolets; un seul sera chargé; nous en prendrons au hasard chacun un, et nous tirerons à brûle-pourre. Voilà, monsieur, ce qui se fait, ce qui est convenable... Cela vous va-t-il?
— Ça ne me va pas du tout, parce que, voyez-vous, avec mon couteau, une fois que nous nous tiendrons là, bien corps à corps, j'espère pouvoir vous fouiller jusqu'au cœur, jusqu'au fin fond du cœur! Ah! mais dame, oui, je n'ai plus que cette espérance-là au monde, moi! je ne veux point y renoncer. C'est donc de ces couteaux qu'il nous faut absolument, absolument. Mais, encore une fois, il ne s'agit pas encore de cela; le temps passe... — Et il tira sa montre. — Neuf heures vingt minutes... et j'ai à écrire longuement.

Cet acharnement, d'une férocité pour ainsi dire naïve, frappa tellement le colonel qu'il ne put trouver une parole. Ce n'était pas qu'il craignît la mort, mais, à la pensée d'un pareil entr'égorgement, cet homme, d'une folle bravoure, frissonnait malgré lui.

M. Delmare reprit :
— Je ne veux pas rentrer chez moi. Vous allez, je vous prie, me donner ce qu'il faut pour écrire ici quelques lettres. Pardon d'en user ainsi sans façon. A dix heures, M. de Bourgueil reviendra avec les couteaux. Il y a ici près, derrière la Madeleine, des terrains déserts; la nuit est noire; mais tous deux, nous n'avons pas besoin d'y voir clair pour nous poignarder l'un l'autre, n'est-ce pas?
— Monsieur, — s'écria le colonel Roland, — je vous répète que ce duel...
— Mon Dieu! mon Dieu! encore des *si*, des *mais*, — reprit M. Delmare en soulevant de nouveau ses besicles pour attacher sur le colonel ses yeux ardens, rougis par les larmes,—décidément, vous voulez avoir une chance de m'assassiner, sans être seulement blessé; c'est très lâche, ça, pour un héros de Waterloo; c'est très lâche... très lâche!..

Le colonel ne répondit rien, pâlit, réfléchit un moment, et dit à M. Delmare :
— Soit ! j'accepte cet ignoble combat.
— La belle grâce ! — répondit M. Delmare en haussant les épaules.

Le colonel sonna.

Pietri parut, et le colonel lui dit :
— Le major est-il rentré ?
— Il rentre à l'instant même ; il attend M. le colonel dans sa chambre à coucher.

Montrant alors du geste M. Delmare, le colonel ajouta :
— Pietri, donnez à monsieur ce qu'il lui faut pour écrire.
— Merci bien, — répondit M. Delmare de son air affairé, — merci bien. Je suis fâché de la peine...

Le colonel Roland sortit, suivi de Pietri.

Resté seul, M. Delmare se promena de long en large, les mains derrière le dos, jusqu'au retour du valet de chambre, qui bientôt rapporta ce qui était nécessaire pour écrire.

Il plaça le tout sur une table et dit à M. Delmare :
— Voici, monsieur, du papier, des plumes et de l'encre.
— Bien obligé, mon bon ami, — répondit M. Delmare en allant s'asseoir à la table.

Les traits de Pietri avaient repris l'expression sinistre dont ils étaient empreints lorsque, quelques heures auparavant, seul et inquiet, il attendait le retour de son maître, dont il semblait tant redouter la mort. Il regardait attentivement M. Delmare, qui, le front appuyé sur sa main, réfléchissait sans doute à ce qu'il allait écrire.

Pietri, après quelques momens de silence, s'approcha lentement de M. Delmare et appuya une de ses mains sur le dossier de son fauteuil.

M. Delmare sortant alors de sa rêverie dit au valet de chambre :
— Mon bon ami, j'ai à écrire, je désire être seul.
— Il vaut mieux, monsieur, que nous soyons deux.
— Comment, deux ?
— Pour bien peser ce que vous allez écrire.
— Mais, mon bon ami, ce que j'ai à écrire ne vous regarde point.
— Au contraire.
— Je ne comprends pas.
— Sans moi, vous ne seriez pas ici.
— Que dites-vous ?
— Sans moi M. de Bourgueil ne serait pas venu non plus ici ce soir.
— Que signifie cela ? qui êtes-vous donc ?
— Moi ? oh ! rien, moins que rien, un pauvre diable, le valet de chambre de confiance de M. le colonel Roland.
— Et en quoi êtes-vous mêlé à ce qui s'est passé ici ce soir.
— Tantôt vous avez reçu une lettre, sur les deux heures ?
— Oui, — répondit M. Delmare, avec un douloureux effort, — oui !
— Cette lettre vous donnait certains détails et contenait un billet autrefois écrit par votre femme ?
— Vous savez...
— Je sais nécessairement, puisque c'est moi qui vous les ai envoyées, ces lettres.

M. Delmare se renversa dans son fauteuil, et regardant Pietri avec stupeur, s'écria :
— Et ces lettres, pourquoi me les avez-vous envoyées ?
— Pour me venger.
— De qui ?
— De mon maître.
— Du colonel ?
— Oui, — répondit Pietri avec un geste mystérieux. — Vous voyez, monsieur, que nous devons nous entendre. Mais de la prudence !

Et Pietri alla sur la pointe du pied, entr'ouvrit la porte du salon et regarda au dehors, afin de s'assurer qu'il pouvait parler en toute sécurité. Il revint alors auprès de M. Delmare, encore sous le coup de cette révélation inattendue.

XI.

Pietri, après s'être assuré que dans la pièce voisine il n'y avait personne qui pût l'entendre, revint donc auprès de M. Delmare.

Celui-ci lui dit :
— Ces lettres... — et il passa la main à son front ; — ces lettres... c'est vous qui me les avez envoyées ?... Je n'en reviens pas encore !
— Vous étiez aveugle ; il entrait dans mes plans de vous éclairer.
— C'est fait, — reprit M. Delmare en frémissant. — J'aurais préféré peut-être rester aveugle toute ma vie ; mais enfin j'y vois clair... Et en quoi cela sert-il votre haine contre votre maître ?
— Je me suis informé de vous, de votre caractère ; j'ai su votre adoration passionnée pour votre femme, pour votre enfant ; j'ai prévu que la perte de tant de bonheur vous rendrait implacable.
— C'est la vérité. Ce matin, j'étais inoffensif et poltron ; ce soir... je suis altéré de sang !

Et après un moment de sombre silence,
— Et cette lettre, mon bon ami, comment donc vous l'êtes-vous procurée ?
— Lorsqu'on l'a apportée ici, il y a plusieurs mois ; au lieu de la remettre à mon maître, je l'ai gardée. J'avais reconnu l'écriture, car la correspondance du colonel passe toujours par mes mains ; or, cette fois, n'ayant pas reçu la lettre, il ne pouvait se douter de sa soustraction, et je comptais me servir de ce billet à mon jour, à mon heure.
— Mais cette lettre est de l'an passé ; pourquoi avoir autant tardé à vous en servir ?
— Pour éloigner tout soupçon de la part de mon maître... Une vengeance trop rapprochée de l'outrage aurait pu me trahir.
— C'est juste, mon bon ami.
— J'ai préféré attendre.
— Et pourquoi avez-vous tant de haine contre le colonel ?

A cette question les traits de Pietri blêmirent, prirent une expression de férocité sauvage, et un instant il resta muet.

— Comme je suis devenu méchant ! — reprit M. Delmare d'un air pensif, en regardant Pietri. — Cela me fait pourtant plaisir de voir quelqu'un paraître souffrir autant que moi. Et la cause de votre haine contre votre maître, pouvez-vous me la dire ?
— Vous aimiez votre femme, n'est-ce pas, monsieur ?
— Je vous ai dit, mon bon ami, que ce matin j'étais poltron... dans une heure je me bats au couteau avec délices !
— Eh bien moi, j'aimais aussi passionnément que vous ; j'aimais une jeune fille de mon pays, ma parente.
— Je vois cela d'ici... Alors nous devons nous entendre.
— Elle était venue en France avec sa mère, afin de réclamer l'arriéré d'une petite pension laissée à son père ; j'étais leur seul parent à Paris. Je les guidai dans leurs démarches. La mère, d'une faible santé, tomba malade et mourut ; sa fille restait seule à Paris. Elle était belle, bien belle !... pure comme un ange. Nous nous sommes aimés ; l'époque de notre mariage fixée, j'en ai prévenu mon maître ; il m'a approuvé, m'engageant même avec bonté à lui présenter ma fiancée.
— Je comprends.

— Pour mon malheur, pour celui de Paula... elle s'appelait Paula... je l'ai présentée au colonel.

— Et pourtant, vous deviez le connaître, mon bon ami. C'était imprudent, bien imprudent !

— C'est vrai, mais je lui étais si dévoué ! et puis, il avait tant d'autres maîtresses ! Enfin... j'ai eu tort... d'autant plus tort que j'ai accepté avec reconnaissance l'offre que mon maître m'a faite de laisser venir Paula, en attendant l'époque de notre mariage, s'établir ici auprès de la femme de charge de la maison, pour travailler avec elle à la lingerie. C'était plus convenable, a-t-il ajouté ; cette jeune fille ne resterait pas seule.

— Mais ne pouviez-vous pas veiller sur elle dans cette maison ?

— Attendez. Mon maître possède une terre en Bourgogne. Un jour, sous prétexte d'une mission de confiance,— il s'agissait de régulariser des comptes,— il m'envoie dans cette terre. J'y reste un mois. A mon retour, Paula avait disparu. Mon maître l'avait séduite. Puis, bourrelée de remords, et n'osant pas me revoir, la malheureuse était retournée en Corse, notre pays, où elle doit être encore.

— Allons, décidément, nous nous entendrons. Vous devez bien haïr cet homme : vous êtes déjà presque un véritable ami pour moi.

— Vous m'honorez beaucoup, monsieur.

— Oh ! nous n'en sommes pas à faire des façons. Et puis, vous devez m'être bien supérieur dans la haine. Moi, voyez-vous, jusqu'ici je n'avais jamais haï personne : j'étais si heureux ! heureux ! Cet seulement pour vous dire qu'en fait de haine, de vengeance, je suis un pauvre écolier ; je n'ai que bon vouloir. Mais à votre retour, le colonel a dû être embarrassé avec vous ? car enfin, il avait séduit votre fiancée.

— Lui, embarrassé de si peu ? allons donc ! Il m'a donné une gratification pour mon voyage et m'a plaisanté sur la fidélité de Paula.

— Il me semble, moi, que je l'aurais assassiné... empoisonné avec de l'arsenic, que sais-je ? Comme je deviens féroce, pourtant ! Mais vous, mon bon ami, qu'avez-vous fait ?

— Moi, en vrai Frontin, en vrai valet de comédie, j'ai lutté de cynisme avec mon maître, et j'ai beaucoup ri de l'aventure.

— Vous avez beaucoup ri ?... vous êtes un homme bien effrayant !... C'est mon bon ange qui me fait vous rencontrer !

— Je ne me suis pas contenté de rire : j'ai, à Waterloo, au risque de ma vie, retiré mon maître demi-mort de dessous un monceau de cadavres. Sa confiance aveugle en moi a encore augmenté ; j'ai pu agir en toute sécurité et amener ce qui se passe aujourd'hui. Je veux qu'il meure... mais je veux au moins être pour quelque chose dans cette mort !...

— C'est bien le moins, mon bon ami, c'est bien le moins...

— J'ai donc attendu longtemps ma vengeance afin de ne pas éveiller les soupçons de mon maître... C'était aujourd'hui le jour de sa fête, le moment m'a paru bon.

— C'est une recherche très scélérate, mais elle vous est permise, mon bon ami.

— Je n'avais d'abord songé qu'à vous ; une circonstance imprévue m'a fait vous adjoindre M. de Bourgueil : une lettre anonyme, écrite par moi tantôt, lui demandant le secret sur cette révélation, lui a indiqué la marche à suivre pour pénétrer sûrement ici et y surprendre sa femme. Mais en vous voyant arriver avec M. de Bourgueil, jugez de ma... de ma... surprise..

— De votre joie, alliez-vous dire ? ne vous gênez donc pas, mon bon ami ; je me mets si bien à votre place !... Je ne connaissais pas M. de Bourgueil ; ce matin, sur le boulevard de Gand, le hasard m'a fait rencontrer ce monsieur, et, après quelques politesses, nous avons échangé nos cartes. Tantôt, quand j'ai reçu la lettre... j'ai été retrouver ma femme chez sa mère.

Et à ce souvenir, M. Delmare frissonna de tout son corps, s'interrompit un instant et poursuivit :

— Toutes deux... la digne mère comme la digne fille... ont avoué, tout avoué ! alors, vous concevez, n'est-ce pas ? j'ai voulu savoir l'adresse du colonel ; je me suis rappelé que ce matin M. de Bourgueil m'avait dit le connaître. J'ai couru chez M. de Bourgueil : il venait de recevoir votre lettre anonyme : c'était comme un fait exprès ! Il m'a proposé de l'accompagner ici. J'ai accepté à la condition qu'il me servirait de témoin...

— Pour votre duel aux couteaux.

— Vous saviez cela ? Ah ! mais oui... je vous l'ai dit.

— Et d'ailleurs, j'en étais instruit : là, derrière cette porte, j'ai entendu votre entretien avec mon maître... Maintenant, de deux choses l'une : ou vous le tuerez...

— Ou il me tuera.

— A moins que vous ne soyez blessés gravement tous deux.

— Alors nous recommencerons plus tard ; car, voyez-vous, mon bon ami, j'y suis décidé : il faudra que cela finisse par ma mort ou par la sienne.

— Vous êtes homme à cela, je m'en doutais. Donc, si vous le tuez, vous serez vengé, moi aussi... Mais s'il vous tue...

— Je sais bien... Dame ! c'est la chance.

— Il ne faut pas qu'il y ait de chance.

— Comment ?

— Voyez-vous, monsieur, l'appétit vient en mangeant. Lorsque tout à l'heure je vous ai vu là, disposé à écrire, je me suis dit : Mais si M. Delmare allait être tué, il ne serait pas vengé, ni moi ; j'ai bien d'autres cordes à mon arc, mais lui...

— C'est vrai, mon bon ami... Une fois mort, plus rien. Ma vengeance m'échappe.

— Au contraire... Mort, votre vengeance doit vous survivre.

— Oh ! ce serait admirable ! mais c'est impossible.

— Si ! c'est possible.

— Et par quel moyen ?

— Un moyen bien simple... Cet enfant...

— Quel enfant ?

— Celui de votre femme et de...

— Bien... bien !... — reprit M. Delmare en frissonnant de nouveau. — Vous disiez, mon bon ami, qu'au moyen de... cet enfant...

— Grâce à lui, si vous êtes tué, notre instrument de vengeance est tout trouvé.

— Cet enfant ? — reprit M. Delmare d'un air pensif. — Et comment cet enfant pourrait-il... servir notre vengeance ?... Attendez donc, mon bon ami... attendez donc !... il me semble pourtant... que j'entrevois très vaguement... quelque chose. D'abord toute ma fortune est en portefeuille ; comptant sous peu faire un voyage d'agrément avec ma femme, j'ai déposé toutes mes valeurs, tous mes titres, chez un ami sûr... un de mes parens ; je vais lui écrire que si je suis tué... je lui fais don de toute ma fortune ; cette femme et son enfant seront, du jour au lendemain, presque dans la misère : c'est déjà quelque chose, hein ?

— Il est impossible d'agir plus à contre-sens.

— Je laisserais mes biens à cette femme, à cet enfant !

— Voulez-vous une vengeance large, complète, terrible ?

— Oh ! oui !

— Eh bien ! tenez, écrivez sous ma dictée.

— Un testament ?...

— Rien de plus usé que les testamens.

— Quoi donc alors ?

— Écrivez toujours... ou bien... non, mieux que cela : je vais écrire la minute des dispositions que je vous engage à prendre ; si vous les acceptez, vous les transcrirez et les signerez. Comme il me sera nécessaire d'en garder un double pour ma gouverne, je conserverai la minute que vous aurez copiée.

— C'est extraordinaire combien vous me donnez confiance et espoir, mon bon ami ! Si je ne vous avais pas rencontré, je n'avais qu'une chance de me venger ; peut-être maintenant ma vengeance sera-t-elle assurée.

Et il regardait Pietri, qui, debout au coin de la table, s'était courbé et écrivait assez longuement, après quoi il soumit cette minute à M. Delmare.

Celui-ci lut, tressaillit, et après quelques instans de réflexion, regardant Pietri avec une satisfaction sinistre :

— En vérité, vous êtes le diable en personne...
— Adoptez-vous mon idée ?
— Si je l'adopte !... oh ! oui !

Et M. Delmare se mit à transcrire rapidement ce que Pietri venait de minuter ; celui-ci, prenant une autre feuille de papier, la remplit également et la soumit de nouveau à M. Delmare en lui disant :

— Et ceci, qu'en pensez-vous ?

M. Delmare lut ce que Pietri lui présentait et s'écria :

— Mon bon ami, je n'en reviens pas. Tout cela est affreux ! affreux ! Maintenant, du moins, quoi qu'il arrive, ma vengeance est sûre. Ah ! mon brave ami, ce n'est pas un compliment que je vous fais, vous êtes le génie du mal !...

— Vous êtes bien bon... — répondit Pietri avec une modestie sardonique. — Maintenant cachetez, et chargez M. de Bourgueil, en cas d'accident, de remettre ces papiers à votre femme. Mais, — ajouta-t-il en prêtant l'oreille, — une voiture entre dans la cour : c'est sans doute notre témoin.

— Avec les couteaux ! Ah ! enfin... — dit M. Delmare en se frottant les mains, — les voilà donc, ces couteaux !

— Mon maître, enfermé depuis une heure avec le major Maurice, ne peut se douter de mon entretien avec vous, monsieur, — dit Pietri ; — cependant je sors, pour plus de prudence, par le couloir, — ajouta-t-il en indiquant la porte dérobée qui conduisait à sa chambre.

Au moment de disparaître, il dit à M. Delmare :

— Au moins... maintenant... vous pourrez mourir tranquille !

— Si je ne vous revois plus, mon bon ami, — répliqua M. Delmare, — je vous remercie... de tout mon cœur.

— Il n'y a pas de quoi... — répondit le Corse.

Et il disparut.

XII

Au moment où la voiture de M. de Bourgueil entrait dans la cour de l'hôtel du colonel Roland, celui-ci, renfermé dans sa chambre avec le major Maurice, était assis devant un secrétaire et écrivait.

Le major contemplait son ami avec un douloureux accablement.

Le colonel Roland, ayant cacheté plusieurs lettres, dit au major en lui remettant l'une d'elles :

— Si tu parviens à retrouver les traces de Paula, voici ce qui assurera du moins son sort et celui de son enfant.

— Je crains qu'il ne soit trop tard ; car, je te le répète, mon ami, lorsque ce soir je suis retourné dans son galetas, elle l'avait quitté depuis deux heures, avec une sorte d'égarement, m'a-t-on dit, emportant son enfant avec elle, un petit paquet contenant le peu de linge qu'elle possédait... Du reste, je te promets de faire demain les plus actives recherches.

— J'y compte, mon bon Maurice... Quant à ces autres lettres... tu les feras remettre à leurs adresses.

— Je te le promets.

Et lui montrant un grand coffret, le colonel ajouta :

— Toutes celles qui sont renfermées dans ce coffret seront brûlées par toi... En voici la clef.

— Tout sera brûlé.

— Que mon souvenir soit aussi léger à mes maîtresses que le seront les cendres de tant de billets d'amour, — reprit en souriant le colonel. — Allons, Maurice, — ajouta-t-il en se levant, — j'ai entendu le bruit d'une voiture ; c'est sans doute celle de M. de Bourgueil ; j'ai mes pressentimens comme tu as eu les tiens... Vraiment, c'est étrange ! le jour de la bataille de Leipsick et aujourd'hui, tu as pressenti juste. Sais-tu, Maurice, que parfois le hasard joue la Providence à faire peur, si l'on avait l'esprit faible ?... car enfin, je suis certain d'être tué dans cette ignoble boucherie...

— Tu peux être certain de cela... Je me suis opposé de toutes mes forces à ce duel ; tu le veux... que faire ?

— D'abord, j'ai promis à cet enragé d'accepter ce combat ; je ne puis revenir sur ma parole. Et puis il ne veut pas se battre autrement ; on croirait que j'ai peur.

— Tout le monde sait que tu es la bravoure même.

— Il n'importe ! il m'a grossièrement outragé, il me faut une réparation ; j'aime mieux celle-là que rien.

— Tu lui as rendu outrage pour outrage ; vous êtes quittes. S'il te tue, c'est affreux pour moi ; si tu le tues, c'est affreux pour toi... Le souvenir de cet homme massacré à coups de couteau te poursuivra partout... Aie donc le courage de refuser ce duel : ce sera une expiation.

— Allons, Maurice, ce conseil que tu me donnes... l'écouterais-tu à ma place ?

— Je ne te le donnerais pas sans cela.

— Tu ne te battrais pas ?

— Non.

— Tu le dis, je te crois, mais je n'ai pas cette philosophie.

— Malheureusement.

— Ma foi ! oui, malheureusement, car je suis sûr d'être tué comme un chien. Comment diable veux-tu que je me serve d'un couteau de boucher, moi ? Est-ce que je connais ça ? Maintenant ma colère est passée, je ne pourrai jamais de sang-froid poignarder ce malheureux homme ; il va se jeter sur moi comme un furieux, et le cœur me manquera pour riposter. Tiens, Maurice, il faut qu'il ait eu l'enfer dans l'âme pour imaginer un pareil duel !

— Je te crois aussi qu'il a l'enfer dans l'âme !...

— Au fait, à sa place je ferais comme lui... pis peut-être... Pauvre homme ! c'est vrai, ce doit être affreux pour lui. Mais qu'as-tu, Maurice ? Toi, des larmes dans les yeux ? — ajouta le colonel Roland en serrant affectueusement les mains de son ami entre les siennes. — Est-ce que vingt fois nous n'avons pas bravé la mort ensemble ? est-ce qu'en Espagne je n'aurais pas pu être poignardé par un moine ? Et justement, — ajouta le colonel en riant, — ce pauvre gros homme en a l'encolure, d'un moine, ainsi que la rancune diabolique. Allons, mordieu ! Maurice, déride-toi donc !...

— Tout cela est horrible... horrible et fatal !... J'ai le cœur brisé. Mourir ainsi... peut-être ! à trente ans à peine !... lorsque tu aurais pu, doué comme tu l'es...

Puis le major s'interrompant, et passant la main sur ses yeux humides, reprit :

— Je te le dis, c'est horrible !

— Bah ! j'ai bien vécu, bien joui de la vie, bien aimé, bien fait la guerre... oh ! de belles guerres !... Aussi, foi de soldat ! si ce n'est toi, Maurice, je ne regrette rien au monde... Cependant, si !... je regrette vraiment de laisser cette pauvre madame de Bourgueil au pouvoir de son misérable mari. C'est un digne et valeureux cœur que celui de cette femme-là... Je ne croyais pas, du diable ! qu'elle aurait pris l'amour si fort au sérieux. Et puis du diable si je m'estimais digne d'un pareil dévouement... tu le vois, la fatuité ne m'aveugle pas... Pauvre femme !... Que veut en faire ce lâche et cruel Bourgueil ? Au moins, chez l'autre, l'homme aux petits couteaux, il y a une énergie sauvage ; mais ce Bourgueil, méchant et glacé comme un reptile, il me fait trembler pour sa femme !... Vrai, Maurice, pour moi, c'est un remords, le seul peut-être... Mais que puis-je à cette heure ?...

— Non, rien, — reprit le major avec une profonde amertume ; — non, tu ne peux rien ; de même qu'en ce moment suprême peut-être, je souffre pour toi et je ne trouve rien à te dire. A quoi bon mes paroles? le mal est irréparable. Je n'ai pas besoin de raffermir ton courage, et tu crois au hasard... au néant!

— Au sommeil éternel, si tu veux, Maurice. Eh bien! mordieu! je vais me coucher sous terre et dormir toujours.

— Aussi, malgré la douleur de mon âme, je dis : Pour toi que puis-je? Rien... rien!

— Comment, rien! Et n'est-ce donc rien que de t'entendre me dire, au moment où je *vais me coucher* pour jamais : Bonsoir, mon vieux camarade!

Le colonel, ayant entendu frapper à la porte, dit :

— Entrez.

Pietri parut.

— Colonel, — dit-il, — M. de Bourgueil vient d'arriver. Après avoir causé avec l'autre monsieur, ils ont quitté le salon et vous attendent dans l'antichambre. Ils disent.... qu'ils sont prêts.

— C'est étonnant comme ce misérable Bourgueil est curieux de me voir tué par un autre que lui! — dit le colonel en souriant; il est le *Bertrand;* l'homme aux petits couteaux est le *Raton*. Allons, Maurice!

— Que parlez-vous d'être tué, colonel ? — s'écria Pietri avec angoisse.

— Je vais me battre, mon pauvre Pietri.

— Ah! mon Dieu! encore vous battre! — s'écria le Corse en joignant les mains d'un air alarmé.

— Je sais, mon brave Pietri, combien tu m'as toujours été fidèle et dévoué; je n'ai jamais oublié qu'à Waterloo tu m'as sauvé la vie. Aussi, dans le cas où ce soir je serais tué, j'ai dit au major mes intentions : ton avenir sera largement assuré. C'est bien le moins que je reconnaisse dignement tes longs et excellens services.

— Eh colonel, qu'est-ce que cela me fait à moi, l'avenir! — s'écria Pietri avec une brusquerie pleine d'apparente anxiété. — C'est le présent qui m'effraie!... Ah! si je pouvais donner ma vie pour la vôtre!...

— Je te crois, Pietri, je te crois, car tu as fait tes preuves... Allons, au revoir, ou adieu! Mais, dis-moi, où est la clef de la petite porte du jardin? Il vaudra mieux sortir par là. Nous nous trouverons tout de suite sur le terrain.

— Colonel, — reprit Pietri, — vous aurez sans doute ce soir laissé la clef en dedans, à la serrure.

— Tu as raison.

Et le colonel ajouta en souriant :

— Je ne m'attendais pardieu pas, en ouvrant cette porte, il y a trois ou quatre heures, à une femme charmante, devoir sortir par le même chemin pour une si étrange promenade!...

— Colonel, — dit Pietri, paraissant en proie à une vive émotion, et s'inclinant devant son maître, — je vous en supplie, permettez-moi, selon la coutume de mon pays, de vous baiser la main.

— Tu plaisantes, mon brave Pietri! ce serait trop me traiter en jolie femme; donne-moi ta main, et je la serrerai de bon cœur!

Pietri reçut cette faveur de son maître avec les dehors d'une reconnaissance mêlée de larmes.

Le colonel, faisant alors signe à Maurice, passa le premier pour aller rejoindre son adversaire.

Pietri arrêtant le colonel, lui dit à demi-voix :

— Monsieur le major, et un chirurgien? Personne n'y a songé, peut-être?

— Il est vrai... à moins que M. de Bourgueil en ait amené un.

— Non, monsieur le major; il est venu seul.

— Eh bien, Pietri, allez vite chercher un chirurgien... Vous le ferez attendre ici... Dès qu'il sera arrivé, venez en tout cas attendre, avec une lanterne, à la petite porte du jardin; nous serons près de là... Si j'ai besoin de vous, je vous appellerai.

— J'y serai, monsieur le major; je cours chercher un chirurgien; il y en a un qui demeure tout près d'ici.

Ah! c'est à en perdre la tête de chagrin!... Mon pauvre maître!...

Et Pietri s'éloigna rapidement, tandis que le major rejoignait le colonel Roland.

Avant d'entrer dans l'antichambre où les attendaient MM. Delmare et de Bourgueil, le colonel dit au major :

— Maurice, demande donc une dernière fois au témoin de cet enragé s'il tient toujours à ce genre de combat révoltant; ce n'est pas la peur qui me tient, mais vraiment, ces couteaux de boucher... c'est hideux!

— Une dernière fois, veux-tu suivre mon conseil?... refuser ce duel?

— S'il en accepte un autre, oui; sinon, non; j'ai promis, je tiendrai.

— Mon ami, je t'en conjure.

— Impossible, mon bon Maurice.

— Alors la démarche que je vais tenter sera inutile ; mais enfin je vais la tenter. Attends-moi là.

Au bout de quelques instans, le major revint.

— Eh bien, Maurice?

— Il persiste; il ne veut entendre à rien; et en cas de refus de ta part, il menace grossièrement.

— Allons, viens!

— J'ai vu les couteaux, ils sont de force et de longueur égales.

— Pouah! — fit le colonel avec une expression de répugnance indicible, — ne me parle pas de cela! Posséder de si charmans pistolets de *Manton*, des épées de combat damasquinées d'or, et en être réduit à... Enfin!

— Il est convenu avec M. de Bourgueil qu'il n'y a plus lieu maintenant à échanger un mot entre nous quatre. Nous passerons tous deux les premiers pour indiquer la route dans le jardin; ils nous suivront.

En effet, le colonel Roland et le major Maurice, se tenant par le bras, descendirent les degrés du perron de l'hôtel, précédant M. Delmare et M. de Bourgueil dans une allée tournante qui conduisait à la petite porte.

La nuit était très sombre; c'est à peine si l'on pouvait voir à trois pas devant soi.

En sortant du jardin, les quatre personnages, toujours silencieux, se trouvèrent au milieu de grands terrains déserts.

On voyait seulement au loin, bien loin, la pâle lueur d'un réverbère, noyée dans la brume du soir.

— Nous serons aussi bien là qu'ailleurs, — dit dans l'ombre la voix palpitante de M. Delmare; — vite... habit bas... habit bas!

— Ici, soit! — reprit le colonel Roland.

Et il jeta à ses pieds son habit et son gilet.

M. de Bourgueil, s'approchant presque à tâtons du major Maurice, lui dit courtoisement :

— Voici les deux couteaux, monsieur; choisissez et prenez garde de vous couper, quoique je vous les offre du côté des manches; mais il fait si noir que l'on n'y voit point du tout.

— Il est entendu, monsieur, que lorsque les deux adversaires seront armés, ils se tiendront à trois pas l'un de l'autre, — dit le major en prenant un des couteaux; — ils attendront le signal : trois coups dans la main.

— Parfaitement, monsieur, — reprit M. de Bourgueil avec une allégresse contenue, — et au troisième coup, ils partiront.

Ce disant, il se rapprocha de M. Delmare.

— Tiens, Adalbert, — dit à demi-voix le major à son ami en lui mettant le couteau dans la main et la lui serrant une dernière fois d'une étreinte amicale à laquelle le colonel répondit; puis, à tâtons, celui-ci tâcha, en promenant ses doigts sur la lame du couteau, d'en percevoir la forme.

C'était un de ces couteaux de boucher, à manche de bois, long de huit à dix pouces, à la lame épaisse, large à sa naissance, légèrement recourbée, se terminant en pointe très effilée mais très tranchante dans toute sa longueur.

Le colonel frémit malgré lui au contact de cette arme d'écorcheur.

— Monsieur, — dit la voix de M. de Bourgueil en s'adressant au major, — l'on peut, je crois, maintenant donner le signal... Ces messieurs sont prêts, sans doute ?

— J'attends, — reprit la voix brève de M. Delmare.

— Je suis prêt, — ajouta la voix du colonel.

Alors le major Maurice frappa trois fois dans sa main.

Le dernier de ces trois bruits eut à peine retenti au milieu du profond silence de la nuit, que les deux témoins entendirent un piétinement sourd et violent, des élans de respiration entrecoupée, haletante, mais pas une parole ne fut prononcée par les deux adversaires.

L'on ne voyait rien à travers les ténèbres, qu'une masse noire et confuse s'agitant avec furie.

La lutte dura quinze ou vingt secondes au plus.

Soudain l'un des combattans poussa un gémissement étrange qui tenait du râle et du sifflement.

La masse noire vacilla, s'affaissa ; les deux corps tombèrent lourdement sur le sol, et s'agitèrent encore un instant par soubresauts convulsifs.

— Quel qu'en soit le résultat, je déclare cet horrible combat terminé ! — s'écria le major ; — aidez-moi à les séparer, monsieur, s'il en est temps encore.

— Pardon... M. Delmare veut se battre à mort, — répondit M. de Bourgueil impassible. — S'il n'est que blessé, il veut recommencer...

— Eh ! monsieur ! qui vous dit qu'il n'est pas mort !... — s'écria le major en se précipitant à genoux dans une angoisse terrible, car il lui semblait que les deux combattans ne bougeaient plus, ne respiraient plus.

— Adalbert... — dit tout haut le major d'une voix altérée, en cherchant à tâtons parmi ces deux corps qui semblaient liés par une convulsive et dernière étreinte, — Adalbert... m'entends-tu ?...

— Mon cher monsieur Delmare, — disait presqu'en même temps M. de Bourgueil ; — eh bien !... où en sommes-nous ?...

Aucune voix ne répondit.

Le major retira vivement sa main, qu'il promena au hasard, et murmura :

— Ah !... que de sang !!...

Soudain il vit briller la lueur d'une lanterne à la petite porte du jardin. Supposant que Pietri attendait là le résultat du combat, il s'écria :

— Pietri... est-ce vous ?

— Oui, monsieur le major.

— Accourez vite avec votre lumière.

Pietri accourut.

— Et le chirurgien ? — lui dit le major.

— Je l'ai ramené, il est à l'hôtel, — reprit Pietri en projetant d'une main tremblante la lumière de sa lanterne sur le lieu du combat.

Ce fut un spectacle effrayant, hideux, que la vue de ces deux corps entourés de ténèbres, et seulement éclairés çà et là par la clarté de la lanterne.

M. Delmare était étendu sur le dos ; on ne pouvait savoir le nombre de ses blessures : sa chemise et sa poitrine étaient aussi rouges que s'il fût sorti d'un bain de sang.

L'on voyait seulement qu'il avait la gorge à demi coupée par une entaille béante.

Il était mort de cette dernière blessure, en poussant ce gémissement qui tenait du râle et du sifflement. Entre les doigts crispés de sa main gauche, il tenait encore un lambeau de la chemise de son adversaire, et dans sa main droite, convulsivement serrée et déjà glacée, il tenait encore son couteau.

Le colonel Roland, lorsque Pietri apporta la lanterne, avait la face contre terre. Le major et Pietri le soulevèrent ; il respirait encore. Sa poitrine et ses bras étaient pour ainsi dire hachées. Un peu au-dessous du sein gauche, on voyait une profonde blessure qui semblait devoir être mortelle.

M. Delmare avait tenu sa promesse... il avait tâché de fouiller au cœur.

. . . .

M. de Bourgueil et le major, aidés du chirurgien et des gens de la maison que Pietri était allé chercher, transportèrent à l'hôtel le mort et le mourant, car le colonel Roland fut mourant et dans un état désespéré pendant plusieurs jours.

Mais, grâce à la vigueur de son tempérament, à la science du chirurgien et aux soins fraternels du major Maurice, le colonel Roland échappa à une mort presque certaine.

Deux mois après ce terrible duel, il se trouvait en pleine convalescence et partait pour l'Italie avec le major Maurice.

Le fidèle Pietri suivait son maître.

FIN DU PROLOGUE.

PREMIÈRE PARTIE.

XIII.

Vingt-deux ans environ se sont écoulés depuis les événemens que nous avons racontés.

Une femme de quarante ans au plus, d'une taille à la fois élégante et frêle, d'une figure pleine de distinction, de charme et de douceur, quoique sa légère pâleur annonce une santé délicate, est occupée à écrire dans un petit salon meublé avec une rare magnificence.

Après avoir écrit et cacheté sa lettre, la femme dont nous parlons sonna.

Un valet de chambre entra.

Elle lui dit :

— M. Pietri est-il chez lui ?

— Oui, madame la comtesse ; M. l'intendant est rentré il y a peu de temps.

— Priez-le de descendre et de venir me parler.

Peu de temps après la sortie du valet de chambre, Pietri parut. Ses cheveux étaient devenus tout blancs ; il les portait assez longs ; ils donnaient à ses traits un caractère vénérable.

— Mon cher Pietri, — lui dit la comtesse avec l'accent de la plus affectueuse bonté, — je viens m'adresser encore à votre obligeance.

— Je suis toujours aux ordres de madame.

— Oh ! je sais cela, — reprit-elle en souriant. — Vous avez le secret de partager votre dévouement entre le général, ma fille et moi, et cependant de le conserver entier pour chacun de nous, ce généreux dévouement ; c'est un prodige, mais vous nous avez depuis si longtemps habitués aux prodiges de zèle et de fidélité, que je ne m'étonne plus.

— Madame la comtesse me comble au-delà de mon faible mérite. Puis-je savoir quels sont ses ordres ?

— Je vous prierai d'aller à Saint-Lazare.

— A Saint-Lazare !

— Oui, à la prison où sont détenues les femmes.

— Ah ! très bien : encore quelque nouveau bienfait de madame.

— Un bienfait ?... ce serait mieux que cela, Pietri : ce serait une cruelle sévérité de la justice à réparer, si je parvenais, comme je l'espère, à obtenir la grâce de ma protégée, qui, par le plus heureux hasard, a réclamé mon appui, suivant en cela un conseil anonyme beaucoup trop flatteur pour moi.

— L'on sait en effet que madame la comtesse, en sa qualité de dame patronnesse de l'œuvre des prisons pour les femmes détenues, jouit d'un grand crédit, et que sa protection est toute-puissante.

— Je ferai du moins tous mes efforts en faveur de cette pauvre jeune femme. Son action est sans doute coupable... mais enfin, innocente et pure, elle a été séduite, puis indignement abandonnée ; alors, égarée par le désespoir, elle a voulu tuer son séducteur, qu'elle n'a heureusement que grièvement blessé... Les juges, touchés de sa jeunesse, de ses excellens antécédens et de son repentir, ne l'ont condamnée qu'à deux ans de prison.

— Il me semble, à moi, que le séducteur n'a eu là que ce qu'il méritait...

— Hélas ! oui, si l'on fait la part de la honte et de la douleur d'une jeune fille ainsi délaissée... D'ailleurs, la conduite de ma protégée a été si exemplaire depuis son entrée dans la prison, elle montre tant de douceur, tant de résignation, qu'elle a intéressé tout le monde à son sort...

— Alors, madame la comtesse, sa grâce, demandée par vous, sera nécessairement accordée.

— Je l'espère, je compte beaucoup sur un mémoire en sa faveur que devait me donner aujourd'hui une des inspectrices de Saint-Lazare ; mais je ne puis aller à la prison ; je vous prie donc, mon cher Pietri, de vous y rendre à ma place, de remettre cette lettre et ces cinq louis à cette dame inspectrice, nommée madame David ; vous demanderez à lui parler à elle-même... et, afin de lui épargner la peine de m'écrire, je l'engage, dans ma lettre, à vous confier le mémoire, à vous en qui j'ai toute confiance ; et s'il y avait quelque chose de nouveau, au sujet de ma protégée, de vous en faire part...

— Madame la comtesse peut être certaine que je m'acquitterai exactement de la commission.

— J'en ai encore une autre à vous donner, mon cher Pietri, et comme tout est souvent contraste dans la vie, — ajouta la comtesse en souriant, — je vous prie, en sortant de Saint-Lazare, d'aller à l'administration de l'Opéra.

— Est-ce que madame la comtesse n'est pas satisfaite de sa nouvelle loge ?

— J'en suis au contraire fort satisfaite ; mais si les désirs du général se réalisent, comme cela est probable, nous ne garderons pas cette loge à l'Opéra. Elle est payée d'avance pour six mois ; je désirerais savoir si l'administration voudrait la reprendre, même à perte.

— Je ne le crois pas, madame la comtesse : les administrations se résignent rarement à rendre l'argent qu'elles ont reçu ; mais il y a, je crois, moyen de placer la loge.

— Comment cela ?

— Madame la comtesse se rappelle le jour où elle a désiré assister à une représentation extraordinaire aux Italiens ?

— Oui, et vous nous avez même procuré une excellente loge.

— L'on m'avait indiqué une espèce d'estaminet du voisinage où j'ai trouvé des hommes qui, à défaut d'autre métier, font celui de courtiers de loges pour l'Opéra français et l'Opéra italien. Ah ! madame la comtesse, qu'il y a d'étranges existences à Paris ! Quoi qu'il en soit, la clientèle de ces industriels est assez nombreuse. Peut-être, par leur entremise, sera-t-il possible de placer la loge presque sans perte, ce qui est très important, madame la comtesse, très important !... perdre sur les dépenses de luxe, c'est perdre doublement.

— Ah ! je reconnais là, mon cher Pietri, ces principes de sévère économie qui font de vous le modèle des intendans.

— Il est si facile de remplir honnêtement ses devoirs !

— Très facile, assurément, pour un cœur tel que le vôtre, mon cher Pietri. Ah ! j'oubliais encore... mais e ne sais si vous aurez le temps.

— Le temps ne me manque jamais, madame la comtesse : il faut seulement le savoir bien employer.

— Je vous demanderais donc encore d'aller chez le docteur Merlin, à l'heure de sa consultation, afin de pouvoir lui parler.

— Mon Dieu, madame la comtesse, — dit Pietri avec anxiété,—est-ce que votre santé...

— Rassurez-vous : ma santé, sans être très robuste, est aussi bonne qu'elle peut l'être. Quant à celle du général, il n'en est heureusement pas question. Mais ma fille...

— Cependant, jamais mademoiselle Hélène n'a paru mieux portante.

— C'est justement pour cela ; et, afin que ce mieux continue, je désire consulter le docteur Merlin, dans la probabilité d'un voyage ; savoir pour ma fille quel régime suivre pendant ce voyage, les précautions à prendre. Elle est si délicate !

— En effet, madame la comtesse, les conseils de M. le docteur peuvent être en ce cas fort nécessaires.

— Oui, mais pour qu'il les donne et qu'il voie ma fille, il nous faut une sorte de petite intrigue.

— Comment, madame ?

— Ne savez-vous dans quelle anxiété la seule présence d'un médecin jette le général ? Sa tendresse pour moi et pour ma fille ne s'alarme-t-elle pas d'un rien ? Ne s'exagère-t-il pas, de la manière la plus douloureuse pour lui, l'apparence d'une indisposition, lorsqu'il s'agit d'Hélène ou de moi ?

— Il est vrai, madame la comtesse, M. le général tremble pour vous et mademoiselle Hélène comme il tremblerait pour sa vie s'il était le plus grand poltron du monde.

— Il faut donc, pour épargner au général l'ombre même d'une de ces inquiétudes, que vous priiez de ma part notre cher docteur de vouloir bien imaginer un prétexte pour venir nous voir demain matin, et surtout un prétexte plausible. La sollicitude du général n'est pas facile à abuser.

— Mais il y a, ce me semble, madame, un prétexte excellent.

— Lequel ?

— Si, comme vous l'espérez, madame la comtesse, la nomination de M. le général est signée aujourd'hui, elle sera insérée dans les journaux du soir, et M. le docteur...

— A merveille ! Il viendra féliciter le général sur sa nomination. Vous êtes, comme toujours, excellent conseil, mon cher Pietri.

— Mon secret est dans mon désir d'épargner le moindre souci à un maître que j'ai le bonheur de servir depuis tant d'années ; je ferai donc part à M. le docteur Merlin de ce que madame la comtesse attend de lui. Mais madame n'a-t-elle pas encore d'autres ordres ?

— Une dernière commission, assez délicate ; voilà pourquoi je préfère vous en charger. Malheureusement, — ajouta la comtesse en souriant, — il vous faudra déroger.

— Déroger, madame !

— Certainement. Un intendant qui porte une carte de visite déroge, ce me semble.

— Un serviteur déroge, madame la comtesse, lorsqu'il n'obéit pas aveuglément à tous les ordres de ses maîtres.

— Pietri, vous êtes un bon et excellent homme ; je vous l'ai dit cent fois, je suis obligée de vous le répéter encore ; ce n'est pas ma faute. Voici donc pourquoi je vous prie de porter cette carte de visite. Parmi les dames patronnesses de notre œuvre des prisons, il en est une qui nous a été adjointe récemment ; elle n'a assisté qu'à deux ou trois séances, mais cela m'a suffi pour l'apprécier. Il est impossible de rencontrer une femme à la fois plus aimable et plus modeste, d'un meilleur esprit, et j'en suis sûre, d'un cœur plus parfait. Puis, il y a en elle quelque chose de mélancolique et de contenu qui m'a singulièrement touchée. Le hasard m'avait placée auprès d'elle à notre première réunion de l'œuvre. Nous devons être à peu près du même âge, et je me suis tout de suite sentie en confiance avec elle. Cette sympathie n'a fait que s'accroître à nos autres séances. Avant-hier, selon la coutume entre dames patronnesses d'une même œuvre, elle est venue pendant mon absence mettre sa carte chez moi ; mais elle l'a mise en *personne ;* cela indiquait de sa part le désir de me voir ; j'en étais enchantée ; je me faisais un plaisir de nouer quelques relations avec elle, surtout depuis que je savais qu'elle avait aussi une fille qu'elle adorait ; mais le général, à qui j'ai parlé de cette aimable rencontre, m'a fait observer avec beaucoup de raison qu'au moment de quitter sans doute Paris, je ne faisais que me créer des regrets en cultivant cette nouvelle amitié. Il me faut donc rendre en personne à madame de Bourgueil (c'est le nom de cette dame) la visite qu'elle m'a faite en personne ; et cependant je désirerais ne la pas rencontrer chez elle. Cette visite engagerait nécessairement entre nous des relations qu'il me faudrait bientôt rompre. Il s'agirait donc, mon cher Pietri, avant de déposer ma carte, de demander d'abord si madame de Bourgueil est chez elle.

— Très bien, madame la comtesse ; dans le cas où cette dame serait chez elle, je ne laisserais pas la carte de visite ; si au contraire elle est absente, je laisserais la carte... *cornée,* pour donner à penser que madame la comtesse est venue en personne.

— C'est cela même. Aussi je répugne à mettre un de nos gens dans cette petite confidence ; il pourrait en augurer que je ne veux pas rencontrer madame de Bourgueil chez elle, et, si absurdes qu'ils soient, les propos d'antichambre ont leurs inconvéniens... surtout lorsqu'il s'agit d'une personne pour qui je ressens autant de sympathie que d'estime.

— Madame peut compter sur ma discrétion. Et quelle est l'adresse de madame de Bourgueil ?

— Voici sa carte... rue Royale, n° 6.

— Ah ! c'est dans le quartier que M. le général habitait au commencement de la restauration.

— Oui,—reprit la comtesse en souriant,—dans ce temps où, n'étant alors que colonel en demi-solde, le général, ainsi que plusieurs de ses amis de l'armée de l'empire, a fait cette plaisanterie de se déguiser en voltigeur de Louis XIV... pour aller au café Tortoni. Dernièrement encore, quelqu'un me parlait de cette folie.

— A laquelle on ne croirait guère, madame la comtesse, en voyant maintenant si grave et si posé M. le lieutenant général comte Roland, pair de France, et nommé sans doute aujourd'hui ambassadeur de France à Naples.

— Certes, il y a une bien grande différence entre le jeune et impétueux colonel, livré à tous les entraînemens de son âge, et l'homme mûr, réfléchi, plein de tendresse et de dévouement, qui depuis tant d'années ne vit que pour sa femme et sa fille ! Vous le savez mieux que personne, mon cher Pietri... vous en qui la juste confiance du général est absolue... vous qui avez toujours vécu dans notre foyer.

— Ah ! madame la comtesse, — reprit Pietri d'un accent pénétré, — ma respectueuse affection pour mon maître est bien récompensée... je le vois si heureux, et il rend si heureux tout ce qui l'entoure !...

— Oui, il en doit être ainsi pour des âmes comme la vôtre : assister au bonheur d'un maître à qui l'on a courageusement sauvé la vie, et que l'on n'a pas quitté depuis trente ans, c'est une douce récompense.

— Puisse-t-elle durer, madame la comtesse, bien au-delà du jour où le pauvre vieux Pietri quittera ce monde !

— Allons, Pietri, je ne veux pas que vous ayez de ces idées-là...

— C'est qu'elles sont un peu de mon âge, madame, mais pardon, je me résume afin de ne rien oublier ; d'abord cette lettre et cet argent à Saint-Lazare, où je demanderai madame David pour les renseignemens relatif à la protégée de madame.

— Ensuite à l'Opéra pour cette loge.

— Oui, madame ; puis chez M. le docteur Merlin.

— Et enfin la carte de visite chez madame de Bourgueil, dans le cas seulement où cette dame serait sortie.

— Madame n'a pas d'autres ordres à me donner ?

— Eh! bon Dieu, n'est-ce pas assez, mon pauvre Pietri ! Il faut que je sache votre zèle pour vous accabler ainsi.

Pietri s'inclina. Il allait quitter le salon lorsque mademoiselle Hélène Roland y entra.

XIV.

Que l'on s'imagine l'idéal d'une *sylphide*, et l'on aura le portrait de mademoiselle Roland.

L'on ne pouvait rêver rien de plus délicat, de plus charmant, de plus aérien que cette enfant de dix-sept ans. A la rare perfection des traits de son père, à qui elle ressemblait beaucoup, elle joignait la grâce, la distinction exquise de sa mère. Sa taille frêle et mince, assez élevée pour une femme, était accomplie, et, si cela se peut dire, de la plus chaste élégance, tant l'admiration qu'inspirait cette créature presque éthérée avait un caractère immatériel. Sa céleste et pudique beauté était de celles que l'on admire, non pas avec les yeux et avec les sens, mais avec l'âme. A son aspect, les appréciateurs les plus absolus de la beauté physique s'étonnaient de devenir rêveurs, presque attendris; pour la première fois de leur vie, ils admiraient innocemment une femme, car l'impression que laissait cette jeune fille ne semblait pas être de ce monde. Les moins poétiques se la figuraient apparaissant comme une de ces visions des mythologies du Nord, blanche et souriante, d'un air mélancolique et doux, à demi éclairée par quelque pâle rayon de la lune, et au moindre souffle s'évanouissant dans les airs.

Chose peu commune, et qui donnait à Hélène un charme indéfinissable, elle ne se doutait pas le moins du monde de ses dehors de *sylphide*, et n'en tirait ni prétention ni vanité; elle ne se croyait pas du tout créée *pour marcher dédaigneusement sur les nuages*. Rien au contraire de plus ingénu, de plus aimant que cette adorable créature : enjouée sans excès de gaîté, spirituelle sans l'ombre de malveillance, parfois doucement mélancolique, mais jamais triste; car jusqu'alors, sauf quelques inquiétudes données par la délicatesse de sa constitution, sa vie n'avait été qu'un long jour de bonheur. Hélène était en un mot ce que l'on appelle vulgairement *une excellente personne*.

Lorsqu'elle entra dans le salon où se trouvaient sa mère et Pietri, elle sourit à celui-ci avec cette affectueuse familiarité que l'on conserve pour un vieux et fidèle serviteur qui vous a vu naître et bercé dans ses bras.

— Bonjour, Pietri, — lui dit-elle. — Tu m'as encore gâtée ce matin. Cela ne m'étonne pas ou ne m'étonne plus, depuis tantôt dix-sept ans que cela dure.

— J'ignore ce que mademoiselle veut dire.

— Et ma jardinière toute fraîchement renouvelée?...

— Mademoiselle, c'était le jour de la garnir; le fleuriste est venu.

— Oui, mais ces fleurs arrangées avec un goût parfait?... il n'y a que toi pour cela... j'ai bien reconnu ta main.

— Il est vrai, mademoiselle; j'avais quelques momens de loisir et je me suis amusé à garnir cette jardinière.

— Vous voyez, mon cher Pietri, — lui dit la comtesse en souriant, — l'affection que l'on a pour vous tient de famille; le père, la mère, la fille, chacun dit son mot de grâce de vous, mon vieux Pietri, qui s'ingénie à plaire à chacun.

L'intendant s'inclina de nouveau d'un air reconnaissant, et au moment de quitter le salon il dit à la jeune fille :

— Mademoiselle n'a pas d'ordres à me donner? Je vais sortir.

— Ma chère enfant, — reprit la comtesse en riant, — il y aurait de la barbarie à profiter de l'offre de ce pauvre Pietri; je l'ai déjà surchargé de commissions.

— Oh! maman, j'aurais tant voulu avoir pour ce soir les deux derniers morceaux de *Schubert* ! C'est une surprise que je ménage à mon père et à M. Charles.

— Oh! dès qu'il s'agit d'une surprise qu'Hélène veut faire à son père et à M. Charles,—reprit en souriant la comtesse, —vous aurez bien de la peine à éviter cette corvée, mon pauvre Pietri.

— Ces morceaux de musique se trouvent-ils chez le marchand de mademoiselle? — demanda l'intendant.

— Oui, mon bon Pietri, — répondit Hélène.

— Je demanderai donc les deux derniers morceaux de Schubert; c'est bien cela, mademoiselle?

— Tiens,—dit la jeune fille au vieillard, — tu es ce qu'il y a de plus obligeant au monde ; je ne sache pas que de ta vie tu m'aies refusé quelque chose, et cependant t'ai-je assez demandé !

— Moi, je vous conseille, mon cher Pietri, de fuir au plus vite, — reprit la comtesse, — si vous ne voulez pas qu'Hélène se montre fidèle à son habitude, de beaucoup vous demander.

— Oh! pour cette fois, non, maman, c'est tout, je t'assure.

—Mademoiselle aura sa musique ce soir,—répondit Pietri. Et après avoir respectueusement salué, il quitta le salon, laissant la comtesse seule avec sa fille.

— Excellent homme ! — dit Hélène à la comtesse, après avoir suivi Pietri du regard jusqu'à ce qu'il eût quitté le salon; — comme il me rend fière de mon père !

— Chère enfant... je crois deviner ta pensée.

— Ne faut-il pas être soi-même le meilleur, le plus noble des hommes pour inspirer des dévouemens pareils, dis, maman? Et si le bon vieux Pietri était le seul qui eût cette idolâtrie pour mon père ! Mais non : n'y a-t-il pas encore mon parrain Maurice !

— Il est vrai, le major Maurice, ancien compagnon d'armes de ton père, est un de ces amis rares que l'on ne rencontre qu'une fois dans sa vie, et je dis comme toi, il faut être digne de ces affections pour les inspirer.

— Avoue, maman, que si l'orgueil est un péché, nous sommes deux bien grandes pécheresses ! Est-il au monde une femme plus orgueilleuse de son mari, une fille plus orgueilleuse de son père, que nous ne le sommes?

— C'est un saint orgueil que celui-là, mon enfant.

— Aussi, maman, quel bonheur est le nôtre, lorsque, par exemple, accompagnant mon père à la cour, nous entendons murmurer autour de nous avec déférence, par les personnes les plus considérables : — C'est le général Roland! — Oh! mon Dieu ! quand on a prononcé ces trois mots : *le général Roland!* tout le monde comprend. C'est comme si l'on disait : « C'est l'honneur, la bravoure, la générosité en personne. » Alors, maman, quels délicieux sourires nous échangeons ! comme je me redresse fièrement à ton bras, pendant que tu t'appuies sur celui de mon père!... Comme j'ai l'air de dire à tout le monde : « Je suis la fille du général Roland ! »

— De lui nous pouvons, nous devons être fières, chère enfant ; ce n'est pas à la faveur, mais à ses anciens services, à son mérite, à la noblesse de son caractère, qu'il doit le haut grade qu'il occupe, et la position plus haute encore qui peut-être aujourd'hui est la sienne.

— Peut-être, dis-tu, maman? — reprit Hélène en souriant. — Je ne mets pas, moi, la chose en doute. Oh! mais pas du tout!

— Et d'où te vient cette certitude?

— Mon Dieu, c'est tout simple. Le roi a beaucoup trop d'amour-propre pour ne pas nommer mon père ambassadeur.

— Vraiment !—dit la comtesse en souriant à son tour ; — et en quoi l'amour-propre du roi est-il engagé à cette nomination?

— En quoi, maman? Mais en tout. Un ambassadeur représente son pays et son souverain, n'est-ce pas?

— Oui, mon enfant.

— Eh bien! où veux-tu que le roi trouve quelqu'un qui puisse plus dignement que mon père représenter la

France? Et si par lui l'on juge d'elle, comme elle sera honorée, aimée! Quelle noble idée l'on se fera de notre pays, en voyant, en appréciant mon père!... Il n'en sera pas de lui comme de ce pauvre petit représentant de cette grande, grande cour du Nord, que tu sais,—ajouta la jeune fille en souriant,—car s'il fallait toujours se figurer leurs majestés européennes d'après ceux qui les représentent, avoue qu'elles auraient par fois de singulières et très peu imposantes physionomies, ces pauvres majestés!

— C'est vrai, — répondit en riant la comtesse.—Heureusement ton père ne donnera jamais lieu à un mécompte de ce genre. Du reste, mon enfant, en se chargeant de cette ambassade, ton père s'est d'abord préoccupé de toi et de moi. Notre voyage d'Italie avait été, il y a deux ans, si favorable à notre santé, que le général a surtout vu dans cette mission l'occasion de nous établir pour quelque temps à Naples de la manière la plus agréable. Que veux-tu! il a comme nous ses défauts, et si tu dis avec tant d'orgueil : *C'est mon père*, il dit, lui, non moins orgueilleusement : *C'est ma fille.* Et il sait comment sont reçues et considérées en pays étranger la femme et la fille d'un ambassadeur de France.

— Pauvre père! ne nous a-t-il pas dit : « L'ambassade » de Naples m'est à peu près offerte; si ce voyage vous » convient à toutes deux, j'accepte; sinon, je refuse. »

— Oui, en cela comme toujours, il a pensé à nous.

— Aussi, maman, ne dirait-on pas que son adorable tendresse pour nous a toujours porté bonheur à ce père bien-aimé? tout lui réussit; il a un ami, c'est mon parrain Maurice; un serviteur, c'est Pietri; une femme, c'est toi; une fille...

— Eh bien! chère enfant, pourquoi n'achèves-tu pas?

— Au fait, maman,—reprit Hélène avec une grâce charmante; — nous parlons des bonheurs de mon père : n'en est-ce pas un grand pour lui que de rendre sa fille aussi heureuse qu'on peut l'être, et de se voir idolâtré par elle?

— Et puis enfin, — ajouta la comtesse en regardant sa fille avec un sourire significatif,— le bonheur de ton père ne s'arrête pas là.

— Que veux-tu dire, maman?

— L'an dernier, au moment de partir pour son inspection de cavalerie, il change d'aide de camp, et celui qu'il prend se trouve être justement un jeune homme charmant, doué des meilleures qualités, maître d'une belle fortune, ce qui ne gâte rien... et si ouvert, si noble, que ton père, qui pendant son inspection nous avait laissées à Paris, me dit à son retour : « Si notre chère Hélène voulait se ma- » rier... je crois avoir trouvé pour elle un trésor... c'est » M. Charles Belcourt, mon nouvel aide de camp.»

La jeune fille, rougissant un peu, avait écouté sa mère avec une expression de félicité profonde et contenue. Elle reprit en souriant :

— Il a fallu que le *trésor* fût de bien bon aloi, n'est-ce pas, maman? car il a été éprouvé par mon parrain Maurice, et il est très difficile... en fait de trésors... mon parrain.

— Tu le sais, Hélène, la haute raison du major, sa pénétration, donnent à ses jugemens une grande autorité aux yeux de ton père; aussi, dans sa sollicitude pour toi, ne voulant pas s'en rapporter à sa seule impression, et avant de te parler de nos projets, le général, sous le prétexte de recueillir quelques souvenirs historiques sur les campagnes d'Allemagne, a envoyé son nouvel aide de camp passer quelques jours avec le major dans sa retraite de Ville-d'Avray...

— Et si mon attachement pour mon parrain avait pu augmenter, je l'en aurais aimé cent fois davantage d'avoir si bien jugé M. Charles. Seulement, il y a mis le temps, M. le major, — ajouta Hélène avec une moue charmante.

— huit grands jours... du matin au soir en tête à tête! Enfin, il a renvoyé M. Charles à mon père et à toi, avec une petite lettre portant sans doute : *Vu et approuvé pour trésor.*

— Folle que tu es!

— Que veux-tu? je ris... Je suis si heureuse!

— Chère, chère enfant!

— Et ce qui double encore le prix de ce bonheur, vois-tu, maman, c'est qu'il vient tout entier de toi et de mon père. Ce mariage qui m'enchante, c'est encore vous qui en avez eu la pensée; cet amour que je ressens, c'est encore vous qui l'avez fait éclore, et me l'avez révélé à moi-même; vous entendre chaque jour, toi et mon père, parler de M. Charles avec tant d'estime et d'affection, cela eût suffi pour me rendre, je crois, folle de lui... m'eût-il été d'abord indifférent... mais loin de là... jamais je ne l'ai rien caché; tu as su l'impression qu'il m'avait causée... c'est toi qui m'as appris que, sans m'en douter... je l'aimais... je l'aimais passionnément, m'as-tu dit. Cela m'a d'abord bien étonné... moi aimer passionnément M. Charles sans vous en avoir prévenus toi et mon père... et puis... je me suis aperçue que tu avais raison... oui... je l'aimais... je l'aime passionnément; car, maintenant, il se joint toujours à vous dans ma pensée... c'est toujours vous et lui... lui et vous... et pour vous confondre ainsi... tous trois dans mon cœur, comme vous devez l'être dans ma vie, juge, maman, si je l'aime, et si tu as eu raison de dire : passionnément!

— O mon enfant, mon Hélène chérie!— dit la comtesse avec une émotion d'une inexprimable douceur, — Dieu a béni notre foyer... Ce mariage assure à jamais ton avenir : et cet avenir sera aussi beau que l'a été le mien... Moi aussi, j'ai aimé... passionnément aimé... Cet amour, partagé par ton père, a fait le bonheur de ma vie... Il en sera ainsi de toi, je le crois, je le sens... Va, mon enfant, le cœur d'une mère ne se trompe jamais.

Un valet de chambre ayant à ce moment ouvert la porte du salon, annonça :

— Monsieur Belcourt!

XV.

M. Charles Belcour, lieutenant de cavalerie, sorti le n° 1 de l'école de Saint-Cyr, par ordre de mérite, était un jeune et charmant garçon, d'une tournure pleine d'élégance; son attrayante physionomie réunissait la bonté, l'intelligence et la franchise; ses cheveux blonds, ses yeux bleus doux et rians, la délicatesse de ses traits, et surtout son extrême affectuosité, qui n'excluait pas chez lui une rare bravoure et une grande fermeté de caractère, l'avaient fait surnommer à l'école militaire : *la Douceur.*

Ce surnom tout benin n'avait pas empêché Charles Belcourt de faire brillamment sa première campagne en Afrique, et d'y gagner la croix au prix de deux glorieuses blessures : instruit, lettré, excellent musicien, dessinant à merveille, il avait dû à son goût pour les arts un salutaire éloignement des grossiers plaisirs des garnisons, et de conserver dans toute sa pureté cette fraîcheur de l'âme, cette sensibilité exquise, qui rendent si durable, si profond, un premier amour, surtout lorsque ce premier amour a pour objet une jeune fille aussi adorable que mademoiselle Hélène Roland.

Ces projets de mariage arrêtés par le général et par sa femme (on saura plus tard que Pietri n'y avait pas été non plus étranger), il fut convenu que Charles Belcourt quitterait l'état militaire, car une fois mariée, Hélène, impressionnable comme elle l'était, serait cent fois morte d'angoisses à la seule pensée de savoir son mari exposé aux hasards des champs de bataille.

Le général Roland lui-même, afin d'épargner de mortelles alarmes à sa femme et à sa fille, qu'il idolâtrait, s'était résigné à n'accepter dans l'armée que des fonctions d'inspecteur de cavalerie, après avoir fait comme colonel deux campagnes d'Afrique, où il avait conquis avec grand éclat son grade de maréchal de camp, environ deux ans après la révolution de juillet (il s'était toujours refusé à prendre du service sous la restauration). Après quatre ans de grade de maréchal de camp, il avait été nommé lieutenant général, puis pair de France, et quelques mois plus tard, on lui offrait l'ambassade de Naples.

Le brillant et fougueux colonel de l'empire était donc devenu un des hommes les plus honorables et les plus éminens de son temps.

Lorsque M. Charles Belcourt était entré dans le salon où se trouvaient la comtesse Roland et sa fille, celle-ci avait naïvement rougi de plaisir à la vue de son fiancé; mais en levant les yeux sur lui, elle fut si frappée de l'expression de tristesse que révélait cette figure ouverte et loyale, que, s'adressant à sa mère avant que M. Belcourt eût prononcé un mot, elle s'écria avec anxiété :

— Mon Dieu, maman, vois donc comme M. Charles a l'air chagrin !

La comtesse Roland, regardant plus attentivement le jeune homme, fit la même remarque que sa fille, tandis que M. Belcourt disait :

— Je ne m'excuserai pas, madame, de n'avoir pu cacher l'expression d'une vive contrariété; cette contrariété, vous la comprendrez, madame, ainsi que mademoiselle Hélène, lorsque vous en connaîtrez la cause...

— Hélène, mon enfant ! — dit la comtesse à sa fille d'un ton de tendre reproche, — qu'as-tu à trembler ainsi ? M. Charles nous a parlé d'une contrariété; il n'y a pas là de quoi s'alarmer.

— Il s'agit d'une contrariété, rien de plus, mademoiselle Hélène... — dit vivement le jeune homme; — de grâce, rassurez-vous; sinon... pour la première fois de ma vie, je regretterais de n'avoir pas su dissimuler ce que j'éprouvais.

— Pardon, maman, — reprit Hélène d'une voix touchante en essayant de sourire; — pardon, monsieur Charles... je ne suis pas raisonnable, c'est vrai... mais ce premier mouvement de crainte a été involontaire.

— Je vais, mademoiselle Hélène, expliquer en deux mots à madame votre mère la cause de ma contrariété; vous reconnaîtrez alors vous-même qu'il ne s'agit, grâce à Dieu, de rien de grave.

Charles allait parler lorsque le général Roland entra dans le salon ; il revenait des Tuileries, et portait l'uniforme de lieutenant général et le grand cordon rouge en sautoir.

Les traits de l'ancien colonel de l'empire s'étaient empreints d'une douce gravité; ses cheveux gris, un peu éclaircis sur les tempes, découvraient en partie son noble front; ses moustaches, encore noires comme ses sourcils, donnaient toujours à sa figure un caractère martial; sa taille s'était conservée aussi svelte, aussi élégante que dans sa jeunesse.

A son arrivée dans le salon, le général jeta sur un sofa son chapeau et son épée; puis, le visage épanoui, radieux, il s'avança vers sa femme et sa fille, en disant paternellement au jeune officier :

— Bonjour, Charles !

Mais, de même qu'Hélène, rendue plus clairvoyante par l'instinct de l'amour, avait lu sur les traits de son fiancé une vive contrariété, l'instinct paternel du général Roland découvrit aussitôt une cruelle anxiété sur les traits de sa fille, lorsqu'elle se leva pour lui donner son front à baiser.

Alors cet homme d'une bravoure héroïque, devenant presque aussi tremblant qu'Hélène l'avait été auparavant, lui prit vivement les mains, la contempla pendant une seconde avec autant de surprise que d'angoisse, puis s'écria :

— Hélène... tu as quelque chose... Est-ce un chagrin ? souffres-tu ?

Puis, tenant toujours les mains de sa fille entre les siennes, et se tournant tour à tour vers sa femme et le jeune homme, il ajouta d'un air presque suppliant :

— Amélie ! Charles ! que s'est-il passé ?... qu'y a-t-il ? répondez... mon Dieu ! répondez-moi donc ! Ah ! c'est une faiblesse absurde, mais j'ai peur !

— En vérité, mon ami, — reprit affectueusement la comtesse, — vous me forcez de dire que le père n'est pas plus raisonnable que sa fille. Je vais être obligée de vous gronder, comme tout à l'heure j'ai grondé notre chère Hélène.

— Gronder Hélène ! — dit le général à sa femme, — et pourquoi, amie ?

— Parce qu'il y a un instant, elle s'est alarmée à tort de quelques paroles de M. Charles. Ces alarmes, il allait les calmer lorsque vous êtes entré, mon ami.

— Je suis le seul coupable, mon général, — se hâta de dire le jeune homme, prévenant ainsi une question du père d'Hélène, qui s'était vivement retourné vers lui. — Ce matin, j'ai appris par une lettre de Bordeaux que ma présence est indispensable pour la légalisation d'un acte que votre notaire, mon général, pensait obtenir par procuration, afin de ne pas retarder la signature de notre contrat de mariage; ce voyage ne doit durer que bien peu de jours, il est vrai; cependant, j'en ai ressenti une vive contrariété. Il est toujours si pénible de quitter, même pour peu de temps, le lieu où nous laissons toutes nos affections ! Mademoiselle Hélène, sans connaître la cause de mon chagrin, trop lisible sur mes traits, s'est alarmée. J'allais la rassurer lorsque vous êtes entré, mon général.

En apprenant que son fiancé allait s'éloigner d'elle pour quelques jours, Hélène, tout en se reprochant sa déraison, sa faiblesse, ne put retenir ses larmes, qu'elle tâcha, mais en vain, de dérober à la vue de son père et de sa mère.

— Des larmes ! — s'écria le général Roland presque éperdu de douleur, — des larmes !... mais c'est la première fois que je te vois pleurer, mon enfant bien-aimée !... Je t'en supplie, ne te chagrine pas... ta santé est si délicate... songes-y donc... si tu allais tomber malade.. Non, non, je ne sais pas ce que je dis... tu ne peux pas tomber malade, c'est impossible... mais enfin ces larmes, cette pauvre figure navrée... tout cela me bouleverse et rompt mes idées !

Puis le général Roland, portant ses mains à ses yeux humides, s'écria :

— Mon Dieu ! que faire pour la consoler ! ces larmes me rendent fou !

Et s'adressant au jeune homme :

— Comment, aussi, Charles, connaissant l'excessive sensibilité d'Hélène, n'avez-vous pas su dissimuler votre contrariété ?

— Hélas ! mon général, il m'aurait toujours fallu prévenir, tôt ou tard, mademoiselle Hélène de mon départ.

— C'est vrai, mon ami, — reprit le général, — et cependant il est douloureux pour moi de voir ma fille s'affecter ainsi !

— Ma chère Hélène, — reprit tendrement la comtesse, — réfléchis donc un peu : quelques jours d'absence, c'est si vite passé !

— Tu as raison, maman, dit la jeune fille en essuyant ses pleurs ; — j'ai tort de m'affliger ainsi de cette absence, mais...

— Que parles-tu de tort ? pauvre chère enfant, — s'écria le général ; — est-ce qu'on a jamais tort quand on souffre ! tous les raisonnemens du monde ne prouvent rien contre des larmes. Et... mais, que je suis fou ! — s'écria le comte en se frappant le front, — calme-toi, rassure-toi ! en vérité, je ne sais pas vraiment où j'avais la tête ! le départ de Charles te désole ? sèche tes larmes, mon Hélène, Charles ne partira pas.

— Mais, mon général, — reprit le jeune officier, — cet acte...

— Eh ! mon Dieu, mon ami, on s'en passera, de cet acte ! Je sais ce dont il s'agit... ce sont de ces exigences, de ces scrupules de notaire, que je sacrifierai dix millions de fois à une larme de ma fille.

— Quoi, mon père... il serait vrai ? — dit Hélène, dont le charmant visage s'illumina soudain de joie et d'espérance.

— M. Charles ne partira pas ?

— Non ! non ! cent fois non ! — dit le général, radieux

de voir la tristesse disparaître comme par enchantement du front de la jeune fille, et la couvrit des yeux avec idolâtrie; — non, Charles ne partira pas... non, mon enfant; la signature du contrat aura toujours lieu jeudi, le jour de ma fête, ainsi qu'il était convenu... Eh bien! ce père, est-on contente de lui?... l'embrasse-t-on, au moins? il le mérite; il est si heureux de sécher les larmes de son enfant!

Hélène, dans un élan de bonheur indicible, se jeta au cou du général, qui la serra dans ses bras avec amour, avec passion, en disant d'une voix profondément émue :

— Après le bonheur de te voir heureuse, le plus grand bonheur pour moi sera toujours de t'épargner un chagrin.

— Ah! mon général, — reprit Charles Belcourt, — croyez-le, ces larmes, dont j'ai été involontairement cause, seront les seules... oh! les seules que versera jamais mademoiselle Hélène...

— Si je n'avais pas été certain de cela, Charles, est-ce que je vous aurais donné mon enfant? — dit le comte.

— Madame, — reprit le jeune homme en s'adressant à la comtesse, — j'ose vous l'avouer, maintenant qu'elles sont séchées, les larmes de mademoiselle Hélène à l'annonce de cette courte absence...

— Mon Hélène, entends-tu ce méchant garçon! — dit le général en souriant et interrompant le jeune homme avec un accent d'amical reproche. — Il va peut-être avoir l'atrocité de dire que tes larmes ont flatté son amour!

— Non, mon général, mais elles l'ont honoré, consacré, — reprit Charles Belcourt d'une voix touchante et pour ainsi dire vibrante de passion contenue. — Ah! je le sens, des larmes si précieuses prouvent, à celui qui les fait couler, que sa présence est chère. Aussi regrette-t-il de n'avoir que son adoration éternelle, que sa vie entière à offrir comme garans de sa reconnaissance et de la sainteté de ses sermens.

— Oh! à présent, que je suis contente d'avoir pleuré! — dit naïvement Hélène en entendant ces paroles de son fiancé.

— Si tu es contente d'avoir pleuré, je n'ai plus rien à dire, — reprit le comte avec son ineffable bonté, — mais je t'en supplie, mon Hélène, ne prends pas cette habitude... c'est bon une fois, en passant, pour savoir ce que c'est que les larmes; maintenant tu le sais... l'expérience est, vois-tu suffisante... oh! plus que suffisante pour nous tous... Ainsi donc, il est entendu, mon cher Charles, que l'on se passera de l'acte en question; vous me ferez le plaisir d'en prévenir mon notaire aujourd'hui, afin que cela ne retarde en rien la rédaction du contrat, dont la signature reste toujours fixée à jeudi. Maintenant, mes enfans, autre chose...

— Et s'adressant à sa femme : — Ma bonne Amélie, l'affaire de l'ambassade est conclue, ma nomination paraîtra dans les journaux de ce soir.

— Vois-tu, maman? — dit Hélène à sa mère d'un air triomphant, — j'étais bien certaine, moi, qu'il n'en pouvait être autrement... mon juste orgueil ne m'a pas trompée.

— Qu'entend-elle par là, cette chère enfant? — demanda le général à la comtesse.

Celle-ci répondit :

— Je te dirai cela, mon ami : c'est une folie d'Hélène.

— Une folie? tant mieux! — reprit le général. — Oh!... des folies! tant qu'elle voudra, n'est-ce pas, Charles? mais jamais de larmes... parce que ces larmes... ne pensons plus à cela; elles sont séchées, Dieu merci ! Revenons donc à mes projets; quand je me permets de dire *mes* projets, — ajoute-t-il en souriant à sa femme et à sa fille, — il est sous-entendu : sauf votre approbation, madame la comtesse... sauf votre approbation, mademoiselle Hélène. Quant à vous, mon cher Charles, vous n'avez nécessairement pas plus de volonté que moi, vous devez être un tyran... de mon espèce...

— Je n'ai pas d'autre pensée, mon général, — dit gaîment le jeune homme, — votre exemple est trop bon à suivre pour que je ne l'imite pas.

— Nous disons donc : le contrat signé jeudi, jour de ma fête! — reprit le général; — et jamais elle n'aura été plus glorieusement fêtée... Nous profiterons de cette réunion pour donner une grande soirée d'adieux... à minuit la signature; dimanche matin le mariage à notre chapelle de la chambre des pairs. Aussitôt après, nous montons tous quatre dans notre berline de voyage, et en route pour l'Italie! Est-ce entendu? Y a-t-il quelque objection, madame la comtesse, mademoiselle Hélène?

— Pas la moindre objection, mon ami, — dit la comtesse; — tout ceci me semble arrangé à merveille... Qu'en penses-tu, Hélène?

La jeune fille, pour toute réponse, embrassa de nouveau son père, autant pour lui exprimer sa joie que pour lui cacher sa rougeur.

— Vous voyez, mon cher Charles, que la tyrannie a du bon, — dit le général en souriant.

Et embrassant sa fille, il ajouta :

— Voilà ce que c'est que d'imposer despotiquement ses volontés... d'être, comme on dit, le maître absolu dans son ménage.

Un valet de chambre, ouvrant de nouveau la porte du salon, annonça :

— Monsieur le major Maurice!

XVI.

Le major Maurice portait aussi sur sa figure les traces de l'âge. Ses cheveux et ses moustaches avaient presque blanchi; ses traits étaient, comme autrefois, empreints d'une mélancolie douce et grave.

A la vue du major, Hélène, toute joyeuse, s'écria :

— Quel bonheur! voilà mon parrain.

Et elle l'embrassa avec une tendresse filiale, tandis que la comtesse disait affectueusement au major :

— Quelle bonne fortune pour nous de vous voir aujourd'hui, monsieur Maurice! Nous ne comptions pas sur ce plaisir; vous quittez si rarement votre solitude de Ville-d'Avray, ou plutôt vous ne la quittez que pour nous... deux fois par semaine.

— Quelques affaires imprévues m'ont appelé à Paris madame... j'ai profité de cette occasion pour avoir l'honneur de vous voir, embrasser ma chère filleule et serrer la main d'Adalbert.

Et ce disant, le major tendit la main à son ami, qui la serra cordialement, tandis que Charles Belcourt s'inclinait avec déférence devant le major.

— Nous sommes dans un jour de bonheur, — dit Hélène; — pour le compléter, mon parrain nous manquait; il arrive juste à point. Il n'en fait jamais d'autres; c'est son caractère.

— Puis-je savoir, ma chère filleule, — reprit le major en souriant, — quel est ce bonheur que je viens compléter, comme vous dites?

— D'abord, mon bon parrain, mon père est nommé à l'ambassade de Naples.

— Cela ne me surprend guère; mais enfin, — ajouta le major en souriant et s'inclinant devant le général Roland, — salut à monsieur l'ambassadeur!

— Ensuite, — reprit la jeune fille en rougissant, — il a été arrêté que notre contrat se signait jeudi, jour de la fête de mon père.

— Oh! oh! chère filleule, je comprends maintenant que le jour où l'on fixe la signature d'un contrat est le plus beau des jours; et je partage votre contentement, chère Hélène, — ajouta le major en se tournant du côté de Charles Belcourt, — car votre famille et vous ne pouviez faire un meilleur choix.

— Je suis doublement heureux de votre bienveillance, monsieur le major, — répondit le jeune homme d'un ton pénétré. — Ce sera, j'ose l'espérer, une nouvelle garantie aux yeux de mademoiselle Hélène et de sa famille, qui a en vous, monsieur le major, une confiance si méritée.

— Enfin, mon bon parrain, — reprit Hélène, — notre mariage est fixé à dimanche ; nous partons aussitôt après la messe pour l'Italie, et vous êtes du voyage.

— Hélène ! — s'écria le comte, — viens m'embrasser dix fois, cent fois pour cette bonne idée.

— Hélène n'est que l'interprète de ce que nous désirons tous, monsieur Maurice, — reprit la comtesse, non moins enchantée que son mari de la possibilité d'avoir le major pour compagnon de voyage. — C'est entendu, n'est-ce pas ? Vous venez avec nous en Italie ?

— Je voudrais bien voir qu'il osât refuser quelque chose à sa filleule ! — reprit le général. — Victoire, mes amis ! Il ne répond rien... C'est bon signe ; il réfléchit... il accepte.

— Oh ! merci, merci, mon parrain ! — s'écria la jeune fille en prenant les deux mains du major Maurice. — Moi, je lis dans vos yeux que vous consentez.

En effet, le major, pendant qu'Hélène lui prenait les mains, la contemplait en silence avec une expression d'intérêt indéfinissable ; un moment même, une expression de vague tristesse assombrit ses traits, mais ce nuage passa vite sur le front du major, et il dit à sa filleule :

— Ce que vous pouvez lire sûrement dans mes yeux, chère Hélène, c'est que je vous aime aussi tendrement que si vous étiez ma fille...

— Et c'est justement pour cela, mon parrain, que vous viendrez avec nous ; on ne refuse rien à celle qu'on aime comme sa fille.

— Eh bien ! oui, je vous le promets, — reprit le major, — je vous accompagnerai, si...

— J'en étais sûre ! — s'écria la jeune fille en interrompant le major et frappant dans ses mains. — Maman, mon père, monsieur Charles... vous l'entendez, mon parrain viendra ?

— Ma pauvre enfant, — reprit le major, — vous ne m'avez pas laissé achever ce que je vous disais : Oui, je vous promets d'être du voyage... si... car il y aurait un malheureux si que vous n'avez pas entendu.

— Hélène, — dit gaîment le général Roland, — pas de conditions... Exige... sois impitoyable... il cédera.

— Sérieusement, mon enfant, — reprit le major, — je vous promets d'être du voyage, dans le cas où les affaires importantes qui m'amènent aujourd'hui à Paris seraient terminées cette semaine ; sinon, il me faudra renoncer au plaisir de vous accompagner.

— Je vous crois, mon parrain, — reprit la jeune fille avec un soupir de regret ; — vous parlez sérieusement, je ne me permettrai pas d'insister. J'attendrai donc ; seulement, je vous en préviens, je désirerai, j'espérerai de toutes mes forces...

— Je connais mon vieux Maurice, — reprit le général, qui depuis quelques instans regardait son ami avec une sorte d'inquiétude. — S'il peut être des nôtres, il viendra... sinon, il sera aussi privé que nous ; mais j'y songe, mon cher Charles, — ajouta-t-il en s'adressant au jeune homme, — et ce notaire ? il faut le voir aujourd'hui, et le plus tôt possible, pour lui dire que nous nous passerons de cet acte.

— J'y vais à l'instant, mon général.

— Mon ami, — dit la comtesse en se levant, — je vous laisse avec M. Maurice ; notre départ étant arrêté, j'ai d'assez nombreuses emplettes à faire, je vais sortir en voiture avec Hélène...

Et tendant cordialement sa main au major,

— A tantôt, n'est-ce pas, monsieur Maurice ? vous dînez avec nous ?

— Je ne pourrai avoir ce plaisir, madame... je ne serai probablement libre que fort tard...

— Enfin, si vous êtes libre, je vous en prie, ne nous oubliez pas, monsieur Maurice.

— Adieu, mon parrain, — dit Hélène au major en lui tendant son front, — ou plutôt à revoir... à tantôt... je l'espère...

— Adieu, chère Hélène, — répondit le major en suivant d'un regard mélancolique la jeune fille, qui sortit avec sa mère et son fiancé.

A peine le comte fut-il seul avec son ami, que revenant vivement sur lui, il lui dit :

— Maurice... je n'ai voulu te faire aucune question devant ma femme et ma fille, de peur de les inquiéter sur toi ; mais ces affaires imprévues qui t'amènent à Paris sont donc graves ?... Tu as l'air préoccupé... Puis toi... des affaires ?... quelles affaires ?... Tu jouis de ta solde de retraite, tu vis qu'avec tes livres, tu ne quittes ta maisonnette de Ville-d'Avray que deux fois par semaine, pour venir dîner avec nous... Quelles affaires importantes peux-tu avoir ? Ne puis-je t'être bon à quelque chose pour les mener à bonne fin ?

— Malheureusement non.

— Qui sait ? j'ai du crédit, mes amis en ont ; voyons, Maurice, ces affaires ! quelles sont-elles ?

— Adalbert... je ne puis te le dire.

— Toi... des secrets pour moi ! — s'écria le général avec surprise et chagrin, — toi... ah ! tu ne m'avais pas habitué à tant de réserve.

— Mon ami, ne m'accuse pas, il est des secrets qui ne sont pas les nôtres.

— Il ne s'agit donc pas de toi ?

— Si... Mais pas seulement de moi.

— Mais en ce qui t'intéresse personnellement, mon bon Maurice, je pourrais peut-être te servir ?

— Mon ami, n'insiste pas ; toute confidence m'est interdite.

— Ah ! c'est jouer de malheur ! — dit le général Roland d'un air peiné, — toujours te devoir et jamais ne pouvoir m'acquitter !

— Adalbert, tu te calomnies. La reconnaissance ne te pèserait pas si tu me devais de la reconnaissance... et tu ne m'en dois pas.

— Et n'est-ce donc pas à toi, à ton influence incessante que j'ai dû, il y a vingt ans passés, ce que je pourrais appeler ma conversion ? N'est-ce pas toi qui, par tes conseils, m'as fait renoncer aux folies de ma jeunesse... pour vivre de cette vie de famille... où depuis tant d'années je trouve des joies célestes !

— Mon ami... sans les tristes événemens qui ont amené ta conversion... ma voix eût été impuissante.

— Mais cette voix austère, inexorable comme celle de l'amitié, m'a pour ainsi dire traduit les enseignemens, la moralité de ces événemens.

— Ce pénible passé est déjà loin de nous, — dit le major avec une expression de contrainte et d'hésitation ; — à quoi bon en parler ?

— Maurice, je te le jure, ce passé est pour moi un sujet de réflexions salutaires ; sais-tu ce que j'éprouve lorsque je me dis : Ce bonheur domestique dont je jouis avec une délicieuse sécurité auprès d'une femme adorée, que de fois dans ma jeunesse, je l'ai indignement troublé chez autrui ! Quelle terrible punition... si à mon tour j'avais été trompé par ma femme !

— Oui, tu dois remercier la Providence de t'avoir épargné une pareille épreuve !

— Et je la bénis, Maurice, cette Providence qu'autrefois je raillais, je la bénis à mains jointes lorsque voyant ma fille... ma fille, cet ange de candeur et de beauté ! ma fille !... la vie de ma vie, car il n'y a pas, vois-tu, un battement de son cœur qui n'ait de l'écho dans le mien... Aussi, lorsque la voyant si pure, si heureuse entre sa mère et moi, je me dis : Dans ma jeunesse, et sans remords peut-être, j'aurais flétri cette fleur d'innocence !... Quelle terrible punition, si à mon tour j'avais vu mon enfant déshonorée ! oh ! alors, Maurice, en songeant à cela... que j'aurais pu être frappé... justement frappé dans ma femme, dans ma fille, mon sang bouillonne, j'ai comme un vertige d'épouvante et de remords, je comprends, je sens tant le mal que j'ai fait autrefois... Ces pères, ces maris trompés, que je raillais jadis avec une barbarie cynique, j'ai conscience des douleurs atroces qu'ils ont dû souffrir... car maintenant, moi aussi je suis époux, je suis père !... Et ne crois pas, mon ami, que ce sévère retour sur moi-même soit stérile, qu'il se borne à d'impuissans regrets. Non, non, et si je n'ai pu malheureusement réparer les maux que j'ai causés, j'ai du moins, tu le sais, toi !... j'ai depuis vingt ans voué toutes les forces de mon âme, toute la puissance de mon cœur, au rigoureux accomplissement de mes devoirs, au bonheur d'Amélie et de ma fille : marié jeune encore, j'ai su, malgré mainte occasion de la trahir, respecter la fidélité du lien conjugal ; une seule fois, je te l'ai avoué à toi, pour qui je n'ai pas de secrets, une seule fois, quoique mûri par l'âge, j'ai cependant failli manquer à ma résolution d'honnête homme...

— Oui, il y a deux ans. Cette baronne de Montglas, vertu plus que douteuse, — dit le major, qui écoutait son ami avec un intérêt mêlé d'anxiété, qu'il s'efforça de dissimuler ; — une aventurière...

— Heureusement ma raison s'est réveillée à tes austères paroles ; le double lien qui m'attache à ma femme et à ma fille est resté pur. Depuis vingt ans, enfin, sauf les inquiétudes que m'a parfois données la frêle santé de ces deux anges de ma vie, eux et moi nous avons joui d'une félicité ineffable, et cela, Maurice, je te le répète, grâce aux conseils, aux encouragemens de ton amitié, à son tutélaire appui dans mes momens d'hésitation ou de faiblesse ; et tu ne veux pas que je dise avec regret : Te devoir toujours, ne m'acquitter jamais ? tu ne veux pas que, te voyant aujourd'hui préoccupé, soucieux, il me soit pénible de rester là, impuissant, inutile, lorsque tu souffres ? L'affection est pénétrante, Maurice... J'en suis sûr, tu as un chagrin et tu ne me le dis pas.

— Adalbert, — reprit le major ému, — que parles-tu de reconnaissance, de t'acquitter envers moi ? Eh ! n'ai-je pas été payé mille fois au-delà de ce que je mérite, en assistant chaque jour à cette transformation de ton caractère, de tes goûts ; transformation qui me semblerait à moi-même impossible, si, oubliant les transitions qui l'ont graduellement amenée, je comparais ton langage, tes sentimens, à ce qu'ils étaient il y a vingt ans.

— Maurice, tu ne me réponds pas ; il ne s'agit pas de moi, mais de toi. Tu as un chagrin, et je l'ignore.

— Lorsque je compare, — continua Maurice sans paraître avoir entendu l'interruption de son ami et suivant l'inspiration d'une pensée secrète, — lorsque je compare ta tendresse passionnée pour ta femme et pour ta fille, à la cruelle insouciance avec laquelle tu traitais tes maîtresses ; — quand je songe enfin à ton indifférence pour ces malheureux *enfans de l'amour* qui cependant étaient tes enfans comme ta fille !

Et il attacha un regard pénétrant, inquiet sur le général, craignant que celui-ci, au lieu de continuer l'entretien sur le terrain que lui, Maurice, choisissait à dessein, se laissât pas détourner de son désir de connaître la cause de la préoccupation du major.

XVII.

Le général Roland, frappé de la singulière contradiction des sentimens à laquelle le major Maurice venait à dessein de faire allusion, oublia un instant les sollicitudes de son amitié et reprit d'un air pensif :

— Bien des fois je me suis demandé la cause de ce contraste dont, autant que toi, mon ami, je suis étonné. Cela est étrange ! J'ai eu des maîtresses encore plus séduisantes et plus désirables que ma femme. Plus d'une d'elles, irréprochable jusqu'au moment de sa faute, m'a sacrifié son honneur, son repos, et pour aucune d'elles je n'ai ressenti cette tendresse mêlée de vénération et de sécurité que j'ai toujours eue pour la mère de ma fille. Je me croyais le cœur flétri, usé par tant de liaisons de plaisir, et j'ai retrouvé, pour aimer Amélie, des trésors inconnus d'affection, de dévoûment et de sensibilité. Que te dirai-je, enfin, Maurice ? le sort de ces enfans dont tu parles m'inspirait sans doute une de la compassion ; je sentais de mon devoir d'assurer l'existence de ceux qui pouvaient craindre la misère ; mais comparer cette compassion presque obligée à mon idolâtrie pour Hélène !... Tiens, Maurice, je te l'ai dit cent fois en pleurant comme un enfant lors des alarmes exagérées, absurdes, folles, je l'avoue, dont j'ai été parfois possédé à la moindre indisposition de ma fille ; je te l'ai dit, Maurice, si je la perdais, je ne lui survivrais pas, non plus qu'à sa mère. Ma vie est là, vois-tu, elle est là toute entière !

— Heureusement, il est à espérer que ces enfans n'auront jamais eu besoin de ton appui, — reprit le major en affectant une sorte d'indifférence bien éloignée de sa pensée. — Tu n'as eu aucune nouvelle de la fille de Paula, disparue avec sa mère il y a plus de vingt ans ?

— Non, aucune, tu le sais. — Pourquoi cette question ?

— Ce n'est pas une question, — se hâta de dire le major, dans la crainte de trahir le fond de sa pensée ; — c'est un fait que je constate. Il en est de même de madame Delmare, partie pour la province peu de jours ensuite de ce duel... dont tu as si longtemps conservé un funeste souvenir. Elle est morte trois ans, je crois, après cette époque, laissant sans doute son fils... *ton fils*... héritier de biens considérables. Tu n'as jamais entendu parler de lui ; sa position de fortune te doit du moins rassurer sur son sort.

— Si j'avais pu retrouver ses traces, j'aurais assuré son avenir, le suppliant de renoncer à des biens qui ne lui appartenaient pas.

— Cette pensée était louable ; tu n'as pu l'exécuter, dans l'ignorance où tu es resté jusqu'à *aujourd'hui*, — et le major appuya sur ce mot, — au sujet de l'existence de ce fils.

— Oui, à mon grand regret, — reprit le général d'un air pensif. — Mais puisque nous parlons de ce passé, Maurice, s'il faut le dire, mon seul remords pour ainsi dire vivant, car lorsque je la rencontre, elle me rappelle douloureusement un de mes égaremens d'autrefois, c'est madame de Bourgueil.

— Je le comprends ; celle-là est doublement à plaindre, — reprit le major. — La fatalité a voulu que les suites de sa faute d'un jour...

— N'achève pas, Maurice. J'ai le cœur navré quand je pense à la malheureuse fille de madame de Bourgueil. Son mari doit l'abhorrer, cette pauvre enfant, conçue dans les larmes et le désespoir. Cependant, il y a un mystère qui me confond. Plusieurs fois j'ai vu cette jeune personne dans le monde ; elle est belle comme était sa mère ; elle semble riante, heureuse... Comment Bourgueil, si froidement méchant, et sachant la naissance illégitime de sa fille, ne s'est-il pas vengé sur elle, d'autant plus que...

Mais s'interrompant, le général reprit :

— T'ai-je dit ces jours-ci madame de Bourgueil est venue rendre visite à ma femme ?

— Elle !... — s'écria le major en tâchant de dissimuler l'inquiétude que lui causait cette révélation. — Madame de Bourgueil chez ta femme ! Et sous quel prétexte ?

— Depuis peu de temps elle fait partie de l'œuvre des prisons, dont elle est patronnesse ainsi qu'Amélie. Celle-ci, trouvant madame de Bourgueil d'un esprit solide et distingué, d'une rare bonté de cœur et d'une mélancolie profonde, a ressenti pour elle une extrême sympathie, et m'a fait part de son désir de se lier avec elle.

— Mon ami, — reprit le major vivement frappé de cette circonstance, — ce rapprochement de madame de Bourgueil et de ta femme me semble étrange. Sans doute ta femme ignore le passé, puisque M. de Bourgueil, m'as-tu dit, n'a fait aucun éclat, et que bien des années se sont écoulées depuis cette funeste aventure...

— Comme à toi, Maurice, ce rapprochement entre Amélie et madame de Bourgueil m'a paru fâcheux. J'ai heureusement trouvé un prétexte plausible pour détourner ma femme de cette nouvelle liaison. Notre départ est prochain, lui ai-je dit ; tu te prépares des regrets en nouant des relations qui doivent être bientôt rompues.

— Il n'est pas moins inexplicable pour moi que madame de Bourgueil, dont le caractère est si honorable, n'ait pas plutôt évité que recherché l'occasion de se rapprocher de ta femme.

— Peut-être madame de Bourgueil aura-t-elle été forcée d'obéir aux volontés de son mari. Quel est le but de celui-ci ? Je l'ignore, mais il doit avoir quelque arrière-pensée, car depuis notre retour d'Italie, j'ai remarqué la présence de Bourgueil, de sa femme et de sa fille, dans plusieurs salons où nous allons habituellement, et où je ne l'avais jusqu'alors jamais rencontré... C'est ainsi que j'ai plusieurs fois vu sa fille.

— Et madame de Bourgueil !... quelle était son attitude dans le monde ?

— Elle souffrait visiblement de se trouver avec sa fille en face de ma femme et d'Hélène.

— Et M. de Bourgueil ?

— Toujours le même... sardonique et froid ; il n'avait pas l'air de me connaître, semblait rempli d'égards, d'affection pour sa femme et pour sa fille... mais cet homme est si faux, si vindicatif... que la vie de sa femme doit être une longue torture.

— C'est à craindre. Quant à son arrière-pensée, en forçant peut-être sa femme à se rapprocher de la tienne ; afin de les faire ainsi se rencontrer, son but me semble évident : c'est de mettre souvent madame de Bourgueil face à face avec toi, et ainsi de réveiller sans cesse en elle de poignans remords.

— Tu es plus clairvoyant que moi ; cette vengeance seule doit être atroce.

— Dieu merci, ton départ est prochain, et tu ne serviras plus ainsi malgré toi les ressentimens de M. de Bourgueil.

— Allons, mon ami, ne sois pas ainsi soucieux, — reprit affectueusement le major. Ce qui arrive est une des tristes conséquences du passé ; ce passé, tu l'as expié autant qu'il était en toi, tu peux du moins te dire que par la tendresse, par la droiture de ta vie depuis ton mariage, deux créatures de Dieu, ta femme et ta fille, n'ont connu que joie et bonheur en ce monde ; cela doit adoucir les regrets que te causent des maux irréparables ; mais pardon, mon ami, j'oublie l'heure, et elle me presse...

— Maurice, — dit vivement le général Roland, tiré de ses préoccupations par l'annonce du départ du major, — c'est mal, ce que tu as fait ; tu as su, en me parlant de moi, éloigner l'entretien de ce qui t'intéressait ; me quitteras-tu donc sans me confier le secret de tes inquiétudes ?

— Si tu savais ce qu'il m'en coûte de te cacher quelque chose ! — dit le major en paraissant céder malgré lui à l'amicale obsession du comte Roland ; — voyons, demain ou après... je pourrai peut-être te faire cette confidence ; mais pas avant. Maintenant, écoute-moi. Je ne retournerai pas à Ville-d'Avray ce soir. Mon séjour à Paris peut se prolonger. As-tu une chambre à me donner ?

— Allons, tu nous restes ; c'est du moins une compensation. Tu occuperas l'appartement où logeait mon premier aide de camp.

— Et surtout ne t'inquiète pas de moi si je ne rentrais que fort tard, ou si même je ne rentrais pas cette nuit.

— Maurice !... et tu veux que je ne sois pas alarmé !

— Ecoute, mon ami ; j'avais deux partis à prendre : venir à Paris et m'occuper à ton insu de ce qui m'amène ici, ou faire ce que j'ai fait, te demander à loger chez toi et me borner à une demi-confidence. Ce dernier parti avait l'inconvénient de t'inquiéter. Je l'avais prévu ; mais aussi excuse mon égoïsme : j'étais ainsi près de toi ; et je te le

répète, si aujourd'hui une réserve absolue m'est imposée, demain je puis avoir recours à ta vieille amitié. Es-tu content ?

— Il faut se contenter comme l'on peut. Ainsi tu ne me laisses qu'une espérance ?

— Adalbert, tu es insatiable, — dit le major en souriant.

— Allons, adieu et à revoir.

Et le major quitta le général Roland en se disant :

— Grâce à Dieu, j'ai réussi à lui cacher mes craintes, à savoir de lui ce que je voulais savoir, à l'inquiéter sur moi au lieu de l'inquiéter sur lui, et à demeurer dans cette maison sous un prétexte plausible.

Pendant que les scènes précédentes se passaient, Pietri s'était occupé des diverses commissions que lui avait données la comtesse.

Nous le suivrons donc à *Saint-Lazare*,
A l'*Estaminet de la Grosse-Pipe*;
Et chez *madame de Bourgueil*.

XVIII.

Pietri, en arrivant à la prison de Saint-Lazare, demanda madame David, l'une des inspectrices.

On le fit entrer dans le parloir.

Peu de momens après, madame David parut.

Le Corse lui remit les cinq louis destinés à la prisonnière protégée de la comtesse Roland, ainsi que la lettre de celle-ci.

L'inspectrice, après avoir lu le billet, dit à l'intendant avec une affabilité extrême :

— D'après la lettre de madame la comtesse, je puis, monsieur, vous parler en toute confiance de notre pauvre Louise Beaulieu ; elle est véritablement digne de compassion ; aussi ai-je bon espoir que, la protection de madame la comtesse aidant, nous obtiendrons sous peu de jours grâce pleine et entière pour notre prisonnière.

— D'après ce que madame la comtesse m'a fait l'honneur de m'apprendre, — reprit Pietri, — cette pauvre infortunée a été victime d'un moment d'égarement bien concevable après l'indigne séduction dont elle a été victime.

— Sans doute elle a commis un acte très coupable ; mais si vous saviez, monsieur, combien son repentir est sincère ! Et puis, son caractère est si doux, sa conduite si exemplaire, qu'il n'y a qu'une voix en sa faveur. Je vous prierai donc, monsieur, de dire à madame la comtesse que, depuis que j'ai eu le plaisir de la voir, sa protégée a encore, s'il est possible, gagné dans mon *estime*. Répétez bien ces mots à madame la comtesse : *dans mon estime*, si singulier que paraisse un tel sentiment, lorsqu'il s'agit d'une femme condamnée à une peine infamante pour tentative de meurtre. Du reste, je me suis occupée du mémoire à l'appui de la demande en grâce que madame la comtesse désire ; il est prêt, je n'ai plus qu'à le relire, et, si vous voulez m'attendre ici un quart d'heure, je vous le remettrai.

— Je suis, madame, à vos ordres. Me permettez-vous seulement une demande, indiscrète sans doute, impossible à réaliser peut-être ?

— Parlez, monsieur, et soyez certain d'avance de mon désir d'être agréable à l'homme de confiance de madame la comtesse Roland. Elle me parle de vous dans sa lettre en de tels termes, monsieur, que si ce que vous avez à me demander est faisable, c'est accordé.

— Madame, je suis un vieux, et j'ose le dire, un fidèle serviteur de la famille. Depuis bientôt trente ans, je n'ai pas quitté le général, j'ai vu naître sa fille, je suis dévoué à mes maîtres âme et corps ; je n'ai pas d'autre mérite. Quand à l'objet de ma demande, le voici : depuis bien des années, je suis le seul confident des bonnes œuvres de madame la comtesse, et Dieu sait si le nombre en est grand!...

— Oh! je vous crois, monsieur : la charité de madame la comtesse doit être inépuisable.

— J'ai donc connu toutes les personnes que madame la comtesse a secourues ; c'est pour moi un bonheur indicible que de les entendre exprimer leur vive reconnaissance pour ma vénérable et excellente maîtresse. Elle appelle cela *mes profits*, et elle a raison, — ajouta le Corse avec un sourire de bonhomie touchante ; — car rien ne m'est doux comme d'entendre bénir celle que je respecte le plus au monde. Or, jusqu'à présent je n'ai pas encore vu la nouvelle protégée de madame la comtesse, et je...

— Et vous voudriez avoir aussi *vos profits* sur cette bonne œuvre, n'est-ce pas, monsieur ? — dit l'inspectrice en souriant. — Rien de plus naturel ; ce désir part d'un trop généreux sentiment pour que je ne m'y rende pas.

— Ah! madame, que de bonté!

— Pendant que je vais relire le mémoire que vous devez remettre de ma part à madame la comtesse, je ferai mander ici notre prisonnière... vous causerez avec elle, et je vous assure que cette fois vous serez enchanté de *vos profits*, car jamais la reconnaissance d'une obligée pour sa bienfaitrice ne s'est exprimée en termes d'une plus touchante sincérité. Attendez donc un instant, monsieur. Louise Beaulieu va venir.

L'inspectrice sortit, et peu d'instans après son départ, la prisonnière entra dans le parloir où se trouvait Pietri.

Cette jeune femme paraissait avoir de vingt-deux à vingt-quatre ans. Sa taille élégante et élevée était accomplie ; sa beauté rare, et surtout remarquable par la douceur angélique et presque virginale de sa physionomie. Les brunes vierges de *Murillo* ne montrent pas de traits plus purs sous leurs bandeaux de cheveux noirs, et n'ont pas sur leurs lèvres vermeilles un sourire plus céleste. Aussi, en voyant cette séduisante créature au maintien rempli de modestie, de distinction et de grâce, à la voix suave et pénétrante, l'on se demandait comment elle avait pu concevoir seulement la pensée d'un crime, même atténué par les circonstances dans lesquelles il s'était commis.

Louise Beaulieu aborda Pietri avec un mélange d'embarras et de confusion, comme si, à l'aspect d'un étranger, la prisonnière sentait redoubler sa honte.

Le Corse attachait sur la jeune femme un regard profond et curieux. Un sourire rapide et sardonique passa sur ses lèvres pâles, puis ses traits reprirent leur expression de bonhomie, rendue plus vénérable encore par ses longs cheveux blancs.

— Ma pauvre enfant, — dit-il d'un air paterne à Louise, qui gardait timidement le silence, — madame l'inspectrice a dû vous apprendre que je venais ici de la part de madame la comtesse Roland.

— Oui, monsieur, — répondit la prisonnière en se hasardant à peine à lever sur l'intendant son regard angélique.

— Allons, mon enfant, — reprit affectueusement le Corse, — ne tremblez pas ainsi ; je serais chagrin de vous intimider... mettez-vous, de grâce, en confiance avec moi... Madame la comtesse m'a dit l'intérêt qu'elle vous portait ; madame l'inspectrice justifie cet intérêt par le bien qu'elle pense de vous.

— Excusez-moi, monsieur, — répondit la jeune femme avec un sourire navrant ; la première fois que je me trouve avec un étranger, je crains toujours qu'il ne voie en moi que la prisonnière... la criminelle...

— Rassurez-vous... madame la comtesse m'a tout dit... je sais que vous êtes plus à plaindre qu'à blâmer...

— Ah! du moins, au milieu de l'abaissement où je suis tombée, il me reste une vertu... la reconnaissance. Tenez, monsieur, — je n'ai jamais connu le bonheur d'avoir une mère... mais si j'en juge d'après ce que je ressens pour madame la comtesse, je dirais que je sais maintenant ce que c'est que d'adorer, que de vénérer une mère... si une infortunée comme moi pouvait se permettre de donner ce nom à sa bienfaitrice.

— Pourquoi pas, puisque vous avez pour elle les sentimens d'une fille? Mais, dites-moi, pauvre enfant, vous avez dû beaucoup souffrir... orpheline bien jeune probablement?

— Jamais, monsieur, je n'ai connu ni mon père ni ma mère... Elle... — ajouta Louise en portant les mains à ses yeux humides de larmes, — *elle*... elle est morte de fatigue, de misère... de chagrin sans doute, dans un petit village qu'elle traversait, me portant, m'a-t-on dit, sur son dos. De braves paysans m'ont recueillie par charité... Quand j'ai été un peu plus grande, de bonnes sœurs, établies dans un petit bourg voisin du village, m'ont fait venir auprès d'elles, m'ont donné le peu d'instruction que je possède, m'ont appris la couture et m'ont surtout élevée dans des principes religieux dont, pour mon malheur, je ne me suis pas toujours assez souvenue.

— Et en sortant de chez ces bonnes sœurs, qu'êtes-vous devenue ?

— Une charitable dame, maîtresse d'un château touchant au bourg, avait avec les sœurs de fréquentes relations pour des œuvres de bienfaisance, car elle était aussi compatissante que madame la comtesse.

— Allez, pauvre enfant, croyez-moi, les bonnes gens sont moins rares qu'on ne le pense.

— Plus que personne je dois le savoir, monsieur ; j'ai eu le bonheur de rencontrer dans ma triste vie la dame dont je vous parle et madame la comtesse ; mais celle-ci m'inspire une gratitude plus grande encore... N'est-ce pas à une pauvre femme perdue, criminelle, qu'elle a daigné tendre la main avec une pitié presque maternelle?

— Rien ne prouve mieux la délicatesse de votre cœur que cette distinction dans votre reconnaissance... Et cette dame dont nous parlons, qu'a-t-elle fait pour vous ?

— Elle avait une fille de dix-sept ans ; c'était à peu près mon âge ; elle me proposa d'être sa femme de chambre... me disant avec bonté que je serais presque traitée comme l'enfant de la maison.

— Ainsi, vous avez accepté d'entrer en servitude ?

— Hélas! monsieur, élevée par charité, sans ressources, sans famille, je n'avais pas le droit d'écouter mes susceptibilités.

— Oh! ce n'est pas un reproche que je vous adresse; il n'est pas d'humble condition que l'on ne puisse honorer. Je dis avec une sorte de fierté que depuis trente ans je suis au service de madame la comtesse ou de son mari. Vous voici donc placée chez cette dame comme femme de chambre de sa fille ?

— Oui, monsieur, et heureuse autant que je pouvais l'être. J'assistais même aux leçons que l'institutrice de ma jeune maîtresse lui donnait ; j'ai acquis ainsi quelques connaissances au-dessus de ma position. Je suis restée dans cette maison jusqu'à l'époque où cette demoiselle s'est mariée.

— Pourquoi vous interrompre et soupirer si tristement, mon enfant!

— Hélas! monsieur, de cette époque datent tous mes malheurs.

— Vraiment! et comment cela ?

— Après son mariage, ma jeune maîtresse est partie pour un long voyage avec son mari ; je l'ai accompagnée. Si elle avait toutes les qualités du cœur et de l'esprit, quelques dons extérieurs lui manquaient ; dons fragiles et souvent funestes à ceux qui par hasard les possèdent!

— Vous dites cela, mon enfant, comme si vous faisiez allusion à vous-même ; et certes, sous le rapport de la beauté, peu de personnes sont mieux douées que vous!... Oh! que votre modestie ne s'alarme pas ; ce n'est point là un compliment ; l'on n'en fait guère, lorsque, comme moi, l'on a des cheveux blancs.

— Que vous dirai-je, monsieur ? j'eus le malheur d'être trouvée belle par le mari de ma jeune maîtresse...

— Mon Dieu! que m'apprenez-vous là! Honnête et attachée à votre maîtresse, comme vous deviez l'être, quelle cruelle situation pour vous!

— Si cruelle, monsieur, qu'au bout de trois mois, révoltée des honteuses obsessions dont j'étais l'objet, et surtout désespérée de voir si indignement tromper ma maîtresse, qui, dans son aveuglement, adorait son mari, je la priai de me laisser revenir en France. Très surprise de ce désir, elle m'en demanda instamment le motif, car elle daignait m'être fort attachée.

— Malheureusement, vous ne pouviez l'éclairer : c'eût été lui porter un coup affreux!

— Je n'en aurais jamais eu le courage, monsieur. Aux pressantes questions de ma maîtresse, je répondais avec embarras; je n'ai jamais su mentir.

— Il ne faut que causer avec vous dix minutes pour s'en convaincre, pauvre chère enfant! — dit le Corse en dissimulant de nouveau un sourire sardonique. — Je crains bien que votre maîtresse, se méprenant sur la cause du du congé que vous sollicitiez...

— Hélas! monsieur, je fus accusée de la plus noire ingratitude, car ma maîtresse m'avait plusieurs fois suppliée de rester auprès d'elle. Alors, le bien que l'on m'avait fait, le touchant intérêt dont j'avais été, longtemps l'objet, tout me fut durement reproché. Je fus pour ainsi dire chassée par ma maîtresse... moi, moi qui me sacrifiais à sa tranquillité!

— C'était horrible, chère enfant!

— Je ne pouvais blâmer ma maîtresse : ignorant la cause de mon départ, elle devait me croire un monstre d'ingratitude.

— Et ensuite qu'êtes-vous devenue?

— Le peu d'argent que j'avais économisé m'a servi à payer mon voyage et à vivre à Paris, pendant les premiers temps de mon arrivée, en attendant une place ou quelques travaux d'aiguille et de tapisserie. Me placer... c'était presque impossible; ma maîtresse, irritée, m'avait refusé un certificat. Je pus heureusement trouver un peu d'ouvrage; je vivais donc de mon travail lorsque l'heure de ma perte arriva.

Et Louise tressaillit de tout son corps à ce souvenir.

— Oui, — dit le Corse d'une voix pénétrante, — madame la comtesse m'a dit cela. Séduite, puis indignement abandonnée!... Alors, la tête égarée, perdue, vous avez voulu tuer votre séducteur et...

— Ah! monsieur, pitié! — s'écria Louise en joignant les mains et tournant vers Pietri sa physionomie navrée, suppliante. — Ne me rappelez pas mon déshonneur, mon crime! Mes remords ne me les rappellent que trop souvent!

— Ah! maintenant que je sais votre vie, — dit Pietri d'un ton de commisération profonde, — maintenant que je vous ai entendue raconter vos malheurs avec cet accent de touchante commisération qui va droit au cœur, je comprends le profond intérêt que vous portent madame la comtesse et toutes les personnes qui vous entourent, pauvre chère enfant!

— Hélas! monsieur, la reconnaissance du bien qu'on daigne me faire, ma sincérité dans l'aveu de mes fautes, mes remords de les avoir commises, voilà mes seuls titres à ces bontés dont je voudrais être plus digne.

En disant ces mots de sa voix douce et insinuante, Louise Beaulieu porta de nouveau ses mains à ses yeux remplis de larmes.

Mais le Corse, saisissant presque brutalement les mains de la prisonnière, les lui rabaissa, afin de pouvoir la regarder bien en face; puis il lui dit à voix basse, en souriant d'un air de dédain et de méchanceté :

— Ne feins donc pas de pleurnicher ainsi, effrontée menteuse! hypocrite damnée!... Je te connais, beau masque!... Morbleu! tu n'as perdu aucune de tes qualités infernales!... j'ai voulu m'en assurer... Bravo! ma fille!... Tout autre que moi eût été ta dupe.

XIX.

La prisonnière, en entendant Pietri l'accuser si brusquement de mensonge et d'hypocrisie infâme, parut d'abord frappée de stupeur, comme si elle n'eût rien compris aux paroles du Corse. Puis à la stupeur succéda une expression de douleur navrante, puis enfin l'indignation que cause une accusation outrageante. Aussi, redressant fièrement la tête, la jeune femme s'écria avec amertume :

— Je suis tombée bien bas, mais jamais je ne me suis souillée d'un mensonge, jamais je ne suis descendue jusqu'à l'hypocrisie. Entendez-vous, monsieur!

— Très bien!... Bravo! — reprit Pietri avec son sourire sardonique. — Comme elle est belle ainsi! comme elle a l'air vraiment indigné! comme son accent est sincère!... Et la pantomime donc! c'est sublime! Mais, mauvais démon, tu aurais fait fortune au théâtre, et de plus d'une manière! Comment une fille d'esprit comme toi n'a-t-elle pas débuté dans la comédie, voire même dans le drame? La fameuse madame Dorval ne t'aurait pas été à la cheville!

— Ah! vous pouvez m'insulter impunément, monsieur, — reprit Louise dont les yeux se remplirent de larmes, tandis que sa voix, naguère vibrante de courroux, redevenait d'une douceur angélique; — je suis femme... je suis prisonnière... et condamnée pour un si grand crime que toute accusation contre moi est possible... J'ai l'habitude du malheur, monsieur... je saurai souffrir sans me plaindre.

Et ses larmes coulèrent sur ses joues empourprées par l'émotion.

— Des larmes? — dit le Corse en joignant les mains avec une admiration ironique, — de vraies larmes coulant des yeux?... de la vraie rougeur sur la joue?... On me l'avait dit, je n'y voulais pas croire; elle pâlit, elle rougit, elle s'indigne, elle s'apaise avec une perfection inimitable... Je me rends à l'évidence, je m'incline devant ce talent de premier ordre.

— Monsieur, — s'écria la prisonnière, en se levant calme, digne, presque majestueuse, — je suis condamnée à la prison, non pas à vos insultes.

Et elle se dirigea vers la porte du parloir.

Le Corse la regarda s'éloigner de quelques pas, puis, accompagnant ses paroles d'un geste impérieux, il lui dit :

— Reste là *Louisa Marchetti*!...

A ce nom, la prisonnière surprise perdit sa présence d'esprit habituelle et resta pétrifiée; elle pâlit affreusement; ses traits, jusqu'alors d'une expression céleste, se transfigurèrent; l'ange devenait démon; la rage, la haine contractèrent ces traits, naguère si purs et si doux; ses grands yeux noirs étincelèrent d'un feu sombre; son premier mouvement, presque machinal, fut de jeter rapidement un fauve regard autour d'elle et sur elle-même, comme si elle eût cherché une arme quelconque; puis la réflexion succédant à ce moment d'emportement qui l'avait trahie, sa figure redevint impassible comme un masque de marbre, et après une légère hésitation, elle s'avança de nouveau vers la porte sans regarder Pietri.

— Si tu bouges, — lui dit le Corse, — je révèle qui tu es... Reviens ici et écoute-moi.

La prisonnière s'arrêta, réfléchit, se retourna et revint lentement vers Pietri, en attachant sur lui son noir regard, qui eût épouvanté tout autre que cet homme.

Après l'avoir assez longtemps envisagé comme pour s'assurer qu'elle ne le connaissait pas, elle lui dit d'une voix brève et dure :

— Qui êtes-vous?

— Il ne s'agit pas de moi, mais de toi... Tu t'appelles Louisa Marchetti !

— C'est faux !

— Ce que tu m'as raconté de ta vie passée, ainsi qu'à tant d'autres bonnes âmes, est une histoire comme tu sais les inventer... Ta mère, Paula Marchetti, est morte à Paris ; tu avais alors cinq ans. Une mauvaise femme, voisine de ta mère, te voyant orpheline, t'a élevée, non par compassion, mais pour te vendre un jour ; car tu promettais d'être ce que tu es, belle comme un ange.

— Vous rêvez !!!

— A quatorze ans, l'on t'avait déjà vendue et perdue.

— Ces honnêtes marchés ne sont pas rares, à Paris, — répondit la prisonnière avec une froide amertume ; —vous me confondez avec une autre.

— A quinze ans, tu as été envoyée dans une maison de correction ; là, déjà pervertie jusqu'à la moelle des os, tu as commencé à te livrer à ton grand art de comédienne. Une excellente femme, touchée de ta jeunesse, et séduite par ton hypocrisie diabolique, a demandé de se charger de toi pour t'arracher à l'abîme du vice ; elle t'a comblée, t'a donnée de l'instruction. Tu as une volonté de fer ; tu es très intelligente, tu as profité vite ; au bout de trois ans de séjour chez ta bienfaitrice, tu n'étais plus reconnaissable (au dehors s'entend). Bien des jeunes personnes de bonne famille ne te valaient pas pour l'instruction, le charme et la distinction des manières.

Louisa Marchetti (rendons-lui son véritable nom), malgré son calme apparent et son front aussi impénétrable que l'airain, dévorait Pietri du regard, à la fois stupéfaite et épouvantée de voir sa vie ainsi dévoilée par cet inconnu.

Il poursuivit.

— Ta protectrice avait un fils au collège, plus jeune que toi d'une année ; il avait dix-sept ans ; tu en avais dix-huit. Le temps des vacances arrivé, il les passe chez sa mère, devient amoureux de toi, prend cinq ou six mille francs dans le secrétaire maternel, et une belle nuit vous partez tous deux.

— Mensonge !

— La police vous rattrape bientôt, et tu n'es condamnée qu'à un an de prison, comme complice un peu involontaire, du vol fait par le fils à sa mère.

— Continuez si cela vous plaît !

— A ta sortie de prison, je te perds de vue pendant quelque temps ; mais je te retrouve *baronne*, oui pardieu ! *baronne de Montglas !* menant grand train, citée comme l'une des femmes les plus élégantes de Paris ; le tout, grâce aux prodigalités d'un riche Américain. Tu avais alors pour *conseiller intime* un certain Saint-Lambert, chevalier d'industrie quelque peu filou, et autrefois fort libertin ; on t'enseignait la manière de plumer à vif ton Américain ; tu profitas des leçons, et cet imbécile d'outremer quitta la France complétement ruiné par toi. Malheureusement les Américains ne renaissent pas de leurs cendres comme le phénix. A ton opulence passée commença à succéder la gêne. Ce fut alors, rappelle-toi bien ceci, ce fut alors qu'un ami anonyme te donna charitablement avis d'une excellente occasion qui s'offrait à toi pour remplacer ton Plutus. Il s'agissait de prendre habilement dans tes filets *un général* d'un âge mûr, fort riche, et autrefois fort libertin ; on te conseillait pour entamer la connaissance, d'écrire au général une charmante petite lettre (comme tu les sais écrire), afin de le prier d'honorer d'une visite la fille d'un de ses anciens frères d'armes. Tu avais tout à gagner et rien à risquer que ta vertu. Aussi, à tout hasard, tu suis l'avis anonyme ; la lettre est écrite, le général donne dans le piége, vient te voir et te trouve adorable. Malheureusement,—ajouta le Corse avec un soupir de sinistre regret, — malgré ta beauté, tes séductions, tes coquetteries, le général, au moment de succomber à la tentation, fit le Scipion et resta pur comme la blanche hermine.

— Est-ce bientôt fini ?

— Tout à l'heure. Les derniers débris de ton opulence américaine disparus, tu partis avec ton conseiller intime, Saint-Lambert, pour Bordeaux. Là, vous ouvrez une sorte de tripot de bonne compagnie ; les dupes accourent chez la baronne de Montglas et chez son gentilhomme M. de Saint-Lambert, la pipée commence et devient merveilleusement productive ; mais hélas ! quelques joueurs maladroits, furieux d'avoir perdu beaucoup d'argent, parlent d'escroquerie, de cartes biseautées, tant et si bien qu'un beau soir la police fait une descente chez madame la baronne, et elle est coffrée, tandis que son complice trouve moyen de s'échapper.

— J'ai de la patience, n'est-ce pas ?

— Baronne, tu as toutes les vertus théologales, sans compter les autres. Te voilà donc en prison une troisième fois ; mais ta beauté, ton adresse, ton hypocrisie, ton charme perfide, sont pour toi un puissant talisman. Je ne sais par quel moyen diabolique tu parviens à séduire, à affoler l'une des surveillantes de la prison de Bordeaux, de même que tu as fasciné l'inspectrice qui était ici tout à l'heure. Cette surveillante prépare, favorise ton évasion, et madame la baronne, fuyant de Bordeaux, arrive à Paris sous le nom de Louise de Beaulieu. Alors changement complet de personnage : tu teins tes cheveux blonds en noir, tu loues une petite chambre, et tu y vis en grisette. Bientôt tu t'amouraches d'un jeune commis. C'était cette fois, de ta part, une véritable passion probablement, car au bout de cinq ou six mois de liaison, le commis ayant rompu avec toi pour se marier, tu l'attends un soir à sa porte et tu le frappes de deux coups de couteau. Arrêtée en flagrant délit de meurtre et confrontée aussitôt avec ta victime, tu as l'audace de t'écrier : « J'étais innocente et pure ; cet homme m'a séduite et abandonnée ; je me suis vengée. » Le pauvre diable, quoique à moitié mort, ne te contredit pas, flatté sans doute de passer pour le premier et unique séducteur d'une aussi belle fille que toi ; et prenant sans doute en pitié ta position, il confirme ton mensonge et te donne pour un miracle de vertu avant ta chute. Il n'en faut pas plus pour commencer à égarer la justice ; ta finesse, ta présence d'esprit, ton hypocrisie, achèvent la besogne, et l'on est à cent lieues de penser que la blonde *Louisa Marchetti*, la fausse *baronne de Montglas* échappée de prison, et *la brune grisette Louise Beaulieu* sont une même personne. Arrive le jour de ton jugement ; la déposition bienveillante de ton *séducteur*, la justice qu'il rend à ton désintéressement, à ta fidélité, à ton dévouement pour lui, disposent tes juges à merveille ; tu parais, tu parles, tu pleures, tu émeus, tu charmes, tu passionnes, tu tournes toutes les têtes ; les bons jurés sanglotent, elle sera touchée de votre repentir, et pourra peut-être s'intéresser à vous. » L'inspectrice, qui lit toutes les lettres des prisonniers, t'engage à profiter de l'avis ; tu en profites, te disant sans doute à part toi : » J'ai tenté, il est vrai, de séduire autrefois le mari de la comtesse, le général Roland, mais sous le nom de baronne de Montglas ; la femme du général ne peut donc soupçonner que Louise Beaulieu a le moindre rapport avec la baronne, de qui, d'ailleurs, elle n'a jamais sans doute entendu parler. » L'on te recommande à ma maîtresse, elle cause avec toi, bientôt tu l'as fascinée comme les autres, et aujourd'hui elle va demander ta grâce, certaine de l'obtenir. Te voilà donc graciée, à moins que je ne dise simplement : » Louise Beaulieu n'est autre que Louisa Marchetti, la fausse baronne de Montglas, échappée des prisons de Bordeaux. »

— Est-ce tout, cette fois ?

— A peu près.

— A votre tour : écoutez-moi bien, — reprit la jeune femme en jetant au Corse un regard d'audacieux défi. — Quand même je serais Louisa Marchetti, vous ne me perdriez pas.
— Pourquoi ?
— Si vous aviez voulu me perdre, ce serait déjà fait.
— Peut-être.
— En venant ici, vous pensiez que j'étais celle que vous preniez pour Louisa Marchetti.
— Ah ! tu n'avoues pas encore ?
— Je n'ai rien à avouer.
— C'est très fort.
— Vous n'avez rien dit à l'inspectrice, vous voulez donc mettre un prix à votre silence.
— Ce que c'est que d'avoir affaire à une fille d'esprit !... Eh bien ! oui, je mets un prix à mon silence, c'est-à-dire à ta grâce... Obéis à mes ordres, je presse la comtesse d'agir, dans deux ou trois jours peut-être tu es libre... et avec ta liberté je t'assure un sort digne d'envie.
La prisonnière réfléchit assez longtemps et reprit :
— Si j'étais Louisa...
— Ah ! toujours ?
— Si j'étais Louisa, quelles seraient vos conditions ?
— Elles sont de deux sortes.
— De deux sortes ?
— L'une à accomplir à l'heure même, les autres plus tard.
Louisa Marchetti réfléchit de nouveau et dit froidement :
— Et si, moi, je vous en imposais, des conditions ?
— Baronne, je t'admire !
— Si, lorsque l'inspectrice va venir, je lui disais : » Madame, vous m'avez prévenue tout à l'heure qu'un homme vénérable, qui jouit de toute la confiance de madame la comtesse Roland, ma protectrice, désirait causer avec moi. Cet homme est indigne de la confiance de sa maîtresse.
— Ensuite, baronne ?
» — Il a sans doute quelque ténébreux et coupable intérêt à lui cacher que je suis Louisa Marchetti, car il sait que je m'appelle ainsi et, au lieu de révéler ce secret à sa maîtresse, il veut la tromper, car il me propose de se taire moyennant condition. Pénétrée de reconnaissance pour les bontés de madame la comtesse, je préfère y renoncer, me perdre moi-même par l'aveu que je fais, plutôt que de ne pas démasquer un misérable, un misérable d'autant plus dangereux pour ma bienfaitrice qu'elle a en lui une confiance aveugle. »
— Eh ! eh ! baronne, ce n'est pas mal. Je reconnais ta manière ; tu pourrais tirer encore parti de ton aveu en paraissant te sacrifier pour la comtesse, et l'intéresser ainsi à toi, quoi qu'il arrive... Oh ! tu es une femme de ressources ; ce n'est pas d'aujourd'hui que je le sais. Seulement cette belle petite rouerie pèche par la base.
— Pourquoi ?
— D'abord, tu te perds.
— Mais je vous perds aussi.
— Non, car je nie ce que tu dis.
— Si ; car moi, je l'affirme.
— Toi ! une reprise de justice ! toi ! la fausse baronne de Montglas !... on ne te croira pas..
— Erreur ! l'on me croira d'autant mieux que personne n'admettra que pour le plaisir de mentir je me livre moi-même comme Louisa Marchetti, au moment d'obtenir ma grâce sous le nom de Louise Beaulieu.
Le Corse se mordit les lèvres de rage.
A ce moment, l'inspectrice entra.
La physionomie des deux personnages changea comme par enchantement ; celle de Louisa redevint candide et triste, celle de Pietri pleine de bonhomie.
— Monsieur, — lui dit l'inspectrice en lui remettant un pli sous enveloppe, voici le mémoire à l'appui de la demande en grâce de notre pauvre prisonnière. Veuillez dire à madame la comtesse que M. le directeur, ainsi qu'elle le verra d'ailleurs, a chaleureusement apostillé ce mémoire, et qu'il se joint à moi pour supplier madame la comtesse d'user sans retard de tout son crédit en faveur de notre protégée.

— Soyez assurée, madame, — répondit Pietri, — que madame la comtesse a pris trop à cœur cette affaire pour ne pas la mener à bonne fin...
— Ah ! madame, — dit à l'inspectrice Louisa d'une voix émue et en levant sur elle son regard angélique, — l'on n'emporte jamais de prison que des souvenirs de honte et d'amertume... et moi, grâce à vous et aux personnes qui, ainsi que monsieur, daignent porter tant d'intérêt à ma triste position, je n'emporterai d'ici que des souvenirs de vénération et de reconnaissance.
— Vous l'entendez, monsieur, — reprit l'inspectrice ; — vous avez causé avec elle... trouvez-vous quelque exagération dans tout le bien que je vous ai dit de notre prisonnière ? — Puis souriant elle ajouta : — Vos *profits* ont dû être beaux, j'espère.
— Hélas ! madame, je suis si cupide, si insatiable, que j'oserai vous demander encore quelques minutes de *profit*... Cette chère enfant me racontait sa jeunesse, ses malheurs, et je ne puis vous dire avec quelle émotion je l'écoutais.
— Oh ! qu'à cela ne tienne, monsieur... *Profitez, profitez* à votre aise, — reprit obligeamment l'inspectrice. — Causez avec Louise tant qu'il vous plaira ; elle aura ses profits à son tour, car l'entretien des personnes honorables est toujours précieux. Lorsque vous voudrez sortir, monsieur, vous vous adresserez au gardien qui se trouve dans la pièce d'entrée, et qui attend Louise pour la reconduire dans sa cellule.
L'inspectrice sortit.
Le Corse et Louisa restèrent de nouveau seuls.

XX.

Pietri, resté seul avec Louisa Marchetti, lui dit :
— Ta menace de me perdre en te perdant avait un côté spécieux ; il m'a d'abord inquiété. Tu le vois... je suis franc... Mais toute réflexion faite, je n'ai rien à craindre de toi.
— Ah ! vous croyez ?
— Oui, baronne. Sais-tu pourquoi je ne révèle ni à l'inspectrice, ni à mon excellente maîtresse, que tu es Louisa Marchetti ?
— Pour quelque détestable motif. J'ai de l'expérience... Et rien qu'à votre air... je ne crois pas avoir rencontré un homme plus dangereux que vous. Je ne sais pourquoi j'aurais de la joie à vous perdre en me perdant... Vous le voyez, moi aussi je suis franche.
— C'est touchant, baronne, mais peu concluant, tu vas le voir.
— Voyons.
— Tu avertis, je suppose, l'inspectrice que j'ai caché à ma maîtresse que tu étais Louisa Marchetti.
— Oui ; comment vous tirer de là ?
— En disant vrai, comme toujours.
— En disant vrai ?
— Sans doute, baronne. Révéler à ma maîtresse qui tu es, lui prouver qu'elle a été dupe de son adorable bonté et de ton infernale hypocrisie... ça aurait été lui porter un coup trop cruel. C'est peut-être une faiblesse de ma part, — ajouta Pietri en reprenant son accent de feinte bonhomie, — mais je n'ai pas eu le courage de causer une si pénible déception à ma digne maîtresse : telle est la vérité, telle je la dirais si tu étais assez folle pour te dénoncer toi-même... en croyant me perdre...
Louisa Marchetti se mordit les lèvres à son tour et reprit :
— C'est adroit !
— Eh ! mon Dieu non ! — reprit le Corse en redoublant de bonhomie ; — ce n'est pas adroit, c'est tout simplement sincère. Va, crois-moi, pauvre enfant, le parti de la sincérité est toujours le meilleur à prendre.
— De sorte que vous ne me menacez plus ?

— Moi ! grand Dieu !
— Vous ne mettez plus de conditions à votre silence ?
— Si fait, si fait... chère bonne créature ! Il ne s'agit pas seulement de vous grâcier, il faut encore s'occuper de votre avenir, l'assurer, ne pas vous exposer à retomber dans d'autres égaremens, angélique personne ! Or, je vous l'avoue, malgré ma vive répugnance à désillusionner ma vénérable maîtresse sur votre compte, j'aurais, voyez-vous, ce courage, si, méconnaissant vos propres intérêts, vous vous refusiez à accomplir certaines conditions que je dois, hélas ! vous imposer dans le seul but de vous préserver de nouveaux malheurs.

Louisa Marchetti, pendant que le Corse parlait ainsi, attachait sur lui un regard pénétrant; elle lui dit après quelques instans de silence :
— Assurément vous êtes un scélérat ! Dieu me damne ! je crois valoir encore mieux que vous !
— Ah ! baronne... ce n'est pas modeste ce que vous dites-là.
— Mais quel est donc ce démon ?—ajouta Louisa, comme en se parlant à elle-même. — D'où vient-il ? comment sait-il le secret de toute ma vie ?... que veut-il de moi ?
— L'heure des confidences n'est pas encore venue, baronne... Mais, réponds-moi. Ta mère...
— Ma mère ! — dit vivement la prisonnière en tressaillant.
— T'en souviens-tu, de ta mère ? — reprit Pietri.—Elle a bien souffert, n'est-ce pas ?

Une expression indéfinissable se peignit soudain sur les traits de Louisa ; étrange mélange de douleur, de haine et d'attendrissement ! Cette femme, endurcie par le vice, rompue au mensonge et à l'hypocrisie, était cette fois en proie à une émotion profonde. Elle ne pleura pas; mais ses noirs sourcils se froncèrent, ses lèvres furent pendant un instant agitées d'un tremblement convulsif, et sa poitrine de marbre se souleva péniblement, oppressée par un poids douloureux.
— Tu ne réponds pas ? — reprit le Corse ; et il ajouta avec un rire sinistre :
— Ah ! ah ! ah ! ta mère !... elle a dû mourir ivre de fureur, si elle a bu toutes les larmes de honte et de désespoir qu'elle a versées !

A cet horrible sarcasme, Louisa devint livide; ses yeux déjà si grands s'agrandirent encore, de sorte qu'un cercle blanc se dessinait autour de ses noires prunelles ; ses dents se serrèrent si convulsivement que l'on vit saillir les muscles de ses mâchoires; son silence, sa physionomie redoutable, le regard fixe, terrible qu'elle jeta sur Pietri, en faisant lentement deux pas vers lui, furent si effrayans, que cet homme au cœur de bronze recula machinalement, mais pas assez vite, pour que la violente et robuste créature, bondissant soudain sur lui comme une panthère, ne le saisît à la gorge. Quoique belles et blanches, les deux mains de la prisonnière étreignirent si énergiquement le cou de Pietri qu'il ne put prononcer un mot ni pousser un cri... Il suffoquait.
— Misérable lâche ! — murmura Louisa Marchetti, — oseras-tu encore te railler de ma mère et de ses souffrances ?

Le Corse, affaibli par l'âge et hors d'état de lutter avec la prisonnière, dont la colère doublait les forces, tâcha de répondre à la question qui lui était posée, en faisant un signe de tête négatif, car il avait le cou pris et serré comme dans un étau.
— Prends garde, — dit Louisa en le repoussant loin d'elle avec un sombre dédain,— je t'étrangle ou je te brise la tête à coups de chaise si tu oses encore prononcer le nom de ma mère.

Et pendant que Pietri, à demi suffoqué, reprenait en trébuchant son équilibre et rajustait sa cravate, Louisa se laissa tomber par accablement sur une chaise, cacha sa figure entre ses mains, et quelques larmes... de vraies larmes cette fois, mouillèrent ses yeux enflammés de courroux.

Le Corse, revenu de son premier étourdissement, causé par la brusque attaque de la prisonnière, ne parut pas irrité ; loin de là : une sorte de satisfaction sinistre se lut sur son visage, et, se rapprochant de la jeune femme, il lui dit, toujours impassible et sardonique :
— Louisa... tu as failli m'étrangler... Je te sais gré, non de l'acte, mais du motif... Mes paroles te semblent étranges... Bientôt peut-être tu les comprendras.

La prisonnière, absorbée dans de sombres pensées, ne répondit rien. Voulant apaiser Louisa, non par compassion (il était un de ces monomanes de haine et de vengeance aussi insensibles aux larmes que le serait un roc), mais pour la réussite de ses projets, le Corse lui dit :
— Allons, ma fille, ne me crois pas si diable que j'en ai l'air... Je plaisantais. Au fond, je n'ai voulu insulter ni aux souffrances de ta mère ni aux tiennes... car, avant d'arriver où tu en es, à une condamnation pour meurtre, tu as dû beaucoup souffrir... Tu n'étais sans doute pas née mauvaise... mais que veux-tu ? la misère, le vice où l'on t'a jetée presque enfant, plus tard la vie de prison et de bohême à laquelle sont vouées tes pareilles.. tout cela, ma fille, n'est pas absolument fait pour vous donner des habitudes de rosière et des prétentions au prix de vertu.

Louisa Marchetti avait gardé le silence, tenant toujours sa figure entre ses deux mains. Aux dernières paroles de Pietri, elle releva la tête ; ses traits n'exprimaient plus ni douleur ni colère ; elle avait un instant senti se réveiller en elle ce sentiment presque toujours vivace, même au fond des âmes les plus criminelles, — *l'amour filial*. — L'indignation causée chez cette jeune femme par les sarcasmes de Pietri, s'apaisa après avoir éclaté avec furie. Aussi, pendant le reste de l'entretien, ses traits reprirent le caractère d'effrayant endurcissement qui leur était habituel lorsqu'elle déposait son masque d'hypocrisie.

Louisa, partant alors d'un éclat de rire sardonique, dit au Corse :
— Tu veux, n'est-ce pas, me faire jouer encore une scène d'*ange déchu* ? m'entendre larmoyer comme quoi : sans la fatalité qui s'est appesantie sur moi depuis ma naissance, — ajouta-t-elle avec ironie et d'un ton mélodramatique, — je serais à cette heure *sœur du pot* ou le modèle des mères de famille !... Allons donc, vieux damné ! tu rirais trop !...
— Non baronne, non ; si la farce était bien jouée, j'applaudirais.
— Soit, mais moi, j'ai mes caprices, comme les grandes comédiennes : aujourd'hui, je n'ai pas envie de jouer ce rôle-là. Résumons-nous ; vous êtes mon maître en scélératesse ; folle je serais de lutter contre vous ; mon secret est à vous ; pour que vous ne le trahissiez pas, que faut-il faire ? Ordonnez, j'obéirai.
— A la bonne heure ! voilà parler, ma fille ; écoute donc mes conditions.
— Quelles sont-elles ?
— Tu dois avoir... un extrait de naissance ?
— Oui.
— Où est-il ?
— En sûreté avec d'autres papiers.
— Je comprends... saisi sur toi, cet acte prouverait ton identité.
— Evidemment.
— Eh bien ! cet acte de naissance, il me le faut...
— Qu'en voulez-vous faire ?
— Tu es trop curieuse, baronne... il me faut cet acte sans explication ni condition.
— Cet acte se trouve chez mon ancien associé de Bordeaux.
— Ah ! oui, Saint-Lambert... ton ancien amant.
— Saint-Lambert ? il n'a jamais été mon amant.
— Lucrèce, va !
— Pourquoi mentirais-je ?
— Au fait... c'est vrai... Cependant, ce conseiller intime ?
Louisa haussa les épaules et reprit :
— Un associé ou un conseiller, s'il est amoureux, con

seille mal : il devient jaloux, tracassier, et, comme l'amour ne dure pas, le dépit, souvent la haine, lui succèdent; alors, tout ou tard, les plus graves intérêts se trouvent compromis.

— Tu es une femme de tête. Ainsi, vraiment, le Lambert, te voyant si belle, a accepté cette association platonique?

— Saint-Lambert est un homme d'esprit et d'affaires : il m'a comprise.

— Cela me donne une haute opinion de ce garçon. Et où le trouverai-je?

— Vous connaissez la rue de Marivaux?
— Oui.
— Il y a dans cette rue un estaminet.
— Celui de la *Grosse-Pipe*.
— Vous y allez donc?
— Une fois je m'y suis rendu pour acheter une loge des Italiens à des revendeurs de billets.
— C'est cela même; alors vous aurez vu Saint-Lambert.
— Comment! il serait un des négocians en coupons de loge?
— Il est leur syndic.
— Tu mens, baronne; le syndic de ces industriels est un certain Morisset, dit *Alcide*, professeur de bâton, de boxe française et autres exercices; j'ai eu par hasard ces détails à l'estaminet de la *Grosse-Pipe*, pendant que ces messieurs les négocians étaient allés chercher le coupon de loge chez un confrère.
— Morisset dit *Alcide* ou Saint-Lambert, c'est tout un. Mais ses camarades l'ignorent, car ces gens sont honnêtes, et ils n'auraient pas voulu pour syndic un homme tel que mon ancien associé.
— Comment, baronne, ce Saint-Lambert autrefois si brillant...
— Et moi donc!... n'ai-je pas été brillante aussi? La chance tourne, on tourne avec la roue de fortune, en tâchant seulement de n'être pas écrasée.
— Je m'incline, baronne, devant ta philosophie; mais comment prouverais-je à Saint-Lambert que je suis autorisé par toi à demander ton acte de naissance?
— Avez-vous un portefeuille, un crayon?
— Voici, — dit Pietri en tirant ces objets de sa poche et en détachant un feuillet du carnet.

Louisa prit ce papier et dit, tout en écrivant :
— Deux mots de moi à Saint-Lambert. Il connaît mon écriture; vous lui direz que vous m'avez vue, moi Louisa Marchetti; il comprendra à demi-mot. Cependant,—ajouta la prisonnière en s'interrompant d'écrire, —cependant...
— A quoi réfléchis-tu?
— Je ne m'abuse pas : mon sort est entre vos mains; il tient d'abord à la remise de cet acte de naissance.
— Première condition indispensable.
— Je songe qu'il pourrait arriver que Saint-Lambert, par excès de prudence ou par d'autres motifs que je sais, vous refusât cet acte.
— Alors, notre trêve est rompue, je te dénonce.
— Ecoutez-moi donc! je veux vous donner, en cas de refus de Saint-Lambert, le moyen de lui forcer la main... Après tout, qu'il s'arrange! Ma liberté avant tout.
— Parbleu!... et ce moyen?
— C'est de vous dire son véritable nom.
— Comment! son nom? mais je le sais, c'est Saint-Lambert.
— Saint-Lambert n'est pas plus son nom que celui de Louise Beaulieu et de baronne de Montglas ne sont les miens.
— Ah! il ne s'appelle ni Saint-Lambert ni Morisset! Il a donc comme toi, ma fille, un intérêt, judiciaire sans doute, à cacher son vrai nom? Quelle similitude, quelle sympathie dans vos destinées! Pauvres enfans! vous étiez nés l'un pour l'autre. Et ce nom de Saint-Lambert est son vrai nom cette fois?
— Il s'appelle *Delmare*.

A cette révélation, Pietri bondit, si cela se peut dire, sur

LE SIÈCLE. — XII.

lui-même; il pâlit, rougit tour à tour; une sorte de vertige s'empara de lui; il leva au ciel ses mains tremblantes, sans prononcer une parole; la sueur coulait de son front; ses traits enfin révélaient une joie tellement profonde, inattendue et féroce, que Louisa, stupéfaite de ce silence et de cette étrange émotion, s'écria :

— Qu'avez-vous? Qu'avez-vous donc?
— Ah! — reprit le Corse en proie à une sorte de délire et attachant ses yeux ardens sur la prisonnière, — ah! cela serait trop beau!... Non, c'est impossible, il ne s'appelle pas Delmare... tu me flattes!
— Moi, je vous flatte?

Puis, passant ses deux mains sur son front, comme s'il eût été frappé d'une idée subite, le Corse s'écria d'un ton interrogatif presque suppliant :

— Louisa! avoue que cet homme a été ton amant.
— Je vous ai dit que non.
— Louisa, je t'en conjure, dis la vérité : cet homme a été ton amant?
— Non, non, cent fois non!
— Tu mens! — s'écria le Corse, effrayant et saisissant violemment la prisonnière par le bras, — tu mens, malheureuse!
— Vous êtes fou!
— Si tu ne m'avoues pas cela, je te dénonce!
— Comme vous voudrez. En ce cas, je vous dirai oui. Qu'est-ce que cela me fait à moi?
— Mais cela me fait, à moi! Mais je donnerais pour cela, vois-tu, là, presque tous les jours qui me restent à vivre!... Louisa, je t'en supplie à mains jointes, dis-moi la vérité; non pas une vérité de complaisance, arrachée par la peur; mais la vérité vraie; Louisa, — et il joignit les mains avec force, — la vérité! la vérité!
— Je vous l'ai dite. Saint-Lambert n'a jamais été mon amant.
— Tu dis cela... mais...
— Voulez-vous que je mente? Je mentirai...
— Oh! mon Dieu! mon Dieu! — murmura le Corse d'une voix désespérée, tandis que ses yeux se remplirent de larmes brûlantes. — Ni le général ni lui, ni le père ni le frère... lorsque tout semblait devoir...

Et, s'interrompant, il ajouta avec une secrète et involontaire épouvante : — Il faut donc qu'il y ait un Dieu qui n'ait pas voulu cela!

Puis ce monstre, assailli d'une autre appréhension, ajouta en frémissant :

— Mais ce nom de Delmare est un nom que portent beaucoup de personnes... Si ce n'était pas mon Delmare à moi!!... Si je perdais l'instrument qu'un hasard vengeur vient de mettre entre mes mains, et dont je pourrais encore tirer un si grand parti!

Et s'adressant à Louisa d'une voix saccadée :
— Son âge?
— A qui?
— A ce Delmare?
— Vingt-sept à vingt-huit ans.
— Quant à l'âge, ce serait cela, — dit le Corse en réfléchissant. — Et sa famille?
— Tout ce que j'en sais, c'est qu'il a été orphelin de bonne heure.
— Ce doit être lui pourtant! Mais son père, comment est-il mort?
— Je n'en sais rien. Jamais Saint-Lambert ne m'a parlé que très vaguement de sa famille.
— Louisa, je te quitte, — reprit le Corse en proie à une indicible anxiété. — Ton intérêt me répond de ta discrétion. Les autres conditions que je mets à ta grâce, tu les sauras. Demain je reviendrai ici, et si mon désir ne me trompe pas, ces conditions, tu les accepteras avec joie... avec joie, entends-tu, Louisa!... oui, avec une joie féroce, car il s'agira de venger ta mère!

Ces derniers mots, le Corse les jeta pour ainsi dire à Louisa, en quittant précipitamment le parloir pour se rendre à l'estaminet de la rue de Marivaux.

DEUXIÈME PARTIE.

XXI.

L'estaminet de la *Grosse-Pipe*, situé vers le milieu de la rue de *Marivaux*, avait au dehors une physionomie assez douteuse; les carreaux, intérieurement enduits de blanc d'Espagne, empêchaient les regards curieux de pénétrer dans l'intérieur de l'établissement; une énorme pipe en plâtre, située au-dessus de la porte, servait d'enseigne,

A peu près à l'heure à laquelle Pietri sortait de la prison de *Saint-Lazare*, un conciliabule animé se tenait dans un cabinet au fond de l'estaminet, cabinet spécialement réservé aux courtiers de billets de spectacle et de coupons de loge, dont nous avons parlé.

Un bol de vin chaud venait d'être placé, fumant encore, sur une petite table, par un des garçons; les huit ou dix hommes réunis dans le cabinet s'attablèrent autour de ce bol.

L'un d'entre eux semblait jouir d'une sorte d'influence sur ses compagnons; c'était un homme de quarante ans environ, d'une figure intelligente et résolue; il se nommait *Duraton*.

— Il est bien entendu,—dit-il au garçon,—que si Morisset vient et qu'il nous demande, vous lui direz que nul de nous n'est encore arrivé.

— Oui, monsieur Duraton, — répondit le garçon.

Et il sortit.

Duraton servit aux assistans une *tournée* de vin chaud, et aussitôt après le départ du garçon, l'entretien suivant commença :

DURATON, d'une voix solennelle.

Mes bons vieux! je vais vous dire pourquoi je vous ai convoqués ce matin, et aussi pourquoi j'ai recommandé au garçon, dans le cas où Morisset viendrait à l'estaminet pendant que nous allons causer, de dire à notre *syndic* qu'aucun de nous n'était encore arrivé.

UN DES BUVEURS DE VIN CHAUD.

A la bonne heure! Mais si Morisset s'aperçoit qu'on lui a monté une couleur, il se vexera, et comme il n'est pas caressant du tout quand il est vexé, je crains...

DURATON.

De quoi! de quoi! Que crains-tu? Est-ce que par hasard Morisset serait notre despote, notre pacha, parce que nous l'avons choisi pour notre syndic? S'il se vexe, eh bien! il se dévexera, voilà tout!

PLUSIEURS BUVEURS.

Tiens, c'est vrai, parbleu ! Faut-il pas prendre des mitaines !

AUTRE BUVEUR.

D'autant plus que depuis quelque temps Morisset prend des airs d'*empereur de toutes les Russies*! qui sont très drôles, parole d'honneur !

AUTRE BUVEUR.

Et j'ai remarqué qu'il prend surtout ces airs-là quand on lui demande des comptes.

DURATON.

C'est justement de cela, mes bons vieux, que je veux vous entretenir, et d'autres choses encore. Vous savez pourquoi vous avez choisi Morisset pour syndic. Il nous avait été présenté par Jolibois, qui nous répondait de lui. Nous l'avons vu à l'œuvre ; il a un bagou d'enfer, il est très bel homme, il a de superbes manières, et quand il faut aller chez les locataires des loges d'*Opéra* ou des *Italiens* qui désirent céder leurs coupons, faut être juste, Morisset représente très bien ; il les entortille et fait crânement nos affaires... C'est une justice à lui rendre.

UN BUVEUR.

Morisset est aussi très fort pour aller dans les beaux hôtels garnis proposer des stalles d'Opéra aux *mylords* ou aux riches jobards de province pour des représentations soi-disant extraordinaires... Quelles histoires atroces il leur fait avaler !...

AUTRE BUVEUR.

Vous rappelez-vous ce gros Anglais à qui Morisset a fait payer une stalle d'opéra quarante francs, sous le prétexte que *Fanny Ellsler* en avait parié cent mille avec l'ambassadeur du Grand-Turc qu'à cette représentation-là elle danserait sans maillot?

AUTRE BUVEUR.

Et ce beau-fils de province à qui Morisset a vendu une salle des Italiens cinquante francs, en lui disant que cette stalle était au bas de la loge d'une duchesse très passionnée qui s'enflammait comme l'amadou, et que mon jobard pouvait être sûr de donner dans l'œil à la duchesse en prenant cette stalle et en ayant soin de se faire friser à la *Buridan*, de porter une cravate jonquille et beaucoup d'eau de lavande dans son mouchoir?

AUTRE BUVEUR.

Et qui est-ce que mon jobard de provincial a vu entrer à la place de cette gaillarde de duchesse? Ce vieux Persan qui ressemble à un citron ridé, coiffé d'un bonnet de peau de mouton noir.

DURATON.

Mes vieux, je vous le répète, je rends un pieux hommage au bagou de Morisset ; tout ça c'est du commerce ; c'est comme les marchands de bric-à-brac, qui vous vendraient, si vous y teniez, la culotte du roi Dagobert, ou qui vous passent de vieilles croûtes pour de superbes Raphaël. Tant pis pour les simples ! Nous ne forçons pas de prendre nos coupons de loge. Seulement nous parons notre marchandise le mieux possible ; il n'y a pas de mal à cela.

PLUSIEURS VOIX.

Parbleu, nous faisons comme tant d'autres, donc !

DURATON.

Nous sommes dans notre droit ; mais pour nous, mes pauvres vieux, comme pour tous les braves garçons, un filou est un filou, un voleur est un voleur, n'est-ce pas ?

PLUSIEURS BUVEURS.

C'est connu ! nous ne mangeons pas de ce pain-là, nous autres !...

DURATON.

Jamais ! C'est pour cela que si le syndic que nous avons choisi était, par exemple, une franche canaille, d'aucuns pourraient juger de nous par lui, et dire : « S'il a été élu syndic, c'est qu'il est le plus canaille de la bande. » Est-ce vrai ?

UN BUVEUR.

Ah çà ! est-ce que c'est pour Morisset que tu dis cela, Duraton ?

DURATON.

Mes pauvres vieux, je crains bien que oui...

UN BUVEUR.

Ah bah !

AUTRE BUVEUR.

Comment, tu crois que Morisset est un filou, un voleur ?

AUTRE BUVEUR.

Sans le taxer aussi haut, je dois dire que l'autre soir je lui ai demandé compte de la recette du jour, ce à quoi il m'a répondu par ces chiffres peu satisfaisants : — « Quand » tu voudras, mon petit, je suis ton homme, à l'épée, au » bâton ou au chausson. »

AUTRE BUVEUR.

Le fait est que, parce que Morisset prétend qu'il est professeur de savate à l'école polytechnique, et qu'il a été reçu prévôt d'armes par le *bourreau des crânes*, il vous provoque pour un rien. Mais qu'est-ce que tu sais donc sur lui, Duraton ?

DURATON.

D'abord, mes vieux, il paraîtrait qu'il ne s'appelle pas Morisset...

PLUSIEURS BUVEURS.

Tiens, tiens, tiens, vraiment ! pourquoi donc cache-t-il son nom, alors ?

DURATON.

Voilà ! Or, vous m'avouerez qu'un particulier qui est obligé de cacher son vrai nom ne doit pas sortir d'une vie d'une très grande propreté ni d'une entière blancheur.

UN BUVEUR.

C'est vrai. Et quel est donc le nom de Morisset ?

DURATON.

On m'a affirmé qu'il s'appelait *M. de Saint-Lambert*.

UN BUVEUR.

Fichtre !... un noble !

AUTRE BUVEUR.

Ça expliquerait ses belles manières. Mais comment as-tu découvert le pot aux roses, Duraton ?

DURATON.

Vous savez qu'il y a trois jours, lorsqu'on a joué ici la dernière queue d'honneur, Justin, le sous-chef de claque de l'Opéra, nous a amené un de ses amis de Bordeaux.

UN BUVEUR.

Ah ! oui, un Bordelais, un noiraud qui *gassécônne*.

DURATON.

C'est ça même. Or, Morisset, de première force au billard, a gagné cette queue d'honneur, qu'il a même manqué de casser sur la boule d'un respectable vieillard faisant partie de la galerie, parce qu'il avait dit son avis sur un carambolage douteux. Pendant la partie, je voyais le Bordelais regarder, dévisager Morisset, tant et si bien que je dis à Justin : « Engage ton ami à ne pas ainsi dévisager notre syn- » dic : il n'est pas endurant ; ça pourrait causer du bruit. » Ce matin, Justin vint me voir et me dit : « Je viens te ren- » dre service, à toi et aux amis. Sais-tu pourquoi ce Borde- » lais, que j'ai amené ici avant-hier soir, regardait toujours » votre syndic ? — Non. — C'est qu'il croyait le reconnaître, » et il l'a en effet reconnu pour un certain M. Saint-Lam- » bert, qu'il a vu à Bordeaux, où il tenait un *biribi* de la » haute société, avec une baronne de hasard, belle comme » un ange, et coquine finie. Or, ils ont tant filouté et volé » au jeu, qu'un soir la police a fait une descente dans le » biribi ; la baronne a été pincée, mais le Saint-Lambert a » pu filer. »

PLUSIEURS BUVEURS.

Notre syndic est alors tout bonnement un escroc ?

DURATON.

Minute, mes pauvres vieux ; s'il n'était que cela... ce serait déjà très gentil, n'est-ce pas ? mais je crains qu'il ne soit mieux gradé encore.

UN BUVEUR.

C'est donc un vrai voleur ? Merci du syndic !

DURATON.

Le Bordelais a dit à Justin que lorsque Saint-Lambert avait échappé à la police de Bordeaux, il était recherché pour un crime de faux, commis il y avait plusieurs années, sous un autre nom que celui de Saint-Lambert.

UN BUVEUR.

Ah çà ! ce brigand-là a donc autant de noms que le calendrier !

AUTRES BUVEURS.

Un voleur, un faussaire ! notre syndic !... Un repris de justice !... Mais il faut le dégommer, et plus vite que ça !

AUTRE VOIX.

Ce serait nous déshonorer que de le garder parmi nous.

DURATON.

C'est pour cela, mes bons vieux, que je vous ai donné rendez-vous ce matin. D'abord, ce n'est déjà pas d'aujourd'hui que nous nous sommes aperçus que Saint-Lambert, dit Morisset, nous carottait.

UN BUVEUR.

Parbleu ! depuis quelque temps, il nous renvoie toujours aux calendes grecques, quand on lui demande de mettre, comme nous, son gain à la masse, pour la partager ensuite entre tous, selon nos conventions.

PLUSIEURS BUVEURS.

C'est un brigand ! C'est jugé. Il faut lui défendre de remettre les pieds à l'estaminet.

DURATON.

Minute, mes bons vieux ! il ne faut pourtant pas condamner les gens sans les entendre. Le bordelais affirme que Morisset est une franche canaille ; ce garçon n'a aucun intérêt à mentir, c'est vrai, mais enfin il peut se tromper.

UNE VOIX.

A la rigueur, ça peut être.

DURATON.

Voilà donc quel serait mon avis, mes bons vieux : Morisset va venir, comme à l'ordinaire, prendre son absinthe, et faire sa partie de billard, avant dîner ; faisons-le appeler ici, demandons-lui d'abord nos comptes sans tergiverser, et puis nous lui dirons : « Morisset, on nous a raconté telle

» et telle chose de toi ; si ces choses sont vraies, tu vas
» nous faire l'amitié de laisser là ton syndicat et de ne
» plus remettre les pieds dans notre estaminet ; nous te le
» défendons. Si, au contraire, ce qu'on te reproche est
» faux... »

UN BUVEUR.

Parbleu !... il dira que c'est faux...

DURATON.

Minute, mes bons vieux, minute ! Vous sentez bien que nous serions simples comme des jobards qui achètent des places de *vingt-septième tabouret* dans le couloir des *troisièmes* pour une représentation à bénéfice, si nous nous contentions de la parole de Morisset. Oh ! oh ! pas si *actionnaire !* j'ai prévu le coup de temps.

UN BUVEUR.

Et comment feras-tu ? Car enfin si Morisset nie la chose...

DURATON.

S'il nie la chose, je lui dirai : « Morisset, tu prétends,
» n'est-ce pas, que tu n'as rien sur la conscience, que tu
» t'es toujours appelé Morisset ? eh bien ! moi, je vais te
» donner un moyen bien simple de nous convaincre et de
» faire taire les mauvaises langues... »
A ce moment, le garçon qui a servi le bol de vin chaud entre précipitamment et l'air affairé.

DURATON, *au garçon*.

Eh bien ! Armand, qu'est-ce qu'il y a ?

LE GARÇON.

Messieurs... ah ! messieurs !... c'est M. Morisset !... il vient d'entrer dans l'estaminet !.. Ah ! messieurs !

DURATON.

Achevez donc ! vous avez l'air tout ahuri !

LE GARÇON.

C'est que M. Morisset...

DURATON.

Eh bien ! M. Morisset ?

LE GARÇON.

D'abord il a l'air très lancé... vous savez ? il a son chapeau en arrière, et il fait le grand moulinet avec sa canne.

UN BUVEUR.

Oh ! alors, s'il fait le grand moulinet... ça y est, Morisset est paf !

LE GARÇON.

Si paf ! qu'en moulinant il a quasi enlevé la planche d'un journal qu'un vieux monsieur à cheveux blancs lisait à une table, là, tout près, derrière la porte vitrée du cabinet où vous êtes. Mon bourgeois ayant prié très honnêtement M. Morisset de faire attention, M. Morisset l'a envoyé à tous les diables ; car, en outre qu'il est paf ! il a l'air de jouir d'une humeur de dogue pour le quart d'heure.

DURATON.

Après ? Est-ce que vous avez peur qu'il vous mange, et nous aussi ?

LE GARÇON.

Non, messieurs, mais...
Le garçon ne put achever, car l'on entendit au dehors du cabinet le bruit d'une altercation assez violente, et presque au même instant une voix enrouée qui disait :
— Je veux voir, moi, s'il est vrai que les amis ne sont pas là !
Et la porte s'étant brusquement ouverte, Delmare, *dit* Saint-Lambert, *dit* Morisset, entra dans le cabinet où ses camarades se trouvaient alors réunis.

XXII.

Adalbert Delmare (rendons-lui son véritable nom) avait alors environ vingt-sept ans, car vingt-deux ans s'étaient passés depuis que le délicieux enfant à figure rose et à cheveux blonds avait un jour, sur le boulevard de Gand, attiré par la gentillesse de son babil l'attention de madame de Bourgueil et de son mari.

Vingt-deux ans s'étaient passés, et l'innocent enfant, élevé dans le luxe, choyé, gâté, idolâtré par sa mère et par M. Delmare, était devenu, après des traverses sans nombre, syndic des marchands de billets de spectacle, et allait sans doute, en raison de ses déplorables antécédens, être expulsé de cette *société commerciale*.

Les traits de Delmare, qui offraient une ressemblance remarquable avec ceux du général Roland, étaient beaux, mais déjà flétris par les excès. Le vice, la débauche, les avaient marquée de leur empreinte ineffaçable. Vêtu avec une sorte d'élégance, grand et svelte, robuste et intrépide, son attitude provocante disait assez qu'il avait conscience de sa force et de son adresse dans les exercices de corps, où il excellait. Souvent à bout de ressources, il avait profité de sa supériorité de gladiateur pour gagner quelque argent. Tout dans cet homme offrait le type affligeant de cette lente et successive dégradation morale et physique qui altère l'âme comme le corps. Ses yeux rougis, ses joues plombées, et surtout sa bouche aux coins abaissés et la lèvre inférieure un peu tombante, donnaient à ses traits, primitivement beaux et distingués, une expression basse et cynique. Sa voix, autrefois douce et mâle, était devenue rauque et enrouée par l'abus des liqueurs fortes.

Lorsque Delmare entra dans le cabinet où se trouvaient réunis ses associés, il avait son chapeau sur la tête, une main dans la poche de son vaste pantalon plissé, et de son autre main il traînait sur ses talons une lourde canne plombée.

Le garçon de l'estaminet et son patron, peu soucieux d'assister à la scène qui allait se passer entre les habitués et leur syndic, se retirèrent et fermèrent la porte, de peur que le bruit probable d'une discussion orageuse n'arrivât aux oreilles des autres consommateurs de l'établissement.

Delmare était trop fin, trop pénétrant, pour ne pas remarquer, malgré son état de demi-ivresse, que sa présence inattendue embarrassait et intimidait ses associés. Leurs figures révélaient une malveillance contenue. Duraton seul, calme, résolu, semblait très décidé à ne pas se laisser imposer par les habitudes autocratiques du syndic ; aussi une sorte d'accord tacite et unanime parmi les associés laissa la question se poser et se débattre entre Delmare et Duraton.

Après un moment de silence, Delmare, voyant sur la table le bol de vin chaud non complètement épuisé, déposa son cigarre, se servit lui-même un verre de ce breuvage, et le but lentement au milieu du glacial et profond silence de ses associés. Après quoi, faisant claquer sa langue contre son palais, il reprit son cigarre, dont il aspira plusieurs fois vivement la fumée afin de le raviver.

— Il paraît, — lui dit Duraton, — que tu trouves notre vin bon ?

— Pas mauvais !... mais ce que je trouve mauvais, et très mauvais, — reprit Delmare en promenant sur la réunion un regard menaçant, — c'est qu'on ait l'air de se cacher de moi, c'est qu'on me fasse dire par le garçon qu'il n'y a personne ici, lorsque vous y êtes tous.

— Comme la volonté de tous est supérieure à la volonté d'un seul, — dit froidement Duraton, — il nous a plu de nous réunir sans toi...

— Ah bah ! — reprit Delmare en éclatant de rire. — Il

paraît que nous donnons dans la réforme électorale, et que nous ne respectons plus l'autorité?...

— Si l'autorité ne nous va plus, — dit Duraton, — pourquoi pas la démolir?

— Une insurrection... contre votre syndic? — reprit Delmare en redoublant d'hilarité; — c'est drôle!

— Drôle? — dit Duraton; — peut-être.

— Ah çà! — reprit Delmare avec un dédaigneux ricanement, — faudra donc que j'appelle à moi *ma garde municipale*?

— Comprends pas, — fit Duraton.

— Comprends-tu? — fit Delmare en mettant sa grosse canne sur la table.

Un frémissement d'indignation courut parmi les associés; les plus timides même étaient prêts à se rebeller contre cette insolente menace; mais Duraton, les calmant du regard et du geste, continua :

— Tu sens bien, mon bonhomme, que nous ne sommes pas des cadets à se laisser mener au bâton; nous t'avons choisi pour syndic, mais nous pouvons te dégommer quand ça nous plaira.

— Vraiment?... Eh bien, essayez!

— Ainsi, tu resterais notre syndic malgré nous?

— Pardieu!

— Tu es fou!

— Ecoutez-moi, — dit Delmare d'une voix lente et les sourcils froncés, — je déclare ici que celui que vous auriez le malheur de nommer syndic à ma place, et qui aurait le front d'accepter, aurait affaire à moi!... et rudement!... et crânement! Avis aux amateurs, s'il y en a, et je ne le crois pas.

— Très bien, mon bonhomme, tu nous fait figer la moelle des os, rien qu'en nous regardant; tu nous mangeras tout crus, à la croque-au-sel, c'est entendu, — reprit Duraton. — Mais d'abord veux-tu, une dernière fois, oui ou non, nous rendre nos comptes? Tu dois avoir en caisse, sans parler de tes bénéfices à toi, dont nous ne voyons pas un sou depuis un mois, tu dois avoir six cent soixante-dix francs. Où sont-ils?

— Curieux, va!

— Il ne s'agit pas de plaisanter. Où est notre argent?

— J'ai employé les fonds à l'achat d'un immeuble pour la société, — répondit Delmare en raillant; — une occasion magnifique, une maison dans la rue de la Paix, qui rapporte cinquante mille francs de rente.

— Mon bonhomme, tu ne nous entortilleras pas avec ton bagou. Notre argent, oui ou non?

— Duraton, prends garde! — dit Delmare d'une voix sourde et irritée. — Il y a longtemps que tu me fatigues! Si tu n'es pas un lâche, nous allons sortir et nous amuser, où et comme tu voudras : épée, pistolet, canne ou savate.

— C'est là, mon bonhomme, une manière comme une autre de régler ses comptes. Merci! Une dernière fois, notre argent?

— Duraton, — s'écria Delmare d'une voix impérieuse et irritée, — assez, mille tonnerres, assez!

— Tu as raison, c'est assez... c'est trop même de t'avoir si longtemps gardé pour syndic!... Je vous le demande, à vous tous, mes pauvres vieux?

— A bas Morisset! — Nous ne voulons plus de toi pour syndic! — Tu nous a floués!

Tels furent les cris qui accueillirent les paroles de Duraton.

Mais Delmare, se levant, pâle, dédaigneux, courroucé, frappa violemment sur la table avec sa canne et s'écria d'une voix tonnante :

— Silence!... tas de stupides braillards! Comment! un homme comme moi descend jusqu'à vous, vous fait prospérer, vous rend d'immenses services, et voilà sa récompense!...

— Mais, Morisset, — dit une voix, — il faut...

— Silence! — cria-t-il d'une voix plus forte encore. — Silence!... et répondez! Avant de m'avoir pour syndic, osiez-vous seulement vous présenter dans les riches maisons? osiez-vous seulement dépasser l'antichambre? Non! Aussi étiez-vous rançonnés par les intendants ou autres gens chargés de la cession des loges. Moi, au contraire, grâce à mon savoir-vivre, j'arrivais jusqu'au salon, je traitais directement avec le locataire. Alors, qu'est-ce que je faisais? Mettant son amour-propre en jeu, le flattant, l'entortillant, lui donnant honte de liarder, lui grand seigneur, ou elle grande dame, pour une misérable différence de quinze à vingt francs pour une loge, j'obtenais des rabais de cinquante pour cent sur une location, que nous revendions avec un bénéfice de cent pour cent et plus. Répondez, butors! est-ce vrai? Et ce n'est pas tout! Est-ce que dans votre hébêtement naturel, vous êtes capables, à la seule inspection de la mine d'une pratique, d'imaginer l'histoire qu'il faut lui couler pour l'amener à payer une stalle ou une loge des prix stupides? Est-ce que vous êtes assez solides, tas de poltrons, pour aller, comme moi, signifier à cet ancien contrôleur, que s'il avait le malheur de nous faire concurrence, je le mettrais tous les quinze jours au lit pour trois mois? Et quand il y a un de ces faux *lions* qui prennent à crédit une loge pour une lorette, et qui se font tirer la crinière pour payer, est-ce que ce n'est pas encore moi, toujours moi, qui me charge de le faire financer ce lion de bricole, en lui montrant que j'ai des crocs plus longs que les siens? Mais vous, que feriez-vous, mille tonnerres! Et c'est après tout ce que j'ai fait pour vous que vous voudriez me dégommer! et pourquoi? pour vingt-cinq ou trente louis! lorsque je vous ai fait gagner, depuis deux saisons, cinq ou six mille francs! Tenez, tas de niais que vous êtes, si je n'avais pas pitié de vous, je vous prendrais au mot, et je vous dirais : « Arrangez-vous comme vous pourrez! » Mais, prenez garde! c'est ce qui arrivera si vous avez encore le malheur de souffler!

L'éloquence de l'orateur ne fit aucune impression sur Duraton. Il reprit froidement :

— Tout ça, mon bonhomme, c'est des mots, et pas des comptes; dans les premiers temps de ton syndicat, c'est vrai, nous avons gagné grâce à toi plus qu'auparavant; mais, depuis cet hiver, tu gardes les gros morceaux et tu nous donnes les miettes.

— Je vous donne ce qui vous revient!

— C'est ton idée, mais pas la nôtre; nous ne voulons donc plus de toi pour syndic; d'abord parce que tu nous as carottés, et puis...

— Et puis?

— Et puis, parce qu'il court de mauvais bruits sur ton compte.

— Quels bruits?

— On dit d'abord que tu ne t'appelles pas Morisset.

— Vraiment! Et c'est tout?

— On dit encore que tu t'appelles *de Saint-Lambert*.

— Joli nom, pardieu! — reprit Delmare avec une audace imperturbable. — Saint-Lambert, ça vous a un parfum d'aristocratie qui sent son seigneur d'une lieue : j'aurais pu choisir plus mal. Après? que dit-on encore?

— On dit encore que tu as tenu un biribi à Bordeaux, avec une baronne de rencontre, et que dans ce biribi, les joueurs étaient volés, ce qui fait que la police s'en est mêlée.

— De façon que je serais un escroc, un filou, mons Duraton?

— Mieux que cela, mons Morisset... ou mons de Saint-Lambert, mieux que cela!

— Mieux que cela? — dit Delmare, qui, malgré son assurance apparente, commençait à s'inquiéter; — mieux que filou!... mieux qu'escroc!

— Oui, — reprit Duraton, — car on dit qu'avant de t'échapper de Bordeaux, lorsque ta baronne a été pincée, — tu avais eu des raisons avec la justice pour un faux, commis sous un autre nom que celui de Saint-Lambert.

— Est-ce tout, Duraton?

— Oui.

— Et qu'est-ce qui a dit cela?

— Quelqu'un.
— Son nom ?
— C'est notre secret.
— Une dénonciation anonyme ! — dit Delmare en haussant les épaules et sentant faiblir son audace. — Et vous croyez à cela, imbéciles que vous êtes ! vous ne voyez pas que c'est quelque concurrent jaloux de la prospérité de notre société, dont je suis l'âme, qui veut vous pousser à vous séparer de moi, pour vous enfoncer !
— La prospérité dont tu parles et que nous te devons, — reprit Duraton, — nous en avons de trop ; elle nous coûte assez cher ; aussi nous te dégommons de ton syndicat, c'est convenu... Il n'y a pas à revenir là-dessus. Et d'un !
— Bon ! — dit Delmare en raillant et contenant à peine sa colère.
— Maintenant, comme tu peux être, il faut te rendre cette justice, un utile associé ; pourvu qu'on te surveille de près, nous consentirons à te garder dans la société.
— Ah bah ! vous me feriez cet honneur ?... vrai, mes honorables seigneurs ?
— Oui, mais à une condition.
— Des conditions ?... c'est charmant !
— Il faut d'abord nous prouver que les mauvais bruits qui courent sur toi sont faux.
— Ma parole d'honneur, ces drôles font les délicats ! — s'écria Delmare avec un éclat de rire sardonique qui cachait ses craintes et sa rage ; — ce sont de vraies rosières !
— Mon bonhomme, nous ne nous donnons pas absolument pour des rosières, non ; seulement nous ne voulons ni voleurs ni escrocs pour syndics ou pour associés.
— Et cet escroc, ce voleur, c'est moi ?
— Il ne tient qu'à toi, mon bonhomme, de prouver le contraire et de rester dans notre société... Il y a un moyen bien simple.
— Et ce moyen ?
— Nous allons aller chez le commissaire de police du quartier, le père Chabert ; bonhomme du reste ; nous lui dirons : « Monsieur Chabert, on nous a dit des choses sur » l'un de nos associés ; cet associé dément ces choses. Le » voici lui-même ; s'il est, comme on dit, un repris de » justice, son signalement et son dossier sont à la police ; » il vient donc à vous, en brave garçon, vous prier, mon- » sieur Chabert, de prendre des informations sur lui, afin » de nous rassurer et de nous convaincre que nous n'au- » rons pas un voleur pour associé. » Or, si tu n'as rien sur la conscience, mon bonhomme, nous allons aller à l'instant chez le père Chabert ; si tu refuses, c'est que les mauvais bruits sont vrais ; alors nous te chassons de notre société ; oui, nous te chassons ! Tu as beau caresser ta canne d'un air méchant : il n'y a pas à faire le casseur, le bourreau des crânes, car, vois-tu, mon bonhomme, si tu avais le malheur de vouloir toucher l'un de nous, le bureau du père Chabert n'est pas loin... Le corps de garde non plus... Songes-y bien !

A cette menace, Delmare se mordit les lèvres de rage muette et resta silencieux.

Duraton reprit :
— Ah ! ah ! le père Chabert et le corps de garde... ça paraît te donner sur la crête ?... mais rassure-toi, notre métier à nous n'est pas d'être mouchards ; file d'ici sans tambour ni trompette ; nous ne dirons rien ; mais si tu veux faire le méchant, gare le père Chabert !...

La proposition de Duraton avait fait pâlir Delmare ; mais dissimulant son anxiété, il reprit audacieusement avec un sourire de dédain :
— Je ne m'abaisserai pas, drôles que vous êtes, à me justifier devant vous, et à demander un certificat à la police pour avoir l'honneur de faire plus longtemps partie de votre estimable société ; vous me regretterez quand vous m'aurez perdu ; il sera trop tard !
— Tu parles là, mon bon homme, comme Napoléon à Sainte-Hélène, — reprit Duraton en haussant les épaules et levant la séance ; — or, puisque tu te donnes des genres à la Napoléon, tu dois savoir qu'il a dit qu'on devait laver son linge sale en famille ; aussi, nous venons de faire une fière lessive !

Delmare, obligé de subir ces sarcasmes de la part d'hommes si longtemps dominés et intimidés par lui, allait peut-être se laisser aller à d'imprudens emportemens, lorsque la porte du cabinet s'ouvrit, et Pietri entra, en disant :
— Monsieur Morisset, s'il vous plaît, messieurs ? l'on m'a assuré qu'il était ici.
— Voilà M. Morisset, — dit Duraton à Pietri en lui indiquant Delmare du geste. — Si vous avez à causer avec lui, mon brave homme, nous vous laissons la place libre.

Puis, pendant que ses camarades quittaient successivement le cabinet, Duraton s'approcha de Delmare et lui dit tout bas :
— A dater de demain, nous te défendons de mettre les pieds à l'estaminet de la *Grosse-Pipe*.

Et Duraton sortit laissant Delmare tête à tête avec Pietri.

XXIII.

Delmare n'avait de sa vie vu Pietri ; il le regardait avec un mélange de défiance et de mauvaise humeur causée par la scène précédente. Le Corse lui dit, en appuyant sur ce nom de Morisset :
— *Monsieur Morisset*, je désire avoir l'honneur de vous entretenir de choses fort particulières et fort importantes.
— D'abord, qui êtes-vous, monsieur ? que voulez-vous ?
— Si vous le permettez, *monsieur Morisset*, au lieu de causer très haut et près de cette porte vitrée, nous parlerons bas et nous retirerons près de la croisée.
— Pourquoi ces précautions, monsieur ?
— Je vais vous le dire, *monsieur Morisset*... je vais vous le dire ; mais, pardon, vous ne me reconnaissez pas ?
— Je ne vous ai jamais vu...
— Si ; mais vous ne m'aurez pas remarqué ; car tout à l'heure que je lisais la planche du journal que je lisais me cachait la figure, lorsque, faisant un superbe moulinet avec votre canne, vous avez...
— Ah ! c'était vous qui étiez dans l'estaminet, là, près de la porte ?
— Et si près de la porte, *monsieur Morisset*, que je n'ai pas perdu un mot, un seul mot, de la petite discussion commerciale et amicale que vous avez eue tout à l'heure avec messieurs vos associés.
— Vous ? — murmura Delmare en reculant d'un pas. — Qu'est-ce à dire !
— C'est-à-dire, monsieur Morisset, qu'ainsi que j'avais l'honneur de vous le faire observer tout à l'heure, il vaut mieux parler bas et nous rapprocher de cette fenêtre, que de parler haut et de rester près de cette diable de porte vitrée, fort indiscrète.

Ce disant, Pietri se dirigea vers la croisée, suivi de Delmare, qui, regardant cet inconnu avec une alarme croissante, lui dit brusquement, mais en modérant le ton habituellement élevé de sa voix :
— Et que veniez-vous faire dans cet estaminet, monsieur ?
— La question est singulière, monsieur Morisset ! Cependant j'y répondrai. Je vous attendais ici, sachant vous rencontrer en ce lieu.
— Finissons. Que me voulez-vous ?
— Vous parler confidentiellement de la part d'une belle dame.
— Est-ce une plaisanterie ?
— Pas le moins du monde, monsieur Morisset. J'ai dit une belle dame. Or, vous conviendrez comme moi, que

madame la baronne de Montglas est remarquablement belle... hein?

— Comment! — reprit Delmare en jetant un regard profond et pénétrant sur le Corse, — vous venez de la part de...

— De la part de madame la baronne, qui, pour être sans doute au centre de ses relations de société, a pris un pied-à-terre à Saint-Lazare, d'où je sors; témoin ce billet écrit au crayon par une main divine, que vous avez, je l'espère, plus d'une fois baisée avec amour, quoique la chaste baronne fasse la prude et assure que rien n'a été plus platonique que votre mutuel attachement à tous deux.

Delmare, occupé à lire le billet de Louisa, n'entendit pas le sarcasme de Pietri ou ne voulut pas y répondre, et reprit :

— J'ai eu, en effet, entre les mains plusieurs papiers appartenant à Louisa, et entre autres son extrait de naissance. Elle me prie de vous le remettre. Il n'y a qu'une petite difficulté, c'est que je ne vous le remettrai pas.

— Oh! oh!

— Oh! oh! tant qu'il vous plaira. D'abord, je ne sais pas qui vous êtes; je sais encore moins ce que vous voulez faire de l'extrait de naissance de Louisa... Et d'ailleurs, je saurais tout cela, que je ne vous confierais pas cet acte.

— Ah! ah!

— Cela vous étonne et vous chiffonne, c'est possible; mais pour moi, cet acte est une garantie, et je le garde.

— Une garantie de quoi, monsieur Morisset?

— Peu vous importe.

— Jeune homme, jeune homme, vous m'affligez! Quoi! de la défiance, du mystère, pour un ami intime de la baronne?... Ah! c'est mal, monsieur Morisset, très mal! Eh bien! moi, pour me venger en galant homme, qui rend un bon procédé pour un mauvais, je m'en vais vous donner l'exemple de la confiance.

— Je n'ai que faire de votre confiance! — répondit Delmare en examinant son interlocuteur avec un redoublement d'inquiétude, causé par l'accent sardonique du Corse; — vous devez être de ces gens dont la confiance cache un piège ou une trahison.

— Allons donc, monsieur Morisset! vous êtes un garçon d'esprit et de tête; la baronne ne vous eût pas, sans cela, choisi pour conseiller intime. Froide épithète qui, j'en suis certain, dissimulait un tendre attachement. Voyons, avouez-moi que l'amour...

— Je n'ai rien à vous avouer. Allez au diable!

— J'en étais sûr. La baronne a trahi pour vous... cet infortuné baron!!

— Louisa n'a jamais été ma maîtresse; si vous la connaissez, elle a dû vous le dire; mais, encore une fois, il ne s'agit pas de parler ici d'amourettes ; vous me demandez l'acte de naissance de Louisa, vous ne l'aurez pas ; et là dessus, bonsoir, les amis !

— Un moment, un moment, monsieur Morisset ! Vous oubliez que moi, à l'encontre de votre défiance, j'ai une foule de chose à vous confier.

— Merci, cela ne me tente pas.

— Voyons, monsieur Morisset, faut-il qu'à l'exemple de messieurs vos associés, je vous menace du père Chabert, le commissaire de police? Je vous ai dit que rien n'était plus perfide que ces portes de vitres. J'ai tout entendu.

— Qu'est-ce que ça me fait à moi, que vous ayez entendu? Je vous répondrai ce que j'ai déjà répondu à ces drôles : je n'ai rien à redouter de la police.

— Même sous le nom de Saint-Lambert, que ces honnêtes et scrupuleux industriels ont affirmé être le vôtre... je me trompe, un des vôtres. Allons, méchant garçon, je vais, ainsi que je vous l'ai promis, m'épancher avec vous, et vous dire ce que vos estimables collègues ne savaient point ; je vais vous dire, en un mot, votre nom, votre véritable nom : vous vous nommez Delmare. Oui, Adalbert Delmare. Vous avez perdu votre mère à l'âge de six à sept ans ; quand elle est morte, elle était veuve depuis deux ans de M. Jean Delmare. Ah! voilà maintenant que vous me

regardez avec stupeur, avec effroi! Eh! eh! vous n'avez pas tort, car il y a en effet pour vous de quoi trembler, si vous vouliez lutter contre ma volonté. Soyez, au contraire, docile, et vous n'aurez point à vous en repentir.

Delmare garda longtemps le silence ; ses traits exprimèrent tour à tour la surprise, la colère, la terreur ; enfin, il dit au Corse, en souriant d'un air cynique et sombre :

— Tenez, vous m'avez l'air d'un vrai scélérat...

— C'est étonnant! Il faut que cette pénétration tienne de famille : la baronne a fait la même remarque.

Delmare resta un moment plongé dans un sinistre silence, en proie à une lutte intérieure, puis il dit comme quelqu'un qui prend un parti désespéré :

— Au fait... je n'ai plus rien à ménager!... Vous venez à point ; hier ou demain, j'aurais nié ou je nierais peut-être qui je suis ; aujourd'hui, je l'avoue, je n'ai plus le sou ; je ne sais où donner de la tête, et, à l'heure qu'il est, peut-être, ces misérables me dénoncent à la police, parce qu'ils me redoutent. Je ne sais pas ce que vous voulez de moi, mais ce n'est pas sans raison que vous venez me trouver ; je peux gagner quelque chose à être sincère avec vous... C'est un coup de dés... Je le joue... J'en ai pardieu joué bien d'autres!... Eh bien! oui, j'ai été poursuivi, sous le nom de Saint-Lambert, pour filouterie au jeu ; oui, je m'appelle Adalbert Delmare ; oui, j'ai été condamné sous ce nom, par contumace, à cinq ans de galères!

— Que dit-il! — s'écria le Corse en joignant les mains, tandis que sa physionomie exprimait une joie féroce ; — des galères!... il y aurait des galères!... oh! ce serait trop beau!... trop beau!...

Delmare regardait le Corse avec stupeur. Un moment, il le crut fou.

— Je vous en conjure, — reprit Pietri d'une voix haletante, — répétez-moi cela... car je ne puis en croire mes oreilles ; vous dites que vous avez été condamné?...

— A cinq ans de galères, — reprit Delmare, — pour faux qualifié... Etes-vous content, mon maître?

— Si je suis content... O mon Dieu! il me demande si je suis content!... Il me croit donc bien ingrat! — s'écria le Corse d'une voix entrecoupée.

Puis fouillant dans sa poche, il en tira un portefeuille, y prit un billet de mille francs, et le montrant à Delmare de plus en plus ébahi, il reprit :

— Vous me demandez, mon noble ami, si je suis content que vous ayez été aux galères? Voilà ma réponse.

Et il tendit son billet de mille francs.

— Je ne suis pas riche, — ajouta-t-il, — je ne possède que quelques petites économies, et pourtant voici un bel et bon billet de mille francs que je vous prie d'accepter, comme une faible preuve de la joie, de l'ivresse où me plonge ce que vous venez de m'apprendre au sujet de ces cinq ans de galères !

Et regardant Delmare d'un œil de doute, en ramenant à lui la main qui tendait le billet ouvert, il reprit :

— Cependant, si vous vous vantiez, si vous abusiez de la crédulité d'un pauvre vieillard, si ces cinq ans de galères étaient une fable... Mais dame! on a vu parfois des fanfarons de crime... Mais non, non, je m'en fie à ce je ne sais quoi de votre physionomie qui me dit que vous ne vous vantez pas, mon brave ami, et qui est à votre parole. Oui, jurez-moi que vous avez été condamné à cinq ans de galères, sous le nom d'Adalbert Delmare ; et non-seulement ces mille francs sont à vous, mais ils ne seront, voyez-vous, que l'aurore du jour doré qui doit se lever bientôt pour vous... Pardon de cette poésie... mais vous concevez : la joie, l'ivresse, cela rend presque fou... et qui dit poète, dit fou.

— Malédiction! — reprit Delmare, qui, se croyant tête-à-tête avec un insensé, tremblait d'avoir compromis ses funestes secrets ; — mais il est fou à lier, ce misérable!... Et j'ai parlé!

— Vous croyez peut-être que ce billet est faux? — dit Pietri.

Et courant à la porte vitrée, il l'ouvrit, appela le garçon, et lui dit d'aller changer pour de l'or le billet qu'il lui remit. Revenant alors auprès de Delmare, qui croyait rêver, il continua :

— Quand vous allez, tout à l'heure, empocher cinquante beaux et bons louis, provenant de chez le changeur, y croirez-vous ?

— Eh ! mille tonnerres ! je pourrai croire à l'or quand je l'aurai empoché ; mais je ne croirai pas pour cela à votre bon sens.

— Mon bon sens... Ah ! mon digne ami, je n'ai jamais eu la raison plus nette ni plus ferme, je vous le jure, et vous le prouverai. Ce qui vous semble maintenant étrange, inouï, s'éclaircira plus tard à vos yeux. Alors vous comprendrez que si j'étais riche, je payerais bien autrement votre condamnation à cinq ans de galères sous le nom d'Adalbert Delmare ! condamnation dont je pourrai d'ailleurs m'assurer au greffe de la cour d'assises ; non que je doute de votre parole, mon noble ami, Dieu m'en garde ! mais enfin c'est une petite satisfaction que je veux me donner. Et puis, j'ai besoin de la date précise de ce beau jour, de cet ineffable jour !

Delmare hésitait encore à croire son interlocuteur dans son bon sens, lorsque le garçon rentra, tenant un rouleau d'or qu'il remit au Corse, puis il sortit.

— La preuve que je vous crois et que vous devez avoir toute confiance en moi, — dit Pietri en vidant le contenu du rouleau dans sa main, et faisant miroiter cette poignée de pièces d'or aux yeux de Delmare, qui étincelaient de cupide convoitise, — la preuve que je ne suis pas un ennemi, mais un ami, c'est que ces mille francs sont à vous ; tenez, prenez-les.

Et les pièces d'or passèrent de la main du Corse dans celle de Delmare. Celui-ci, malgré son ébahissement, glissa prestement les cinquante louis dans les deux poches de son gilet, et resta quelques momens silencieux, cherchant le mot d'une énigme qui lui parut d'abord incompréhensible, mais, soudain, se frappant le front, comme s'il eût pénétré ce mystère, il s'écria :

— J'y suis ! je devine !

— Que devinez-vous, mon digne ami ? — lui dit Pietri ; — j'espère que maintenant nous n'aurons plus de secrets l'un pour l'autre ?

— Non, pardieu, vous n'êtes pas fou, vieux scélérat ! tant s'en faut !

— Voyons... expliquez-vous !...

— Louisa vous aura parlé de moi comme d'un homme bon à tout, prêt à tout, et qui de sa vie n'a connu la peur. Vous avez quelque mauvais coup à faire ; je vous semble un instrument commode ; je vous ai avoué que j'étais plus criminel que vous ne le pensiez. De là votre joie en apprenant mes cinq ans de galères... Plus l'instrument est endurci, meilleur sans doute il est à vos yeux. Vous me tenez par mon secret ; je suis maintenant à vous corps et âme, ce n'est pas ? Eh bien ! ça me va ! car, dans ma diable de position, je n'ai plus le choix des expédiens.

— Vivent les garçons d'esprit ! Vous seriez digne d'être le frère de la baronne ! — s'écria Pietri en tendant la main à Delmare. — Touchez là, c'est marché fait ; vous n'aurez pas à vous en repentir.

— Quels sont vos ordres, papa Satan ?

— Ce soir, trouvez-vous place Louis XV, au pied de l'obélisque, à neuf heures ; vous saurez tout ; je vous mène vont bientôt sonner, — ajouta Pietri en tirant sa montre, — et j'ai une course très importante à faire... Ainsi, mon noble ami, ce soir, à neuf heures, au pied de l'obélisque.

— C'est entendu.

— Et comme il faut tout prévoir, en cas de pluie, je vous trouverai sous les arcades, au coin de la rue des Champs-Elysées.

— Très bien.

— D'ici là, je vais songer, mon noble ami, au moyen de vous mettre à l'abri des limiers de police, dans le cas où vos honorables collègues auraient jasé. Vous m'êtes, voyez-vous, trop précieux pour que je m'expose à vous perdre Vous n'avez pas d'idée comme je vais vous soigner, vous dorloter, vous mijoter...

— Ah ça, un moment ! — reprit Delmare, après un moment de réflexion ; — avant de m'engager plus loin, je dois vous prévenir d'une chose, père Satan...

— Qu'est-ce ?

— J'ai pipé au jeu, j'ai fait des dupes, j'ai commis un faux, et encore... dans une circonstance...

— De quelle circonstance voulez-vous parler ?

— Peu vous importe ! ce qu'il vous faut, n'est-ce pas ? — ajouta Delmare avec un rire amer, — c'est que j'aie été condamné aux galères ; j'ai eu cet avantage-là ; en un mot, pipeur au jeu et faussaire, voilà ma mesure ; réglez-vous là-dessus ; ma délicatesse vous laisse assez de marge, comme vous voyez... Mais au delà ne comptez pas sur moi.

— Hum, hum... des conditions, mon noble ami ?

— Tenez... père Satan, avec vos vénérables cheveux blancs, vos lèvres pincées et votre sourire diabolique, vous m'avez assez l'air d'un empoisonneur in partibus, vous sentez énormément l'arsenic... Or, s'il s'agissait de quelque meurtre, dont vous auriez le profit et moi... l'honneur... je vous déclare que ce genre d'opération ne me va pas.

— Peuh ! — fit le Corse en attachant un regard pénétrant sur Delmare, — peuh ! Au point où vous en êtes, mon pauvre ami, votre fuite assurée... vingt mille francs en or, je suppose... dont dix payés d'avance... hein ? C'est gentil, pourtant !

Delmare fronça les sourcils, jeta un coup d'œil d'horreur et de colère sur Pietri, puis se contenant, il reprit avec une froide amertume :

— Père Satan, je n'ai pas le droit, vous le concevez, de me dire offensé de votre offre ; la susceptibilité d'un forçat contumace vous ferait beaucoup rire ; vous auriez raison ; seulement, tablez bien vos projets sur ceci : mon intérêt vous répond de mon exactitude au rendez-vous de ce soir ; je pourrais quitter Paris dans une heure avec les mille francs que vous m'avez donnés ; mais dès ce soir, vous mettriez sans doute la police à mes trousses, si elle n'y est déjà, et je lui échapperais difficilement, mon véritable nom une fois découvert. Je préfère donc tenir la promesse que je vous ai faite ; c'est ma seule chance, évidemment ; vous avez besoin de moi ; je servirai de mon mieux vos projets ; mais s'ils vont jusqu'au meurtre, père Satan, je vous le répète, je ne suis pas votre homme.

— Et si, moi, je vous dénonçais sur l'heure, trop cher et trop scrupuleux ami ?

— Faites... Aussi bien, que ce soit un peu plus tôt, un peu plus tard !... Et puis, voyez-vous, — ajouta Delmare d'un air de sombre abattement qui frappa le Corse, — je commence à être si las, si las... que Dieu me damne si je n'ai pas envie de profiter de l'occasion pour...

Delmare n'acheva pas et baissa la tête d'un air pensif et sombre.

— Achevez donc ! — lui dit le Corse, qui l'examinait attentivement. — Pourquoi cette réticence ?

— Je m'entends...

— Moi, qui ne jouis pas de ce privilége, mon noble ami, je ne comprends pas qu'à votre âge, à vingt-sept ans au plus, vous soyez déjà las ! Et puis... las de quoi ?

— Vous ne savez donc pas, père Satan, — reprit Delmare avec un sourire sardonique, — vous ne savez donc pas que, dans la vie que je mène, c'est comme dans la vie militaire, où les années de campagne comptent double ?...

— Et vous êtes entré jeune en campagne, mon intéressant ami ?

— A quinze ans, ce qui fait qu'à mon âge j'ai bien près de trente ans de services.

— Et d'honorables services, n'est-ce pas ?

— Père Satan, vous êtes très gai !

— Eh, eh, eh !... quand l'occasion se présente... mais rassurez-vous : cette proposition de meurtre était une épreuve.

— Ah ! c'était une épreuve ?

— Pas autre chose. Aussi allez-vous me trouver bien singulier, mais d'honneur je ne sais si je dois être content ou fâché de n'avoir pas trouvé en vous toute la scélératesse dont je m'é ais plu à vous orner. Un mot, surtout, que vous venez de prononcer tout à l'heure, m'a beaucoup frappé.

— Quel mot ?

— Quand vous avez dit : *Je suis si las, si las,* l'accent de votre voix, l'expression de votre visage, révélaient tant de dégoût pour votre vie présente et passée, qu'il m'a semblé (je ne dis point ceci pour vous insulter, mon noble ami), qu'il m'a semblé voir percer là... comme une petite pointe de remords, hein !

— Père Satan, vous devenez de plus en plus bouffon...

— Allons, ne rougissez pas de cette velléité de repentir ; j'ai de bons vieux yeux, allez ! Aussi, je ne sais si je dois être satisfait ou fâché... qu'il y ait peut-être encore en vous quelque vague et lointaine notion du bien et du mal .. Somme toute,—ajouta le Corse en réfléchissant,—je crois que, pour mon projet, il vaut mieux que vous ne soyez pas complètement endurci... C'est vous répéter, mon intéressant ami, que cette proposition de meurtre n'était qu'une épreuve...

— Eh bien ! père Satan... j'ai donné en plein dans le panneau, car je ne sais pourquoi vous me faites de plus en plus l'effet d'un empoisonneur...

— Il y a un peu de vrai là-dedans ; seulement... moi, je laisse le poison aux imbéciles.

— Vraiment! vous empoisonnez les gens sans poison ?

— Oh! mon Dieu! mon digne ami, tel que vous me voyez, je serais capable d'empoisonner toute une famille sans un atome de matière vénéneuse ou nuisible ; je dirai plus, sans un atome de matière quelconque, et seulement par le fait de ma volonté. Mais,—ajouta le Corse en tirant sa montre,— je bavarde, je bavarde, et le temps passe. Ainsi donc, à ce soir.

— A ce soir.

— A neuf heures, place Louis XV, à l'obélisque ou sous les arcades, mon noble ami.

— J'y serai.

— Vous apporterez l'acte de naissance de Louisa ?

— Oui.

— Au revoir, mon noble ami.

— Au revoir, père Satan.

Et Pietri, quittant l'estaminet de la *Grosse-Pipe*, se dirigea vers la demeure de Madame de Bourgueil.

XXIV.

Madame de Bourgueil, ainsi que l'avait dit le général Roland au major Maurice, portait sur son visage mélancolique et souffrant les traces d'une douleur contenue, mais profonde ; sa pâleur, ses cheveux entièrement blanchis avant l'âge, le sourire navrant qui parfois errait sur ses lèvres, donnaient à ses traits ce charme doux et triste, auquel la comtesse Roland n'avait pu résister.

À peu près à l'heure où Pietri sortait de l'estaminet de la *Grosse-Pipe* pour se rendre chez madame de Bourgueil, celle-ci, travaillant à un ouvrage de tapisserie, était dans son salon avec sa fille, Adeline de Bourgueil (fille adultérine du colonel Roland).

Adeline était charmante ; elle ressemblait beaucoup à sa mère ; sa physionomie riante et ouverte annonçait un caractère plein de charme et d'aménité ; sa vie n'avait été jusqu'alors qu'un long jour de bonheur. Jamais, grâce à l'effrayante dissimulation de M. de Bourgueil, la jeune fille ne s'était doutée qu'il existait entre sa mère et lui un de ces terribles secrets pouvant torturer l'existence entière d'une femme, et qui torturaient celle de madame de Bourgueil ; martyre atroce et de presque tous les instants, que la malheureuse mère subissait le front impassible, le sourire aux lèvres, en présence de sa fille, de crainte d'éveiller en elle le moindre soupçon.

Adeline trouvant dans l'homme qu'elle croyait être son père les dehors de la plus vive tendresse pour elle ; le voyant rempli de soins et d'égards envers madame de Bourgueil, qu'il traitait en apparence avec une affectueuse déférence, Adeline s'était jusqu'alors épanouie, heureuse et confiante, entre ces deux époux, qui semblaient vivre dans le plus doux accord.

— Mon enfant,—dit madame de Bourgueil à sa fille, tout en continuant de travailler à sa tapisserie,—veux-tu sonner, je te prie ? Je désirerais savoir si ton père est rentré.

— Lui, rentré ? Est-ce que ce bon père ne serait pas déjà venu nous embrasser ? — répondit Adeline en souriant.

Et elle sonna.

Un domestique parut ; madame Bourgueil lui dit :

— Monsieur de Bourgueil est-il chez lui ?

— Non, madame, monsieur n'est pas rentré.

— C'est bien, — dit madame de Bourgueil.

Puis, au moment où le domestique s'éloignait, elle le rappela, et lui dit comme par réflexion, quoiqu'elle n'eût appelé ce serviteur que pour lui donner l'ordre suivant, auquel elle ne voulait paraître attacher aucune importance :

— Julien, s'il venait par hasard quelque visite pour moi, vous feriez dire que je n'y suis pas.

— Oui, madame.

Et le domestique sortit.

— Oh ! maman,—dit Adeline à sa mère d'un ton de doux reproche, en venant s'asseoir sur une petite chaise basse, en face de madame de Bourgueil,—je suis aux regrets de ce que tu donnes un pareil ordre !

— Pourquoi cela ?

— S'il te vient des visites, on va les renvoyer...

— Eh bien ?

— Et si parmi ces personnes se trouvait madame la comtesse Roland ?

— Madame la comtesse Roland, — répondit madame de Bourgueil avec embarras et baissant les yeux devant le regard pur et ingénu de sa fille,— pourquoi veux-tu qu'elle vienne me voir ?

— Mais, maman, pour te rendre aujourd'hui la visite que tu lui as faite l'autre jour.

— Dans ce cas-là, mon enfant, la comtesse laissera sa carte.

— Cependant, maman, puisque tu es chez toi, tu veux donc éviter de recevoir cette dame ? Quel dommage ! elle a l'air si gracieux, si bienveillant!... On dit dans le monde, où nous la rencontrons souvent, que c'est une femme des plus distinguées. Tiens, petite maman, si tu avais de la répugnance à la voir, cela me contrarierait beaucoup... oh ! mais beaucoup !

— Vraiment ?... et pour quelle raison ?

— C'est que j'ai certain projet... mais il me faudrait y renoncer, si madame la comtesse Roland t'inspirait de l'éloignement.

— Elle ne m'en inspire aucun, je t'assure, chère enfant.

— Et pourtant elle peut venir aujourd'hui ; et elle trouvera ta porte fermée.

— C'est aujourd'hui, — répondit madame de Bourgueil, souffrant cruellement (douleur presque journalière pour elle) d'être obligée de mentir à sa fille, — c'est qu'aujourd'hui je ne me sens pas bien.

— Mère chérie, tu souffres ?—s'écria la jeune fille, dont la charmante figure exprima la plus vive anxiété.

Puis s'agenouillant presque devant sa mère, et prenant ses mains entre les siennes, elle ajouta :

— Tu souffres et tu ne me dis rien !... Laisse-moi donc te regarder...

Et Adeline, avec une grâce charmante, écarta de ses deux mains les boucles blanches qui encadraient le front de sa mère, la contempla un instant avec une tendre sollicitude, et reprit tristement :

— C'est vrai, pauvre maman, tu parais souffrir ; et moi qui ne m'étais pas aperçue... Mon Dieu! mon Dieu? qu'as-tu donc?

Hélas! oui, madame de Bourgueil souffrait en ce moment, non d'un malaise physique, car elle ne se portait ni mieux ni plus mal qu'à l'ordinaire, mais elle souffrait cruellement d'avoir, par un mensonge, éveillé les inquiétudes de sa fille. Aussi madame de Bourgueil, honteuse de ce mensonge, et voulant cacher l'humiliante rougeur qui un instant colora son pâle et doux visage, embrassa longuement sa fille en lui disant :

— Chère enfant, rassure-toi, ce n'est rien... J'éprouve seulement un léger malaise... c'est nerveux... cela se passera.

— Tu veux me rassurer, — reprit Adeline d'un œil de triste doute, en attachant sur sa mère ses grands yeux alarmés; — je le vois bien !...

— Si je souffre, pauvre enfant, c'est de l'inquiétude où je te vois... et non d'autre chose. Je ne ressens, je te le répète, qu'un peu de malaise... Mais cela suffit pour me rendre toute visite importune en ce moment.

— Bien vrai ! c'est seulement un peu de malaise ?
— Pas autre chose.
— Enfin, bien vrai ! bien vrai ! n'est-ce pas, mère chérie ? — reprit Adeline avec une insistance ingénue. — Tu le sais, pour moi, ta parole est parole d'Evangile... et si tu m'assures que ce n'est qu'un peu de malaise... je le croirai...

— Alors, crois-moi...
— Je te crois, — reprit Adeline en se jetant au cou de sa mère; — mais tu m'as fait bien peur !...

— Et tu me pardonnes, — reprit madame de Bourgueil en tâchant de sourire, — tu me pardonnes de t'avoir ainsi alarmée ?

— J'ai fort envie, petite maman, de mettre une condition à mon pardon...

— Soit, j'y souscris d'avance, — reprit madame de Bourgueil, étouffant un soupir d'allégement, heureuse d'être sortie de ce dédale de réticences, de dissimulation et de mensonge, où elle venait d'être, comme tant d'autres fois d'ailleurs, forcément entraînée ; — voyons, mon Adeline... cette condition, quelle est-elle ?

— D'abord, chère maman, pour que je te la dise, cette condition, il faut deux choses.

— Oh ! mais cela se complique beaucoup, — reprit madame de Bourgueil en souriant. — Et ces deux choses, quelles sont-elles ?

— La première... c'est que tu m'assures bien positivement que tu n'as aucun éloignement pour madame la comtesse Roland.

— Encore cette torture !... encore ! — se dit la malheureuse femme, ramenée par sa fille à ce cruel sujet auquel elle croyait avoir échappé.

Et elle reprit tout haut avec un calme apparent :

— Pourquoi insister là-dessus ? Pour quelle raison veux-tu que madame Roland m'inspire de l'éloignement ?

— D'abord, un instant j'avais cru que tu ne voulais pas la recevoir ; et puis, que sais-je ? tous les jours, dans le monde, on dit le plus grand bien d'une personne, et souvent ce bien est exagéré, souvent même il est trompeur ; tu sais mon aveugle confiance en toi. Aussi, je le répète, je voudrais savoir si tu partages la sympathie que dans notre société on témoigne généralement à madame la comtesse Roland.

— Certainement, mon enfant, car dans nos relations pour l'œuvre des prisons, j'ai souvent apprécié la rare bonté de son cœur et la sagesse de son esprit.

— Très bien, — dit gaîment Adeline, — me voilà fixée sur la première des deux choses, et tu ne peux t'imaginer, chère maman, quel plaisir tu me fais en me parlant ainsi. Je passe à la seconde.

— Et, — demanda madame de Bourgueil avec une appréhension involontaire, — et cette seconde ?

— Oh ! la seconde, — reprit toujours gaîment Adeline, — la seconde, c'est très délicat !

— Comment cela ?
— Pense donc... une jeune personne parler d'un monsieur !

— Que veux-tu dire ?
— Il est vrai que ce qui rend cela moins inconvenant, — ajouta la jeune fille en riant, — c'est que ce monsieur a les cheveux tout gris, qu'il est d'un âge très respectable... de l'âge de mon père, probablement.

— Adeline, je ne te comprends pas du tout.
— Voyons, petite maman, tu m'as dit tout à l'heure bien que tu penses de la comtesse Roland ; maintenant dis-moi ce que tu penses du général Roland.

A cette question, un fer aigu aurait traversé le cœur de madame de Bourgueil qu'elle n'eût pas éprouvé une douleur plus cruelle ; pourtant elle eut la force de se contenir et de répondre d'une voix à peine altérée :

— Mais... je pense que le général Roland... est un homme parfaitement honorable.

— Voilà tout ! — dit Adeline en faisant une délicieuse petite moue de reproche. — Comme tu es avare de louanges, toi !

— Que dire de plus, mon enfant, si ce n'est qu'un homme est parfaitement honorable ?

A ce moment la porte du salon s'ouvrit et M. de Bourgueil entra.

Adeline, à sa vue, frappa gaîment dans ses mains et courut à lui, en ajoutant :

— Je suis bien certaine, moi, que mon père m'en dira plus que toi sur le général.

Et s'approchant de M. de Bourgueil, Adeline lui tendit son beau front à baiser en disant :

— Bonjour, père !...

M. de Bourgueil baisa le front de la jeune fille, et comme elle ne pouvait le voir, il jeta sur madame de Bourgueil un regard d'une méchanceté sardonique en disant :

— Bonjour, ma fille !...

Et selon sa coutume, il accentua de telle sorte ces mots : *ma fille*, que madame de Bourgueil sentit son cœur se briser.

— Encore !... — ajouta le bourreau en prenant entre ses deux mains la tête d'Adeline et la baisant de nouveau sur le front.

Puis, souriant d'un air diabolique en jetant les yeux sur sa femme, il ajouta :

— C'est si doux, si bon, d'embrasser... *son enfant !*..

A ce nouveau et cruel sarcasme, la malheureuse mère frémit d'effroi, en songeant à la nature de l'entretien qu'elle avait avec sa fille, au moment de l'arrivée de M. de Bourgueil ; entretien que la jeune fille allait sans doute reprendre, en parlant du général Roland.

XXV.

M. de Bourgueil, dont les cheveux avaient grisonné, était du reste fort peu changé par l'âge. Un œil exercé aurait pu lire sur ses traits la même expression d'ironie glaciale, de méchanceté doucereuse, voilée sous des dehors d'hypocrite aménité. Aussi s'avança-t-il vers sa femme avec empressement. D'un regard pénétrant, il avait remarqué sur la figure de madame de Bourgueil un trouble et une douleur inaccoutumés présageant quelque scène cruelle. Son visage exprima la plus douce satisfaction, et il dit en contemplant avec amour Adeline et sa mère :

— C'est pourtant singulier, cela !

— Quoi donc, bon père ? reprit la jeune fille, trompée par cette bonhomie simulée ; — que trouves-tu de singulier ?

— Que vous dirai-je? il ne m'arrive jamais de vous quitter que pour quelques heures, — reprit-il, — et il me semble que c'est toujours avec un nouveau bonheur que je vous retrouve toutes les deux.

— Maman, tu l'entends ! — dit Adeline ; — et il dit vrai. Vois donc comme il a l'air heureux ! regarde-le donc, ce bon père !

— Nous ne pouvons nous étonner d'un sentiment que nous partageons, ma chère enfant, — répondit madame de Bourgueil, de l'accent le plus affectueux qu'elle put simuler.

Et cette femme franche, loyale par nature, avait l'hypocrisie, la fausseté en horreur !

Et il ne se passait pas de jour, pas d'heure, où, en présence de sa fille, cette femme ne fût forcée de paraître remplie d'affection pour cet homme impitoyable !

— Béni soit donc le foyer domestique, qui nous donne des joies si douces et si pures ! — reprit M. de Bourgueil en s'asseyant auprès d'Adeline et de sa mère.

Et il ajouta en souriant :

— Je crains seulement qu'aujourd'hui la solitude de notre foyer ne soit troublée par quelques visites, car, ma chère amie, — dit-il à sa femme, — j'ai un pardon à vous demander.

— Lequel, je vous prie ?

— Je me suis permis de changer les ordres que vous avez donnés.

— Quels ordres ?

— Vous aviez fait fermer votre porte : j'ai dit, au contraire, que, s'il se présentait quelque visite, vous la recevriez.

— J'avais fait fermer ma porte, — reprit madame de Bourgueil, — parce que, sans être souffrante, j'éprouve un peu de malaise.

— Vraiment ? pauvre amie!... — dit M. de Bourgueil, d'un air plein de sollicitude.—Mais cela n'a, j'espère, aucune gravité...

— Oh ! non, Dieu merci ! — reprit Adeline.

— Tout à l'heure maman m'a rassurée, complétement rassurée...

— Ah ! tant mieux ! — reprit M. de Bourgueil. — J'étais déjà tout inquiet !... Alors, je ne regrette presque plus d'avoir fait rouvrir votre porte, et cela, — poursuivit-il en jetant à sa femme un regard dont elle comprit la signification,— et cela, parce que j'ai songé qu'il serait très possible que la comtesse Roland vînt vous rendre en personne la visite que vous lui avez faite en personne.

— Avoue, maman, — dit Adeline avec une joyeuse surprise, — avoue que je me serais entendue avec mon père qu'il ne parlerait pas autrement !

— Comment donc cela ? — demanda M. de Bourgueil très intéressé.

— Figure-toi que, lorsque maman a fait dire qu'elle ne recevrait absolument personne, je lui ai parlé exactement comme toi.

— Au sujet de la comtesse Roland ?

— Mon Dieu! oui.

— Vraiment ! Eh bien, que l'on ose dire après cela qu'il n'y a pas entre le père et les enfans mille affinités de nature, mille points de caractère, dans les moindres circonstances ! — dit M. de Bourgueil à sa femme. — Ce n'est pas toi, tendre amie, qui serais d'un avis contraire !...

— Non, certainement, — reprit la malheureuse mère en tâchant de sourire à ce cruel sarcasme, mais son sourire était navrant.

— Voyons, mon Adeline, — dit M. de Bourgueil à la jeune fille, — pourquoi faisais-tu à ta mère la même observation que moi, au sujet de la comtesse Roland ?

— J'expliquais cela à maman lorsque tu es entré.

— Eh bien ! est-ce que je te gêne ?

— Au contraire ! il faut aussi que tu saches mon projet, bon père.

— Oh ! quand tu me dis ces mots-là, de ta voix si douce : bon père ! tu fais de moi tout ce que tu veux... Mais, chut ! — ajouta M. de Bourgueil en souriant, et montrant sa femme d'un coup d'œil, — il ne faut pas que je parle si haut de ma faiblesse paternelle... ta mère me gronderait, car c'est, vois-tu, *madame la raison* en personne.

— Vous me vantez, mon ami, — répondit madame de Bourgueil.

— Te vanter, tendre amie !— s'écria-t-il avec un accent d'affection et de déférence admirablement jouées, — te vanter, toi, la fidèle compagne de ma vie! toi, le modèle de toutes les vertus domestiques ! toi, à qui, depuis notre mariage, je n'ai dû en ce monde que bonheur et joie! toi, enfin, qui m'as donné ce trésor de grâce, de candeur et de bonté, qui s'appelle Adeline, cette fille bien-aimée dont je suis si fier d'être le père !... Te vanter, toi, l'exemple des mères et des épouses !... Ah ! ne t'en prends qu'à tes vertus, si la vérité ressemble à une flatterie.

Non, il est impossible de donner une idée de l'art infernal avec lequel cet homme sut feindre l'émotion à la fois la plus ineffable et la plus profonde, en prononçant ces mots qui remirent à vif les mille blessures du cœur de sa femme ; blessures toujours saignantes, car il se passait peu de jours sans que M. de Bourgueil ne l'accablât de ces louanges impitoyables en présence de sa fille ; et la pauvre enfant, en entendant parler ainsi M. de Bourgueil, ne trouvait pas, dans sa tendresse ingénue, d'expressions assez touchantes, assez reconnaissantes, pour bénir celui-là qui semblait si dignement apprécier cette mère qu'elle chérissait.

Aussi Adeline s'écria-t-elle, en prenant d'une main la main de sa mère et de l'autre celle de M. de Bourgueil :

— Oh ! si vous saviez avec quel bonheur je vous entends ainsi tous deux me convaincre que ce n'est pas de l'amour, du respect, mais de l'idolâtrie que je dois avoir pour vous, toi, mère, à cause de ces adorables vertus dont parle mon père, et lui, à cause du touchant hommage qu'il leur rend chaque jour !

— L'entends-tu, *notre enfant*, l'entends-tu ? — reprit M. de Bourgueil en redoublant de tendresse et d'expansion. — Dis, femme bien-aimée, jamais vie irréprochable et sainte a-t-elle mérité une plus céleste récompense que celle que tu reçois aujourd'hui par la bouche innocente de cette ange, *notre fille* chérie ? Mais tu ne réponds rien! tu te troubles, tu détournes la tête, tu pleures!... Oh ! pleure, pleure, tendre amie ! ces larmes-là sont douces à qui les verse, douces à qui les fait couler ! Viens, ma fille, viens, qu'un même embrassement nous unisse tous trois !

Et M. de Bourgueil, se jetant à genoux, ainsi qu'Adeline, devant sa femme toujours assise et pleurant des larmes d'une affreuse amertume qu'elle ne pouvait plus contenir, l'enlaça de ses bras, tandis que la jeune fille cherchait de ses lèvres les joues humides et glacées de sa mère. L'infortunée frémit d'horreur en sentant l'étreinte de M. de Bourgueil ; pour y échapper, elle serra convulsivement Adeline contre son sein, en la couvrant de pleurs et de baisers, seul moyen de dissimuler et d'épancher à la fois ses douleurs.

Pendant ce long embrassement, M. de Bourgueil se releva, jeta un regard affreux sur sa femme et sur Adeline ainsi enlacées, et dit comme accablé sous le poids d'une émotion trop vive :

— C'est bon, la sensibilité ; mais cela brise !

Et pendant qu'Adeline échangeait encore quelques caresses avec sa mère, heureuse, dans son atroce souffrance, d'avoir pu au moins en cacher la cause à sa fille, il reprit avec une indicible bonhomie :

— Voilà comment de pareils attendrissemens vous font perdre le fil de toutes vos idées !.. Heureusement, moi, j'ai bonne mémoire, lorsqu'il s'agit de mon Adeline ! Ainsi tout à l'heure, elle me disait :—Père, au moment où tu es entré, je causais avec maman de la comtesse Roland, et il faut aussi que tu saches mon projet. Quel est le sens de ces paroles, mon enfant ?

— Il est vrai, bon père, que tu n'oublies rien, — reprit la jeune fille en se relevant d'auprès de sa mère. — En deux mots, voici ce dont il s'agissait : j'avais à faire une demande à maman, et à toi, bien entendu, puisque toi et elle...

— Nous ne faisons qu'un seul et même cœur, — dit M. de Bourgueil. — Continue.

— Mais avant de vous adresser à tous deux cette demande, je désirais être certaine de deux choses, ai-je dit à maman.

— Adeline, — reprit madame de Bourgueil à demi brisée par ce qu'elle venait déjà de souffrir, — si tu le veux, nous reprendrons plus tard cet entretien.

— Oh ! petite maman, mon père se trouve là si à propos !

— Vois-tu, chère enfant, — dit M. de Bourgueil en souriant, — ta mère est jalouse : elle tient à t'accorder elle seule ta demande.

— Je crois, bon père, que c'est un peu vrai ce que tu dis là, — reprit gaîment Adeline, — et je vais te venger.

— C'est cela ! — dit M. de Bourgueil en se frottant les mains ; — vengeons-nous !... Tu disais donc qu'avant d'adresser à ta mère certaine demande, tu voulais être certaine de deux choses ?

— Oui, mon père : la première était que maman et toi vous partagiez la vive sympathie que madame la comtesse Roland inspire à chacun dans le monde où nous la rencontrons souvent. A cela maman m'a déjà répondu qu'elle faisait le plus grand cas de madame la comtesse Roland.

— Il n'en pouvait être autrement ; la comtesse est une de ces femmes qui, comme ta mère, inspirent par leurs vertus autant d'attrait que de respect. Maintenant, que désirais-tu savoir encore ?

— Quand tu es entré, je venais justement de demander à maman ce qu'elle pensait du général Roland.

Un éclair de joie infernale illumina le regard de M. de Bourgueil, mais il se contint et dit à sa femme de l'air le plus naturel du monde :

— Eh bien ! chère amie, qu'as-tu répondu à Adeline ?... Que penses-tu, en effet, du général Roland ?

— Maman m'a dit...

— Oh ! oh ! mademoiselle Adeline, — reprit gaîment M. de Bourgueil en interrompant la jeune fille, — il faut laisser votre chère petite maman répondre.

Madame de Bourgueil, avec ce courage héroïque qu'une mère seule peut trouver en pareille circonstance, répondit d'une voix presque tranquille :

— J'ai dit à Adeline que je croyais M. le général Roland un homme parfaitement honorable.

— Et moi, — reprit la jeune fille avec la candide étourderie de son âge, — j'ai répondu à maman : Comment ! voilà tout ce que tu trouves à dire de M. le général Roland !

Il y avait dans ces naïves paroles d'Adeline quelque chose de si fatal, elles servaient si cruellement la vengeance de M. de Bourgueil, qu'il resta lui-même un instant silencieux, stupéfait, de cet effrayant à-propos.

Les forces de madame de Bourgueil étaient à bout.

La suite de l'entretien paraissait devoir être pour elle plus accablante encore ; elle fit un mouvement pour se lever et quitter le salon ; son mari la prévint et lui dit vivement :

— Allons, voilà que tu vas t'en aller au moment... le plus intéressant de notre entretien... puisqu'Adeline va nous faire sa demande !

— Mon ami... je...

— Madame de Bourgueil, — reprit-il gaîment en interrompant sa femme, et feignant un mécontentement comique, — si vous nous quittez déjà... je vais vous *faire les gros yeux*... Vous savez ce que cela veut dire. — Et s'adressant à sa fille, il ajouta en riant : — Tu vas voir qu'elle ne nous quittera pas, ta bonne mère !

En effet, la malheureuse femme retomba anéantie dans son fauteuil. Elle savait quelle menace cachaient les paroles en apparence insignifiantes de son mari. Comme toujours elle se résigna. M. de Bourgueil ajouta :

— J'aurais bien voulu voir cela... chère amie !... T'en aller au moment où *ma fille* trouve que tu n'apprécies pas suffisamment le brave général Roland !...

Et un sourire affreux accompagna ces paroles, tandis qu'Adeline ne voyait rien de fort naturel dans l'insistance de M. de Bourgueil auprès de sa femme, pour qu'elle continuât d'assister à l'entretien déjà commencé.

— Et maintenant, — reprit M. de Bourgueil, dis-nous, chère enfant, pourquoi tu trouves que ta bonne mère n'apprécie pas suffisamment le général.

— Dame !... c'est bien naturel, — reprit naïvement la jeune fille, — moi qui suis presque enthousiaste du général Roland !

— Vraiment !... dit M. de Bourgueil en cherchant avidement le regard de sa femme, — vraiment, mon Adeline, tu es presque enthousiaste du général Roland ?

La jeune fille fit par deux fois avec une grâce charmante un petit signe de tête affirmatif.

— Voyons, mademoiselle l'enthousiaste, — reprit en souriant M. de Bourgueil, — d'où vous vient cette admiration... s'il vous plaît ?

— Mais de tout ce que j'entends raconter du général Roland dans le monde où nous le rencontrons. Dès qu'il entre dans un salon, on se dit tout bas : « C'est le général Roland, un des derniers héros de l'empire. Vous savez ? ce général qui a fait dernièrement de si brillantes campagnes en Afrique. Loyal et chevaleresque comme Bayard, c'est un lion sur le champ de bataille. Et l'on ajoute bien d'autres choses encore au sujet de sa gloire et de son héroïsme ! Mais moi qui ne suis pas une héroïne, j'avoue que ces louanges guerrières me touchent beaucoup moins que ce qu'on dit de son cœur.

— Voyons, que dit-on du cœur du général Roland ? — reprit M. de Bourgueil en souriant avec une bonhomie paternelle.

Puis s'adressant à sa femme :

— Avoue, tendre amie, que rien n'est plus charmant que la candeur de cette enfant !

— On dit, mon bon père, — reprit Adeline, — que le général Roland, ce lion sur le champ de bataille, est un ange de tendresse pour sa femme et pour sa fille ; que ce héros, qui a tant de fois bravé la mort en se jouant, tremble et pleure comme un enfant à la moindre inquiétude qu'il ressent sur leur santé ; enfin, bon père, à entendre vanter le cœur du général Roland, on croirait reconnaître ta délicieuse bonté pour maman et pour moi, jointes à un illustre renom d'héroïsme et de gloire.

— De sorte, — dit lentement M. de Bourgueil avec un sourire impossible à rendre, — de sorte que mademoiselle l'enthousiaste serait, j'en suis sûr, plus fière d'avoir pour père l'illustre, l'héroïque général Roland, que l'obscur M. de Bourgueil ? En un mot, — ajouta-t-il en s'adressant à sa femme, — cette chère petite ingrate voudrait bien être *mademoiselle Roland*... Qu'en dis-tu, tendre amie ?

Malgré sa dissimulation profonde, le sourire de cet homme et sa physionomie trahirent en ce moment quelque chose de tellement sinistre, que sa fille se méprit sur l'expression de ses traits, vint à lui, lui prit les deux mains, et attachant sur lui ses grands yeux où roulaient deux larmes subitement venues, elle lui dit d'une voix touchante :

— Mon père, ton visage s'est attristé, et pourtant ce n'est pas sérieusement que tu parles.. Non, ce n'est pas sérieusement que tu m'accuses, moi, de ne pas me trouver heureuse et fière d'être ta fille ; non, tu ne peux me punir de ma franchise par un si pénible soupçon !

Puis, portant son mouchoir à ses yeux, et s'adressant à sa mère, elle lui dit entre une larme et un sourire :

— Tiens, mère chérie, gronde-le ! il le mérite, s'il ose douter de ma tendresse pour lui !...

— Allons, je me soumets, tendre amie, — reprit M. de Bourgueil avec une résignation hypocrite en s'adressant à sa femme : — gronde-moi, gronde-moi fort, pour avoir appelé cette enfant mademoiselle Roland.

C'en était trop pour la malheureuse mère. Jamais, malgré ses tortures de chaque jour, elle n'avait subi une si terrible épreuve. Elle allait, par l'explosion de sa douleur et de sa honte, éveiller les soupçons de sa fille et compromettre ainsi le fruit de tant d'années de contrainte et de martyre, lorsqu'un incident futile en apparence, interrompant ce redoutable entretien et distrayant l'attention d'Adeline et de M. de Bourgueil, permit à sa pauvre femme de reprendre son sang-froid.

Un domestique était entré et avait dit à M. de Bourgueil :

— Il y a dans le salon quelqu'un qui désire parler à monsieur.

— Qui est-ce?

— Un monsieur âgé... à cheveux blancs. Je ne l'ai jamais vu ici, —reprit le domestique.

— Priez ce monsieur d'attendre, — dit M. de Bourgueil au domestique, qui sortit.

XXVI.

M. de Bourgueil tenait trop à sa vengeance pour la compromettre en exposant sa femme à se trahir, puis cet entretien sur le général Roland, entretien dans lequel une innocente et naïve enfant poignardait sa mère à chaque parole, promettaient tant de féroces jouissances à cet homme qu'il voulut les ménager, les savourer et distiller ainsi goutte à goutte le fiel douloureux et corrosif dont son cœur était gonflé. Car, ainsi qu'on le verra plus tard, sa barbarie était sinon excusée, du moins expliquée par les horribles souffrances qu'il endurait lui-même.

Après le départ du domestique, M. de Bourgueil, s'adressant à Adeline et à sa mère d'un ton affectueux et pénétré, leur dit :

— Pouvez-vous, toutes deux, méconnaître assez ma tendresse ? Je dirai plus... parce que je me sens le droit de le dire, pouvez-vous assez oublier le culte que je vous ai voué pour me croire capable de dire sérieusement que ma fille, ma bien-aimée fille dédaigne mon affection, et qu'elle voudrait avoir pour père le général Roland ? Voyons, sage et tendre amie, c'est à ton bon sens, à ton bon cœur que je m'adresse, — ajouta-t-il en regardant sa femme, — ne m'aideras-tu pas à convaincre cette pauvre enfant que je plaisantais en ayant l'air de douter d'elle? Cette plaisanterie, je la croyais innocente, je me trompais ; elle était triste, elle était mauvaise, elle était coupable, puisqu'un instant elle vous a affectées, mes pauvres amies ; aussi je me repens, je me rends à discrétion, je demande pardon ; voyons, est-ce qu'on ne lui accordera pas son pardon, à ce pauvre père... qui a le cœur tout gros du chagrin qu'il a causé ?

A ces derniers mots, qu'il prononça d'une voix touchante, en tendant ses bras à Adeline, celle-ci courut à son père, l'embrassa avec effusion, et lui dit :

— Oui, oui, bon père, je te pardonne... Car si tu avais un instant douté de moi, tu aurais dû bien souffrir.

— Et toi, amie. — dit M. de Bourgueil en tendant la main à sa femme, — tu me pardonnes aussi, j'espère ?

— Oui, sans doute,—répondit madame de Bourgueil avec effort, — mais à l'avenir plus de ces tristes plaisanteries, n'est-ce pas? Elles sont trop pénibles pour Adeline et pour moi.

— Je te le promets ; et maintenant, mon Adeline, je vais mériter tout à fait ma grâce auprès de toi, en te disant sérieusement, très sérieusement cette fois, que je partage ton admiration pour le général Roland : je n'ai pas, non plus que ta bonne mère, l'honneur de le connaître personnellement ; mais quelques-uns de nos amis communs, en qui nous avions toute confiance, l'ont vu intimement ; selon eux, on ne peut rencontrer un cœur plus loyal, un caractère plus généreux, un esprit plus élevé que celui du général Roland. Tu me demandais, chère enfant, ce que moi et ta mère nous pensions de la comtesse et de son mari. Tu le sais maintenant. Et tenez, puisque nous parlons du général, il faut que je vous raconte un trait qui lui fait le plus grand honneur.

— Alors, maintenant, bon père, je peux te dire l'objet de ma demande, et...

— Mais paix donc, petite bavarde!— dit gaîment M. de Bourgueil ; — laisse-moi donc conter mon histoire : tu nous parleras ensuite de ta demande.

— Bien, bon père... nous écoutons.

— Vous devez vous imaginer, mes amies, — reprit M. de Bourgueil avec un accent de confiance et d'abandon, — vous devez vous imaginer, d'après *ses restes*, comme on dit, que, dans sa jeunesse, le général Roland a dû être remarquablement beau, n'est-ce pas ?

— Le fait est, bon père, — reprit Adeline, — qu'on ne peut voir une figure à la fois plus noble et plus vénérable : la dernière fois que nous l'avons rencontré... je...

— Eh bien ! — dit M. de Bourgueil, — pourquoi t'interrompre, chère enfant ?

— Si j'achève,—reprit Adeline en s'adressant gaîment à sa mère, — ce méchant père va dire encore que je voudrais être *mademoiselle Roland*.

— A la bonne heure,—répondit en souriant M. de Bourgueil, — tu ne pouvais mieux me prouver que tu me pardonnais ma méchante plaisanterie. Continue, chère enfant.

— Je te disais que la dernière fois que nous avons rencontré le général Roland, c'était chez madame Deverpuis. J'entendais autour de moi qu'il allait être nommé ambassadeur à Naples, et je pensais, en regardant sa belle et vénérable figure, qu'on ne pouvait désirer un ambassadeur d'un extérieur plus accompli.

— Et en cela,—dit M. de Bourgueil, — tu faisais preuve d'un excellent goût.

— Mais tu vas voir, bon père ; moi, je regardais le général sans croire être remarquée de lui ; eh bien ! pas du tout...

— Comment donc ?

— Ne voilà-t-il pas que ses yeux rencontrent les miens!... Juge si je suis honteuse !

— Je le crois, — dit en souriant M. de Bourgueil, — et voici mademoiselle l'enthousiaste qui n'ose plus les relever, ses beaux yeux !

— De quelques instans du moins, et lorsque je m'y hasarde... sais-tu ce qui arrive?

— Non ; quoi donc ?

— Je retrouve les yeux du général toujours attachés sur les miens, mais avec un regard si doux, si bon, que...

— Que...

— Tu vas te moquer de moi, bon père, mais je me suis sentie presque émue... et en vérité... je te demande un peu pourquoi ?

— Il faut demander ceci à ta mère... chère enfant, elle te le dira peut-être, et encore... je ne sais... car elle ne paraît pas partager notre admiration au sujet des avantages extérieurs du général.

— Vraiment, chère maman ?

— Mon enfant, — reprit madame de Bourgueil, qui, le visage penché sur sa tapisserie, avait dévoré ses larmes en entendant sa fille parler du regard attendri que le général Roland avait attaché sur elle, — mon enfant, je l'avoue, j'ai été moins frappée que toi et ton père de ce qu'il peut y avoir de remarquable dans l'extérieur de M. le général Roland...

— Oh! moi, cela ne m'étonne pas du tout, — reprit affectueusement M. de Bourgueil; — quoique tu aies une grande fille de vingt et un ans, pauvre amie, tu es encore timide comme une pensionnaire, et je suis bien certain qu'en effet tu n'auras pas plus remarqué le général Roland... que tout autre ; mais pour en revenir à mon histoire, mes amies, car il faut bien en finir, figurez-vous... et cela ne vous étonnera pas le moins du monde, figurez-vous que, dans sa jeunesse, le général était beau comme le jour, séduisant au possible ; enfin, il faisait tourner toutes les têtes, tant il y a qu'une femme... jusqu'alors irréprochable...

— Mon ami, — dit madame de Bourgueil frissonnant d'épouvante, — ne craignez-vous pas...

— Quoi, amie ?

— Qu'un tel récit... devant Adeline...

— Eh bien !... achève donc, amie... Qu'un tel récit devant Adeline ?...

— Ne soit peut-être...

— Ne soit peut-être ?...

— Pas tout à fait convenable ? — répondit madame de Bourgueil, qui se sentait mourir.

— Pauvre amie ! —reprit son bourreau d'un ton d'affectueuse déférence, —je comprends qu'une vie pure et sainte comme la tienne te donne le droit d'être rigoriste jusqu'au scrupule ; mais, permets-moi de te le dire, notre Adeline a vingt et un ans, et depuis deux hivers elle nous accompagne dans le monde. Or, malgré la réserve avec laquelle on s'y exprime toujours devant les jeunes personnes, elle n'est pas sans savoir que s'il est des femmes dignes comme toi, tendre amie, de l'estime, de la vénération de tous, il est de misérables créatures assez perdues, assez infâmes pour trahir leurs devoirs. Eh ! mon Dieu ! tiens, il y a deux mois à peine, notre Adeline n'a pu s'empêcher d'entendre avec quel mépris, quelle indignation on parlait de cette odieuse madame de Bermont, qui, pour suivre son séducteur, avait abandonné son mari et sa fille... N'est-ce pas, chère enfant, tu te rappelles le scandale que cette aventure a fait dans le monde ?

— Oui, mon père, — répondit la jeune fille avec un accent de dédain, — heureusement, cette femme s'est rendue justice...

— Comment cela ? Explique-toi, — dit M. de Bourgueil. Et, s'adressant à sa femme :

— Comprends-tu ce que notre Adeline veut dire... amie ?

— Non... — balbutia madame de Bourgueil, — non, je ne comprends pas bien...

— Je veux dire, mère chérie, — reprit la jeune fille, que cette malheureuse femme s'est rendue justice en abandonnant sa fille, qu'elle n'était plus digne de garder auprès d'elle, et qui un jour aurait eu honte d'une pareille mère...

— L'entends-tu, amie ? l'entends-tu, notre enfant ? — dit M. de Bourgueil avec un accent de fierté. — Ah ! je reconnais là le fruit des exemples et de l'éducation que tu lui as donnée ! N'est-tu pas charmée, comme moi, de sa vertueuse indignation contre ces infâmes créatures qui foulent aux pieds les plus saints devoirs ?

— Cette indignation est légitime, — répondit madame de Bourgueil. — Sans doute, la femme dont nous parlons a été coupable... bien coupable... elle expiera sans doute sa faute dans de cruelles tortures... elle est abandonnée, méprisée de tous. Elle est haïe par sa fille... le dernier, le plus affreux coup qui puisse frapper une mère... tant de douleurs attendriront peut-être des cœurs impitoyables ; et qui sait si un jour son enfant n'aura pas pitié d'elle, la voyant si malheureuse...

— Il me semble à moi, — reprit M. de Bourgueil, —qu'une si odieuse créature ne mérite aucune compassion, et, — s'adressant à la jeune fille, — et toi, Adeline, qu'en penses-tu ?

— Comment veux-tu, bon père, que j'aie une idée là-dessus, moi, habituée à chérir, à honorer la plus tendre des mères !... Il me semble seulement qu'une femme qui aurait conservé un peu de cœur devrait mourir de honte plutôt que d'affronter le mépris ou la pitié de sa fille...

— Bien, bien, chère enfant, —dit M. de Bourgueil ;—j'aime cette noble réponse ; elle est digne de toi et de ta mère.

En disant ces mots, M. de Bourgueil jeta les yeux sur sa femme ; mais, en tourmenteur habile et expert, il s'aperçut, au léger tressaillement des lèvres décolorées de sa victime, qu'elle ne pouvait endurer plus longtemps la torture sans se trahir ; aussi, renonçant pour le moment au récit dont il l'avait menacée, il dit en paraissant se rappeler un souvenir :

— Lorsque je suis avec vous deux, j'oublie tout. Quelqu'un m'attend depuis assez longtemps déjà dans le salon, il faut que je vous quitte ; je vous garde mon récit pour tantôt ; seulement, chère enfant, maintenant que tu sais dans quelle estime, ta mère et moi, nous tenons le général Roland et sa femme, dis-nous ce que tu voulais nous demander.

— Eh bien ! bon père... deux ou trois fois dans le monde, cet hiver, je me suis trouvée par hasard placée à côté de la fille du général Roland ; il est impossible d'être plus charmante, plus aimable que cette jeune personne. Nous avons causé ensemble, et cela m'a suffi pour avoir le plus grand désir de la connaître davantage ; car il y a en elle je ne sais quoi qui charme et qui attire. Naturellement, je ne voulais pas vous parler de mon vif désir de me lier avec Mlle Roland avant de savoir ce que vous pensiez de ses parents ; mais puisque vous en pensez tant de bien, et que d'ailleurs maman se trouve en relations avec madame la comtesse Roland pour leur œuvre des prisons, je serais heureuse, oh ! bien heureuse, d'avoir pour amie mademoiselle Roland. Cela ne serait pas, il me semble, impossible, si ma chère maman voulait demander à la comtesse la permission de me présenter à sa fille ; n'est-ce pas, bon père ? Aussi n'avais-je pu m'empêcher de regretter que maman eût fait aujourd'hui fermer sa porte ; la visite de la comtesse serait une si bonne occasion d'arriver peut-être à ce que je désire !

— Ne penses-tu pas comme moi, chère amie, — dit M. de Bourgueil à sa femme, — que rien n'est plus facile que d'amener ce rapprochement entre ces deux enfants ? liaison dont je serais, du reste, enchanté, car notre Adeline ne pourrait mieux placer son amitié... Mais qu'as-tu, — ajouta M. de Bourgueil en voyant l'altération des traits de sa femme, dont les forces étaient à bout, — est-ce que ton malaise augmente ?

— Beaucoup, — répondit madame de Bourgueil en se levant avec peine, — je ne me sens pas très bien, je vais rentrer chez moi avec Adeline pendant que vous recevrez ici la personne qui vous attend...

— Mon Dieu ! mon Dieu ! maman, — reprit la jeune fille avec une nouvelle inquiétude en examinant le visage de sa mère, car celle-ci, jusqu'alors, et pendant presque tout le temps de ce martyre, avait autant que possible tenu sa tête baissée sur sa tapisserie, — moi qui ne songeais qu'à causer... qu'à parler de ce qui m'intéresse... toi tu souffrais... et je ne te le dire, encore !...

— Tiens, amie, — reprit M. de Bourgueil, — je n'ai pas le courage de te quitter, je vais faire dire à cette personne qui m'attend que je ne suis pas visible.

— Non, non, de grâce ! recevez cette personne, —dit madame de Bourgueil espérant être enfin pour quelques moments délivrée de la présence de son bourreau. —Adeline va m'accompagner... je vais faire avec elle quelques tours de jardin, peut-être le grand air me fera-t-il du bien...

— Adeline, je n'ai pas besoin de te recommander de bien veiller sur ta mère, — dit M. de Bourgueil ; — fais-la se bien envelopper de châles, de crainte du froid.

— Oh ! père, sois tranquille, — répondit la jeune fille, — je ne quitterai pas maman d'une seconde.

Pendant que madame de Bourgueil quittait le salon appuyée sur le bras de sa fille, M. de Bourgueil sonna et dit au domestique de faire entrer la personne qui attendait dans la pièce voisine.

Bientôt le domestique introduisit Pietri.

Il resta seul avec M. de Bourgueil.

XXVII.

M. de Bourgueil se trouvant seul avec Pietri, lui dit en le regardant avec assez d'étonnement :

— A qui, monsieur, ai-je l'honneur de parler ?

— Monsieur, vous ne me reconnaissez pas ?

— Mais, monsieur, — répondit M. de Bourgueil, en examinant le Corse avec plus d'attention, — je crois ne vous avoir jamais vu.

— Pardon, il y a environ vingt-deux ans, — reprit Pietri en souriant, — cherchez bien.

— Vingt-deux ans ! cela date de loin ; vous comprendrez, monsieur, que mes souvenirs me fassent défaut.

— Cependant, monsieur, la circonstance dans laquelle j'ai eu l'honneur de vous rencontrer doit avoir laissé quelques traces dans votre mémoire.

— Quelle circonstance ?

— Le duel de M. Delmare et du colonel Roland.

— Que dites-vous ?

— Je vous ai aidé, monsieur, à relever ce pauvre M. Delmare.

— Cela n'est pas possible, monsieur ! Quatre personnes seulement assistaient à ce duel : M. Delmare, moi et le témoin du colonel Roland.

— Vous oubliez, monsieur, qu'un serviteur du colonel est venu avec une lumière à la fin du combat : ce serviteur, c'était moi.

— Vous ?

— J'étais alors valet de chambre du colonel Roland ; aujourd'hui, j'ai l'honneur d'être l'intendant de M. le général Roland.

— Ah ! vous êtes l'intendant du général Roland, — reprit M. de Bourgueil assez surpris de cette rencontre, — et que désirez-vous ?

— Vous offrir mes petits services, monsieur, si vous daignez les agréer encore.

— Les agréer encore ? M'en avez-vous donc déjà rendu ?

— Un très grand... oui, monsieur, un très grand service.

— Et lequel, s'il vous plaît ?

— Je vous ai empêché d'être plus longtemps dupe d'un faux et indigne ami.

— Expliquez-vous clairement, — dit vivement M. de Bourgueil de plus en plus surpris.

— C'est moi, monsieur, qui ai eu l'honneur de vous écrire autrefois la lettre anonyme grâce à laquelle vous avez surpris madame votre femme chez mon maître.

A cette révélation, M. de Bourgueil recula d'un pas, frappé de stupeur ; puis, après un moment de silence, il s'écria :

— C'était vous ! vous !!

Pietri s'inclina en signe d'assentiment.

— Mais, — reprit M. de Bourgueil en attachant un regard pénétrant sur le Corse, — mais c'était trahir votre maître !

Pietri s'inclina de nouveau.

— Et comment alors êtes-vous resté si longtemps à son service ? —reprit M. de Bourgueil, — comment êtes-vous encore dans sa maison ?

— Parce que mon œuvre de vengeance n'est pas encore accomplie, monsieur.

— Quoi ! vous auriez à vous venger du général Roland,— s'écria M. de Bourgueil, croyant à peine ce qu'il entendait,— vous aussi ?

— Moi aussi, monsieur, et sachant qu'en ce sens nous avons des intérêts à peu près communs, — excusez cette liberté, — je viens, ainsi que j'ai eu l'honneur de vous le dire, monsieur, vous offrir mes petits services, car le temps presse.

— Et qui me dit, — reprit M. de Bourgueil d'un air défiant, en tâchant de lire la vérité sur la figure impassible du Corse, — qui me dit que vous n'êtes pas un émissaire du général Roland ? qui me prouve la sincérité de vos offres de service ?

— Permettez-moi, monsieur, d'entrer dans quelques détails, et vous reconnaîtrez ma loyauté.

— Voyons.

— Vous me permettez de parler sans détours ?

— Je vous le demande.

— Monsieur, un mari qui garde sa femme et qui se tait après la découverte que vous avez faite, et qui ensuite élève auprès de lui une fille qui n'est pas sienne, ce mari est le plus généreux... ou le plus implacable des hommes. Je ne vous ferai pas l'injure de vous croire généreux, monsieur, c'est-à-dire faible et indifférent à l'outrage ; je vous ferai d'autant moins cette injure, que j'ai deviné votre pensée lorsque j'ai vu vos heureux efforts pour mettre souvent, dans le monde, madame de Bourgueil et sa fille en présence du général Roland, comme des remords vivans. Certes, l'idée était bonne, mais, permettez-moi de vous le dire, incomplète. C'était une torture pour madame votre femme, soit ! mais ces rencontres, quoique assez pénibles pour mon maître, étaient bientôt oubliées par lui au milieu de la céleste félicité dont il jouit auprès de sa femme et de sa fille ; il en est adoré, il les adore. En un mot, monsieur, vous ne sauriez vous imaginer combien le général est heureux. Tout lui a réussi, tout lui est venu à point, bonheur domestique, richesse, considération, honneurs ; enfin, pour combler la mesure, il marie jeudi sa fille à un phénix, et de ce phénix elle est folle, de sorte que ce mariage, charmant comme un mariage d'amour, est sage comme un mariage de raison. Vous le voyez, monsieur, si mon maître est le plus fortuné des époux, il est aussi le plus fortuné des pères... Mais, —ajouta le Corse en remarquant l'expression des traits de M. de Bourgueil, — je m'aperçois, monsieur, que ce que je vous raconte... de l'ineffable bonheur du général... vous fait... un mal affreux.

— Peut-être, — répondit M. de Bourgueil presque effrayé de l'impassible cruauté du Corse, et ne sachant encore s'il devait s'applaudir de rencontrer un pareil auxiliaire, — et lorsque vous évoquez à mes yeux la peinture enchanteresse du bonheur domestique du général Roland, c'est sans doute, homme charitable, afin de soulever tout ce que je peux avoir de haine et de rage dans le cœur.

— Naturellement, monsieur, oui , de ranimer tous vos ressentimens, et vous prouver que votre vengeance sera incomplète, boiteuse, pauvre, tant que vous vous bornerez à supplicier madame votre femme.

— Ah ! vous croyez que... je...

— Je crois que vous la torturez d'autant plus, monsieur, que vous l'avez aimée davantage.

M. de Bourgueil fut frappé de la pénétration du Corse, qui reprit :

— Je devine à merveille ce que vous devez faire souffrir à madame votre femme, surtout en présence de sa fille. Aussi cette affection apparente pour cette enfant du colonel Roland a-t-elle été un coup de maître. Vous devez trouver là un ressort excellent, il doit donner presque à chaque instant mille moyens nouveaux à votre vengeance.

— Vous me paraissez très expert en vengeance.

— Dame ! c'est ma spécialité depuis tantôt vingt-cinq ans, monsieur ; vous concevez, n'est-ce pas, que lorsqu'on s'est adonné corps et âme à une idée depuis un temps pareil, on l'a creusée, étudiée sous toutes ses formes : aussi avais-je l'honneur de vous dire qu'il fallait compléter votre vengeance et conclure... conclure le plus tôt possible ; car vous ignorez sans doute (et c'est, entre autres choses, le désir de vous éclairer à ce sujet qui m'amène ici), vous ignorez, dis-je, que le général part dimanche pour son ambassade de Naples.

— Il est donc nommé à ce poste si envié ?

— D'aujourd'hui même. Il le désirait, est-ce que cela pouvait lui manquer ? Il a toujours été si heureux ! Jeune, il a vécu comme *don Juan* ; vieux, il est entouré des plus douces affections de la famille et comblé d'honneurs; c'est trop rare, n'est-ce pas, monsieur, une pareille continuité de félicité?

— Allons, j'étais fou de douter de la sincérité de vos offres, — reprit M. de Bourgueil de plus en plus frappé du caractère de Pietri, — vous me ferez un bon et franc auxiliaire; comptez sur moi comme je compte sur vous.

— J'étais certain, monsieur, de mériter votre confiance. Résumons : la signature du contrat de mariage de la fille de mon maître a lieu jeudi, puis dimanche... toute la famille part pour Naples; vous le voyez, monsieur, il faut se hâter... il le faut, malheureusement.

— Malheureusement ?

— Hélas ! oui, monsieur... et ici, je confesse mon égoïsme, je parle pour moi... j'aurais déjà, voyez-vous, pu porter de terribles mais partielles atteintes au bonheur de mon maître... et j'ai toujours reculé... toujours reculé.

— Et pourquoi ces retards ?

— Eh ! mon Dieu, monsieur, d'abord parce que l'homme n'est jamais satisfait : il a le bien, il veut le mieux; je temporisais afin de polir, de caresser mon œuvre avec amour, voulant arriver à quelque chose de bien... de complétement bien.. à quelque chose enfin de large, de terrible, qui pût jouer à s'y méprendre un épouvantable châtiment providentiel... Je n'ai pas, d'ailleurs, à me reprocher mon délai, j'ai fait une précieuse acquisition... Mais enfin, en admettant que cette œuvre, mon unique souci depuis tant d'années, arrive à être telle que je l'ai si souvent rêvée durant mes longues insomnies... oui, au jour choisi par moi, la foudre éclate et tombe à ma voix sur l'objet de ma haine immortelle... C'est très bien, mais après ? Oui, monsieur, après ? que deviendrai-je ? quel but aura désormais ma vie ? plus aucun. Je vous demande un peu ce que vous voulez que je fasse en ce monde, lorsque j'aurai eu dit à mon maître brisé, anéanti au milieu des ruines de son bonheur écroulé : *C'est moi, Pietri, qui vous ai frappé ainsi par représailles du mal que vous m'avez fait autrefois!* Hélas, monsieur, une fois que le pauvre vieux serviteur aura eu ainsi savouré en une seconde le fruit de vingt-cinq ans de patiens efforts, il n'aura plus qu'à quitter ce monde... hélas !

Et Pietri soupira d'un air dolent et mélancolique.

M. de Bourgueil était impitoyable, mais ce Corse l'épouvantait et il le regardait en silence.

— Mais, pardon, monsieur, — reprit Pietri, — pardon de me laisser aller à philosopher ainsi... C'est que, voyez-vous, entre *collègues*... permettez-moi cette petite familiarité... l'on s'abandonne à ses réflexions à cœur ouvert. Je vous donc venu ici, d'abord pour vous prévenir que le général partait dimanche.

— C'est bientôt, — dit M. de Bourgueil en réfléchissant.

— J'ai voulu aussi vous apprendre que ma maîtresse, à son grand regret, mais cédant au désir du général, doit éviter toute occasion de se rencontrer avec madame de Bourgueil ; ainsi la comtesse devant rendre une visite en personne à madame votre femme, et craignant de la rencontrer chez elle, m'a chargé de remettre sa carte en conséquence. Or, vous concevez, monsieur, que par cela même que le général redoute par instinct ce rapprochement...

— Plus je dois tenir à ce que ce rapprochement s'effectue ; telle avait toujours été ma pensée. Je ne désespérais pas d'y arriver, et alors ma vengeance n'eût plus été *boiteuse*... car du même coup je frappais ma femme, cet homme et sa fille, que j'abhorre !... Malheureusement le prompt départ du général ruine à peu près mes espérances.

— Je suis précisément venu ici, monsieur, pour vous aider à parer ce coup inattendu... Veuillez m'écouter. Le général donne jeudi une grande soirée d'adieux ; le contrat de mariage de sa fille se signe ce soir-là.

— Bien... mais je ne vois pas...

— Permettez... Madame de Bourgueil, sans être liée avec la comtesse, s'est trouvée souvent en relations avec elle... pour l'œuvre des prisons...

— Oui, et c'est en voyant dans les journaux le nom de la comtesse Roland parmi les dames de cette œuvre que j'ai forcé ma femme à faire les démarches en suite desquelles elle a été admise comme patronnesse... C'était le premier pas du rapprochement que je méditais.

— Le moyen était bon, et il nous servira, voici comment : madame de Bourgueil et la comtesse sont patronnesses d'une même œuvre, elles ont échangé des visites en personne ; madame votre femme trouvera donc fort naturel de recevoir cette invitation.

Et Pietri tira de sa poche une lettre qu'il remit à M. de Bourgueil.

— Quelle est cette invitation ?

— Je suis toujours chargé par ma maîtresse de remplir ses lettres d'invitation imprimées, en y écrivant le nom des personnes qu'elle convie à ses dîners ou à ses fêtes ; cette invitation est ainsi conçue :

« *Madame la comtesse et monsieur le comte Roland prient monsieur et madame de Bourgueil, ainsi que mademoiselle de Bourgueil, de leur faire l'honneur de venir passer la soirée chez eux, jeudi prochain.*»

Une fois que, grâce à cette invitation, vous aurez pu très naturellement (aux yeux de madame de Bourgueil et de sa fille) les conduire toutes deux au sein de la famille du général Roland, réunie à l'élite de la société de Paris, pour signer le contrat de mariage de la fille de M. l'ambassadeur de France à Naples... une fois là, je laisse à votre fertile... imagination.

Monsieur de Bourgueil interrompit Pietri, et s'écria dans un farouche ravissement :

— Enfin, je touche au but !

— Je l'espère, — dit froidement Pietri.

— Un dernier mot, monsieur... je crois très important pour vos projets... et aussi pour les miens, que vous arriviez ponctuellement à la soirée du général Roland, à une heure convenue entre nous ; mais cette heure, je ne puis encore vous la fixer : elle est subordonnée à une décision que je ne peux guère prendre avant jeudi matin.

— Alors écrivez-moi, jeudi matin, à quelle heure de la soirée nous devrons arriver chez le général.

— Jeudi matin, monsieur, vous aurez un mot de moi.

L'entretien de M. de Bourgueil et du Corse fut interrompu par Adeline, qui entra vivement en disant :

— Bon père, maman se trouve mieux.

Puis voyant que M. de Bourgueil était encore compagnie, elle resta près de la porte.

A l'aspect d'Adeline, M. de Bourgueil et Pietri échangèrent un coup d'œil significatif.

— Ainsi, mon cher monsieur, — dit M. de Bourgueil, j'attendrai votre lettre.

— Oui, monsieur, — répondit le Corse en s'inclinant pour prendre congé.— Si je puis avoir l'honneur de vous écrire plus tôt que je ne l'espère, je vous écrirai.

Et Pietri, après s'être incliné de nouveau et profondément devant Adeline, lorsqu'il passa près d'elle, quitta le salon.

— Quel est donc ce monsieur, bon père ? — demanda la jeune fille après le départ de Piétri. — Il a une figure bien vénérable.

— Tu trouves ?

— Oui, mon père.

— Tu as raison, et ton instinct ne t'a pas trompé...

C'est un très digne homme... Mais, dis-moi, où est ta bonne mère ?

— Elle vient de rentrer dans sa chambre, elle se trouve mieux, le grand air lui a fait du bien ; elle m'a dit : Va voir si ton père est seul, car j'aurais à causer avec lui d'une pensée qui m'est venue pendant notre entretien de tantôt.

— Cela se trouve à merveille, car j'ai justement à parler à ta mère. Va donc la prévenir que je l'attends.

— Il paraît que c'est le jour des grands mystères, — dit en riant la jeune fille. — Je telaisse ; je vais avertir maman : je ne reviendrai que lorsque vous me ferez demander.

Et Adeline sortit.

Quelques momens après, madame de Bourgueil entra. Les deux époux se trouvèrent seuls.

XXVIII.

Lorsque madame de Bourgueil se trouva seule avec son mari, la cruelle contrainte que lui imposait toujours la présence de sa fille disparut ; son regard, d'une dignité triste, n'évitait plus celui de M. de Bourgueil ; lui, de son côté, n'ayant plus besoin de feindre une hypocrite tendresse, laissait lire sur sa physionomie la haine, la froide méchanceté qui l'animait, et aussi les ressentimens d'une douleur incurable, car, ainsi que nous l'avons dit, si l'inconcevable férocité de cet homme pouvait être sinon excusée, du moins expliquée, c'était par l'acuité de ce qu'il souffrait aussi, lui !

Madame de Bourgueil dit à son mari d'une voix ferme :

— Monsieur, après l'horrible scène de tantôt, une explication est devenue indispensable.

— Une explication ?... Pour m'expliquer quoi, madame ?

— Monsieur, je trouve que mon supplice, mon expiation, si vous voulez, a assez duré.

— Pardon, je ne trouve pas cela.

— Je m'en aperçois, monsieur. Votre infernale méchanceté est féconde ; ce que j'ai enduré aujourd'hui dépasse tout ce que j'avais souffert jusqu'ici.

— Madame, il faut du progrès en toute chose.

— Cela signifie, sans doute, que vous me ménagez des tortures plus grandes encore ?

— Je l'espère.

— Vous vous vantez...

— Non, madame...

— Écoutez bien ceci, monsieur : lorsqu'il y a plus de vingt ans, vous avez eu la preuve de ma faute, je vous ai conjuré de demander notre séparation, vous m'avez refusé ; la loi, le droit, la force, étaient pour vous ; la possession de votre victime vous a été assurée, garantie...

— Dieu merci...

— Je suis devenue mère, j'ai pressenti tout ce que cette maternité me préparait d'angoisses et d'alarmes ; et vous saviez capable de tout ; ma vie était consacrée désormais à défendre mon enfant contre vous...

— Ne dirait-on pas que je voulais le dévorer, votre enfant ? quel bel ogre je suis !... votre fille m'adore...

— Oh ! je le sais, monsieur, vous dédaignez les vengeances brutales, et surtout promptes : un coup de poignard ne m'aurait tuée qu'une fois, et mon supplice dure depuis vingt ans ; lorsque vous m'avez déclaré que vous vouliez me garder près de vous et ne pas me séparer de mon enfant, j'ai deviné ce que j'aurais à souffrir pendant la première adolescence de ma fille ne serait rien auprès de ce qui m'était réservé par vous lorsqu'elle aurait l'âge de raison.

— Je ne crois pas avoir trompé vos prévisions ?

— Non, monsieur, et même, la seule attente de ce nouveau martyre, je l'avoue, le plus cruel de tous et sur lequel vous preniez soin d'appeler sans cesse et d'avance ma pensée... cette attente était horrible... Enfin l'heure est venue où vous avez pu me dire : « Votre fille a maintenant » l'âge de raison, vous vous chérissez toutes deux... Je » l'entretiens dans sa tendresse et sa vénération pour » vous, en lui en donnant l'hypocrite exemple... Votre » fille est votre seule consolation, votre unique affection » en ce monde... »

— Je puis vous aider à rappeler vos souvenirs, — reprit M. de Bourgueil en interrompant sa femme. — « Si ja» mais, madame, vous avez l'audace (ai-je ajouté) de » vous opposer à une seule de mes volontés, je vous dé» masque aux yeux de votre fille... et au lieu du respect, » de l'idolâtrie que vous lui inspirez, elle n'a plus pour » vous que mépris et aversion ; je renie avec éclat ma » paternité, ainsi que j'en ai conservé le droit ; j'affi» che votre honte et l'opprobre de la naissance de votre » fille, je vous livre toutes deux aux dégoûts du monde, » et je chasse de ma maison la mère adultère et la fille » adultérine... » Oui, voilà ce que je vous ai dit alors, madame... Vous me savez homme à tenir ma promesse ; pourquoi revenir là-dessus ?

— Vous connaissiez, monsieur, ma folle tendresse pour ma fille, ma seule consolation en ce monde... vous l'avez dit... Vous saviez la fierté de mon caractère, et que je sacrifierais tout à la honte d'avoir à rougir devant mon enfant, et à la crainte de lui porter un coup affreux... mortel peut-être... vous m'avez dominée par vos menaces ; alors a commencé pour moi un supplice de tous les jours, de tous les instans : ce n'était pas assez pour vous que d'amener sans cesse cette innocente enfant à louer *mes vertus*, à me glorifier comme le modèle des mères et des épouses... vous m'avez traînée dans un monde où je devais souvent rencontrer le général Roland, sa femme et sa fille ; vous avez fait plus, vous m'avez forcée de faire partie d'une œuvre de bienfaisance à laquelle appartenait la comtesse Roland : vous comptiez ainsi préparer presque fatalement je ne sais quel rapprochement dont le but m'échappe, mais qui ne peut être qu'horrible pour ma fille et pour moi ! Enfin, ce matin, profitant avec un art infernal, de quelques paroles d'Adeline au sujet de la comtesse Roland et de son mari, vous avez rendu ma fille... votre complice, oui... grâces à vous, cette pauvre enfant, dans sa naïveté, m'a torturée... sous vos yeux... elle, mon Dieu ! — ajouta madame de Bourgueil d'une voix altérée par les sanglots, — elle... qui n'a vécu... qui ne vit que pour m'aimer.

— Tout cela est vrai, madame, — répondit M. de Bourgueil avec un calme effrayant. — Où voulez-vous en venir ?

— Monsieur, je suis résolue à ne plus subir désormais un pareil supplice.

— Ne dites pas de ces puérilités-là, je vous prie.

— Monsieur...

— Voyons, madame de Bourgueil, parlons raison. Croyez-vous que c'est au moment où ma vengeance commence à se dessiner, que je vais y renoncer ? Tenez, quoique vous vous soyez conduite envers moi dans votre jeunesse comme une effrénée coquine, j'ai toujours rendu justice au bon sens de votre âge mûr. Vous avez été, il est vrai, une femme adultère, une de ces infâmes qui, au su ou à l'insu de leurs maris, élèvent dans la sainteté du foyer domestique le fruit de leur débauche...

— Ces outrages, monsieur, — dit la malheureuse femme en mordant son mouchoir pour étouffer ses sanglots, — ces outrages, je les ai mérités, je les subis, mon Dieu, depuis bien des années sans me plaindre ; je ne me plaindrai pas aujourd'hui.

— En effet, vous commencez, je le crains, à vous blaser là-dessus ; nous trouverons moyen de remédier à cette satiété. J'avais donc l'honneur de vous dire, madame, que vous aviez été une femme sans mœurs et digne du dernier mépris ; mais enfin, dans mon impartialité, je dois reconnaître que vous êtes une femme de bon sens. Or, je vous le répète, et je vous le demande à vous-même, n'est-ce pas puéril de venir me dire : Je suis résolue à ne plus souffrir ceci ou cela ?

—Telle est pourtant ma résolution, monsieur.

— Madame de Bourgueil, vous me faites pitié !

— La pitié... oh ! c'est un sentiment que je ne vous ai jamais inspiré, monsieur! que je ne vous inspirerai jamais!

— Jamais !

— C'est pour cela que je veux mettre fin à mon martyre.

— Eh, mon Dieu, sans doute, vous le voulez ; on veut toujours. Mais pouvoir, madame, mais pouvoir?

— Je le pourrai.

— Comment ?

— Vous m'avez dominée jusqu'ici en me menaçant de dévoiler ma honte à ma fille. Eh bien, je vous dis que si vous me poussez à bout, je ferai moi-même, oui, moi-même, quoique cette pensée me glace d'épouvante, je ferai moi-même ce terrible aveu à ma fille.

— Bon ! Et puis ?

— Cet aveu lui prouvera ce que j'ai dû souffrir jusqu'ici, monsieur. Elle m'aime ; elle me pardonnera. Elle me plaindra peut-être... Je connais son cœur.

— Très bien ! Et puis ?

— Alors du moins, monsieur, je ne serai plus forcée de cacher l'horreur que vous m'inspirez; alors j'échapperai à cette vie de mensonge, de réticence et d'alarmes toujours renaissantes, à laquelle vous m'avez condamnée, et qui me tue à petit feu.

— De mieux en mieux! Et puis ?...

Et comme madame de Bourgueil regardait son mari, il reprit :

— Oui, je vous le répète, et puis après, qu'arrivera-t-il ? oui, qu'arrivera-t-il, lorsque vous aurez fait à votre fille cet aveu qui, malgré tout l'artifice de sentimentalité maternelle dont vous pourrez l'entourer, se résumera par ceci: «Mon » enfant aimée, j'ai été la maîtresse du général Roland et » surprise au sortir de ses bras par M. de Bourgueil; tu » le crois ton père, chère innocente... erreur, ton vrai père » est le général Roland, mon ancien amant; aussi, chas- » te fille, m'est-il insupportable de t'entendre glorifier sans » cesse mes vertus de mère de famille : ça finit par devenir » une insipide plaisanterie ; oui , chère et virginale fille, » comme tant d'autres j'ai eu un amant; de cet amant, un » enfant, cet enfant c'est toi, fille adorée ; maintenant, » tu ne seras pas assez dénaturée pour me mépriser à cau- » se de cet enfantillage, et retourner contre moi ces princi- » pes de moralité que je t'ai donnés par pure hypocri- » sie; car ces principes, je les ai outrageusement foulés » aux pieds. Tu sais maintenant que j'ai été une miséra- » ble dans mon jeune temps; n'en parlons plus, vivons » en bonnes amies, et surtout honore-moi, respecte-moi, » glorifie-moi comme par le passé. » — Soit, vous tiendrez à votre fille ce langage ou son équivalent. Mais ensuite, madame de Bourgueil? Oui, ensuite? De deux choses l'une, ou votre enfant n'éprouvera plus pour vous que dégoût et horreur, ou vous lui ferez pitié et elle vous continuera sa tendresse.

— Sûre de sa tendresse, monsieur, je ne crains plus rien, je m'ensevelis avec elle dans quelque retraite et...

— Ah ! ah ! ah ! — reprit M. de Bourgueil avec un éclat de rire sardonique. — Il paraît que c'est chez vous une idée fixe... Déjà, dans le temps, vous m'aviez parlé de cette imagination de retraite au sujet du colonel Roland qui, par parenthèse, se moquait de vous et ne donnait pas, lui, dans ces idylles romanesques : *Une chaumière et mon amant!* disiez-vous alors. *Une chaumière et ma fille !* dites-vous aujourd'hui... C'est à merveille! Mais, fidèle et chaste épouse, permettez, il me semble que je suis toujours un peu trop oublié dans vos projets... Vous croyez ingénument que lorsque vous aurez spontanément avoué votre déshonneur à votre fille, vous m'échapperez pour cela ? Allons donc, pas le moins du monde !

— Que dit-il? —s'écria madame de Bourgueil avec épouvante ; — ô mon Dieu, que vais-je entendre !

— Oh ! sans doute, il viendra un moment fatal où je révélerai votre honte... et je reculerai peut-être ce beau jour jusque après le mariage de votre fille, mariage auquel je songe, nous en parlerons ; peut-être même attendrai-je qu'elle soit mère à son tour: vous voyez que vous avez encore bien des phases peu réjouissantes à traverser.

— Non,— murmura madame de Bourgueil presque avec égarement,—non, c'est impossible!

— Sans doute il viendra, dis-je, un moment, — reprit son bourreau, — un jour suprême, fatal, où je vous chasserai, vous et votre fille, de cette maison où vous avez apporté l'opprobre ; mais, permettez, je reste seul juge, maître de l'opportunité de ce moment ; or, si d'ici là vous voulez faire votre honnête confession à votre fille, libre à vous ; seulement, je vous le répète, nous ne nous séparerons pas pour cela, au contraire : ce chaste aveu sera un nouveau lien pour notre cher petit *trio* ; oui, chaque jour, vous m'entendrez dire devant vous *à mademoiselle Roland*, ainsi que je m'amusais à l'appeler tantôt et ainsi qu'elle s'appelait elle-même en se jouant :—« Eh bien, ma chère, » votre vertueuse mère, ce modèle des épouses que voici, » s'est donc prostituée au colonel Roland, dont vous êtes » la fille ! »

— Oh ! assez ! assez !... — s'écria l'infortunée en se tordant les mains de désespoir.—Oh ! la mort ! plutôt la mort que de pareils outrages devant ma fille !

— Bah !... la mort, je vous l'ai dit il y a vingt ans, et vous m'avez donné raison, les femmes ont la vie dure... et puis... meurez, soit, votre fille me reste...

— Mais c'est horrible !—s'écria madame de Bourgueil, égarée par la terreur. — Mais je suis donc condamnée à ne jamais sortir de ce cercle d'épouvante et de tortures ! Mais c'est quelque chose d'infernal que cet homme ! N'ai-je donc pas assez souffert, mon Dieu ! pour désarmer ce monstre !

— Ce monstre ! vos souffrances, vos tortures ! mais vous êtes stupide, à la fin ! —s'écria M. de Bourgueil sortant enfin de son calme sardonique, et mis hors de lui par les reproches de sa femme. — Vos souffrances ! et moi donc ? Savez-vous ce que j'ai souffert... depuis plus de vingt ans !... Misérable femme! elle ne voit pas que ma vengeance est une lame à deux tranchans ! Oh! réjouissez-vous, tendre épouse, chaque coup que je vous porte me fait à moi une blessure plus cruelle peut-être encore que la vôtre. Ah ! vous croyez, vous, que tout est roses... dans le fiel et dans la haine ! Ah ! vous ignorez ce que me coûte l'assouvissement de ma vengeance !... Eh bien, je vais vous le dire, moi, madame..., et nous verrons après si vous aurez l'audace, entendez-vous, l'audace... de vous étonner de vos tortures passées... et de vouloir échapper à celles qui vous attendent !

Les traits de M. de Bourgueil n'exprimaient plus cette haine implacable, cette férocité froide, qui le rendaient si terrible... mais un mélange de désespoir, de rage, et surtout de douleur atroce... que madame de Bourgueil n'avait jamais soupçonnée chez son mari.

XXIX.

M. de Bourgueil, s'approchant de sa femme les bras croisés sur sa poitrine, les traits bouleversés par une émotion dont il n'était pas maître, lui dit d'une voix, non plus acerbe et sardonique, mais palpitante de douleur :

— Voyons, madame. Vous avez évoqué le passé. Parlons-en. Vous m'avez reproché vos tortures. Parlons des

miennes. Vous êtes, dites-vous, la victime ? Parlons du *bourreau... du monstre !* Il y a bientôt vingt-cinq ans, je vous ai épousée, madame ; vous étiez sans fortune, j'étais riche. Nos familles se connaissaient. Depuis longtemps je vous ai aimée ! oh ! passionnément aimée ! Mais avant de demander votre main à votre père, je vous ai dit : « Le
» plus grand bonheur de ma vie serait de m'unir à vous.
» Exposer mon désir à votre père serait vous attirer de
» sa part des obsessions pénibles pour vous, et auxquel-
» les cependant vous pourriez céder, ainsi que tant de jeu-
» nes filles. Je ne veux pas cela ; je ne veux vous devoir
» qu'à vous-même. Vous me connaissez presque depuis
» l'enfance ; si vous voulez m'étudier davantage, nos re-
» lations de famille nous permettent de nous voir souvent.
» J'attendrai.... et si un jour vous prenez assez de con-
» fiance en moi pour me charger de votre avenir, vous
» me le direz. Seulement alors je m'ouvrirai à votre pè-
» re sur mes projets. » Telle a été ma conduite envers vous. Est-ce vrai ?

— Oui, monsieur,—répondit madame de Bourgueil, de plus en plus surprise du changement de son mari et de l'expression de douleur amère qu'elle lisait sur son visage.

— Au bout d'une année d'épreuve, — reprit-il, — vous aviez sans doute suffisamment apprécié mon caractère, mes habitudes, mes goûts ; car vous m'avez dit : « Parlez
» à mon père ; j'ai foi en vous, ce mariage comblera tous
» mes désirs. » Est-ce vrai?

— C'est vrai.

— Nous nous sommes mariés, j'étais ivre de bonheur et d'amour... Ce bonheur, cet amour, les partagiez-vous alors ?

— Oui, monsieur.

— Pendant les deux premières années de notre mariage, vous m'avez rendu le plus heureux des hommes... vous sembliez non moins heureuse.. Avez-vous eu, pendant ces deux années, quelques reproches à m'adresser?...

— Aucun, monsieur, aucun.

— Ai-je, en quoi que ce soit, blessé votre délicatesse, votre cœur, votre affection?

— Non.

— N'ai-je pas fait tout ce qui dépendait de moi pour continuer de mériter votre estime et votre amour? Avez-vous pu un seul instant douter de ma tendresse ?

— À cette époque, je n'en ai jamais douté, monsieur.

— A cette époque, madame, j'avais un ami, un ami d'enfance, brave entre les plus braves; bien jeune encore, son nom était déjà l'une des gloires de la France. J'aimais cet ami comme un frère ; j'étais naïvement fier de lui. Je vous en avais souvent parlé. Au retour de l'une de ses campagnes, je vous l'ai présenté, vous demandant pour lui votre amitié.

— Monsieur, épargnez-moi,—murmura madame de Bourgueil, — ce langage me tue... Ah! je préfère vos outrages.

— Je reçois cet ami dans notre intimité de chaque jour. Bientôt, Dieu m'en est témoin, je n'aie rien fait pour cela, à votre première tendresse pour moi succède la contrainte, puis la froideur... l'éloignement, l'aversion... enfin, nos appartemens sont séparés... Dites, madame, cet éloignement, cette aversion, en quoi l'avais-je méritée? Etais-je moins dévoué, moins aimant que par le passé?

— Non... non, monsieur... Mais, de grâce...

— Dites, madame ! m'avez-vous vu assez de fois à vos pieds, désespéré, pleurant ! je pleurais alors! vous demandant, à mains jointes, la cause de cet éloignement qui me navrait ! Un seul mot amer ou blessant est-il alors sorti de mes lèvres? N'est-ce pas par la douceur, par la résignation, par la soumission la plus absolue à vos moindres désirs, que je m'efforçais de vaincre votre cruelle froideur, dont je me tuais en vain à pénétrer la cause? Me suis-je jamais plaint? Tout au plus, dans ma douleur profonde, je me permettais timidement d'en appeler du présent à ce passé... que vous m'aviez fait si beau, si heureux... Est-ce vrai, madame, est-ce vrai?...

—Ayez pitié de moi !...

— Et votre fille... aura-t-elle pitié de vous... lorsqu'au jour de l'expiation dernière... je vous dirai devant elle ce que je vous dis là? lorsqu'elle saura quelle avait été la conduite de l'homme que vous avez déshonoré?...

— Non,— reprit madame de Bourgueil anéantie, —non, je le sens... je n'aurai pas même de pitié à attendre de ma fille... Oh ! je suis bien malheureuse !

— Ecoutez encore le bourreau, madame ! Ecoutez encore le monstre !... Enfin, la cause de votre aversion, je la sais !... Je vous surprends chez le colonel Roland... À ce moment, voyez-vous, j'aurais eu l'énergie de demander au colonel Roland réparation par les armes que je ne l'aurais pas fait. Non, sa mort eût été incertaine, et j'étais *sûr de vous avoir en vie.* Je vous ai donc gardée. Alors... alors pour moi aussi, madame, a commencé une existence épouvantable, car je vous aimais, moi... je vous aimais toujours !

Et M. de Bourgueil accentua ces mots d'un ton si déchirant que sa femme tressaillit ; puis elle ajouta d'un air de doute amer :

— Vous m'aimiez !... monsieur, vous m'aimiez, et vous jouissiez de mes douleurs, de mes larmes...

— Oh ! madame, le temps était passé de vous prouver mon amour par une folle tendresse ; je vous le prouvais selon que je les ressentais, mais par la haine ! oui, par la haine !... C'est étrange, n'est-ce pas ? mais cela est. Je vous abhorrais, et je ne pouvais me résoudre à me séparer de vous... non... comme autrefois je ne pouvais me passer de votre présence ; mais c'était pour me dire : Cette femme est la mienne ; j'ai toujours été pour elle tendre, généreux, dévoué ; je l'adorais, et elle s'est donnée à un fat sans âme et sans cœur, qu'elle-même a méprisé à l'heure de sa honte !... Comme autrefois j'admirais votre beauté, mais je disais : Ces charmes dont j'étais idolâtre ont été souillés par l'adultère !... Et alors, voyez-vous, madame, j'éprouvais des souffrances si aiguës, si atroces, que je ne peux leur comparer que celles que je vous faisais endurer !

— Hélas ! monsieur, que ne consentiez-vous à une séparation que tant de fois je vous ai demandée à genoux ! Ces atroces souffrances, vous nous les eussiez épargnées à tous deux.

— Une séparation ! et qu'est-ce que je serais devenu, moi ? seul à seul avec cette haine désespérée qui doit empoisonner ma vie entière ! Une séparation ? mais vous ne savez donc pas qu'après la céleste jouissance de combler de bonheur la femme que l'on estime et qu'on adore, il ne reste plus, quand on la méprise et qu'on la hait, que l'infernale jouissance de la faire souffrir à petit feu !

— Mon Dieu ! mon Dieu !—s'écria madame de Bourgueil, — oser avouer tant de férocité !

— De la férocité ! — s'écria M. de Bourgueil avec un accent indéfinissable. — Allez, madame, vous n'avez jamais aimé...

Et pour la première fois depuis tant d'années, madame de Bourgueil vit les yeux de son mari remplis de larmes ; cet attendrissement, cette sorte de naïveté dans la haine, fut le dernier coup pour cette malheureuse femme ; elle comprit dès lors qu'elle n'avait désormais à attendre ni merci ni pitié de cet homme.

Il reprit en essuyant ses larmes :

— Vous êtes devenue mère... Je l'avoue... à cette pensée d'avoir la preuve vivante de votre déshonneur et du mien... à cette pensée d'avoir chez moi l'enfant abhorré de cet homme abhorré, moi qui avais tant de fois rêvé près de vous les ineffables joies de la paternité, je vous l'avoue, madame, j'ai hésité... Le cœur a failli me manquer, j'ai été sur le point de vous chasser, et puis je me suis dit : Mais cet enfant? c'est la chair et le sang de cet homme et de cette femme! mais la loi me le donne, cet enfant! mais la loi lui assure mon nom, ma fortune! Eh bien! je le garde, cet enfant... je serai père comme je suis époux !

—Oh ! c'est horrible ! horrible !—s'écria madame de Bourgueil, épouvantée de l'accent de son mari lorsqu'il avait

prononcé ces mots : — *Je serai père comme je suis époux.*
Il continua avec des larmes dans la voix :
— De sorte que votre fille a grandi sous mes yeux, sur mes genoux. Presque chaque jour, en recevant ses caresses, je me disais : Quel heureux et bon père j'aurais été ! Idolâtre de la mère, comme j'aurais idolâtré l'enfant ! Quels trésors de divine tendresse à épandre sur ces petites créatures, toujours riantes à la vie qui s'ouvre devant elles ! Puis, à mesure qu'elles grandissent, que de soins, que de solicitude, que de sacrifices, s'il le faut, pour les guider jusqu'à ce que vous puissiez les suivre d'un œil tranquille et ravi dans la vie que votre amour leur a tracée ! Heureux, oh ! heureux d'un bonheur céleste lorsque votre enfant vous dit ces mots qui font tressaillir toutes les fibres de notre être : *Père, tu es bon; père, je t'aime !*
Ces derniers mots furent encore prononcés par M. de Bourgueil avec des sanglots d'une amertume inexprimable.
Après un silence de quelques instans, que sa femme n'osa pas interrompre, il reprit :
— Oui, madame, voilà ce que je pense chaque jour à la vue de votre fille !!! Maintenant, dites, vous qui m'appelez monstre... vous qui m'appelez bourreau... dites ! vous croyez-vous seule à souffrir, lorsque baisant en souriant le front de votre fille qui me fait horreur, je dis en vous regardant:—*Qu'il est doux d'embrasser son enfant !* Etes-vous seule à souffrir, lorsque, comme tantôt, j'appelle votre fille *mademoiselle Roland !* Etes-vous seule à souffrir lorsque dans le monde je vous mets face à face avec cet homme, vous et votre fille ?... Etes-vous seule à souffrir de cette vie de mensonge, de contrainte et d'angoisse ?... Maintenant, dites, misérable insensée ! comprenez-vous enfin que ce qui laissera toujours ma vengeance inassouvie... béante... c'est que je ne peux vous frapper sans me blesser moi-même... et que je ne peux vivre sans vous frapper... Comprenez-vous enfin que vous et votre fille vous êtes mes bourreaux, comme je suis le vôtre ; et que ce lien épouvantable doit durer entre nous jusqu'à votre mort ou jusqu'à la mienne !
Les traits de M. de Bourgueil furent si effrayants, lorsqu'il prononça ces derniers mots, en s'avançant pâle, terrible vers sa femme, qu'elle jeta un cri étouffé en cachant son visage entre ses mains.
A ce moment, on entendit frapper à la porte.
— Qui est là ?—dit M. de Bourgueil,—en tâchant de calmer son émotion.
— C'est moi !—répondit au dehors la voix fraîche et gaie d'Adeline ; — est-ce que vous en avez encore pour bien longtemps... tous les deux avec vos grands mystères ?
— Monsieur,—dit madame de Bourgueil tout bas et avec effroi, — je vous en conjure... dans un tel moment... je me trahirais... ne laissez pas entrer ma fille...
— Contenez-vous... calmez-vous... il le faut,—dit M. de Bourgueil d'une voix basse et impérieuse;— j'ai à parler à l'instant à votre fille, devant vous... mais souvenez-vous d'une chose, c'est que si vous osiez contrarier la volonté que vous allez m'entendre exprimer... je ne dis rien de plus, vous m'entendez.
Puis, pendant que madame de Bourgueil essuyait ses larmes à la hâte, son mari reprit à haute voix, s'adressant à Adeline, toujours restée derrière la porte du salon :
— Tu es bien impatiente, ma petite Adeline.
— Je ne serais pas venue te déranger, ni toi ni maman, mais c'est que la couturière est là, elle vient m'essayer une robe de bal, et je voudrais que ce fût en présence de maman, afin qu'elle me dise si elle trouve la façon de la robe à son goût.
— Oh ! s'il s'agit d'une affaire si importante, — répondit M. de Bourgueil ayant repris son masque habituel et allant au devant de la jeune fille,—tu peux entrer, d'autant plus que cette robe de bal vient fort à propos.
Et avant que la jeune fille eût pu s'approcher de sa mère, qui détournait le visage, n'ayant pu encore dominer son émotion, M. de Bourgueil remit à Adeline l'invitation que Pietri avait portée.
— Lis cela, mon enfant.
— Qu'est-ce que cette lettre ?
— Lis toujours.
— Oui, mon père.
— Et tout haut.
— Oui, mon père.
Et Adeline lut ceci :
« Madame la comtesse et M. le comte Roland ont l'honneur
» d'inviter M. et madame de Bourgueil, ainsi que mademoi-
» selle de Bourgueil, à venir passer la soirée chez eux,
» jeudi prochain. »
Madame de Bourgueil frémit, Adeline sauta au cou de son père, puis de sa mère en disant dans sa joie :
— Quel bonheur... quel bonheur ! maintenant je suis sûre de faire connaissance avec mademoiselle Roland !
— Avais-je raison de te dire, mon enfant, que cette robe de bal arrivait très à point, — dit M. de Bourgueil en souriant ; — oh ! je veux que ce jour-là mon Adeline soit belle... mais belle... à rendre tous les autres pères jaloux... de moi... et envieux de ma fille...
— Mais, mon père,—reprit Adeline en réfléchissant, cette invitation...
— Est toute simple, mon enfant, ta mère est patronnesse de la même œuvre que la comtesse; elle l'invite chez elle, ainsi que toi, avec une parfaite bonne grâce.
— Mon Dieu ! mon bon père, — dit Adeline au comble de la joie, — vois donc comme tout m'arrive à point aujourd'hui ! Je formais un désir, le voilà réalisé.
— Mon enfant,—reprit madame de Bourgueil en faisant un effort surhumain, — si tu le veux, nous allons essayer ta robe... de bal.
Et elle quitta le salon avec sa fille.

. . . .

Deux heures plus tard, madame de Bourgueil, après de longues réflexions, écrivait ce billet au général Roland :

« Monsieur,
» La démarche désespérée que je suis contrainte de
» faire auprès de vous, vous prouvera toute la gravité de
» ma demande.
» Veuillez m'accorder une heure d'entretien. Des conve-
» nances que vous apprécierez rendent cet entretien aussi
» impossible chez moi que chez vous.
» *Où* et *quand* pourrai-je vous voir ?... Fasse le ciel que
» ce soit bientôt ! Un mot de réponse sans signature, pour
» plus de prudence.
» J. DE BOURGUEIL. »

XXX.

Le major Maurice occupait une petite maison isolée près de la porte du bois de Ville-d'Avray.
Le lendemain du jour où Pietri avait donné rendez-vous pour le soir à Adalbert, sous les arcades de la rue de Rivoli, en cas de pluie (et il avait plu à torrens toute la soirée), le lendemain de ce jour, disons-nous, le major Maurice était revenu dans sa modeste retraite de Ville-d'Avray.
Midi sonnait. Le major, pâle, les traits fatigués, inquiets, se promenait dans une pièce assez vaste, dont les murailles disparaissaient sous des rayons chargés de livres; deux portes, situées à droite et à gauche, communiquaient, d'un côté, à une petite entrée ; de l'autre, à sa chambre à coucher.
Au bout de quelques instants, une vieille servante, seule domestique du major, entra et lui dit en lui remettant un papier :

— Monsieur, c'est de la part d'un jeune homme qui demande à vous parler.

— C'est lui !—dit le major, après avoir jeté les yeux sur quelques mots écrits sur le papier.

Puis s'adressant à la vieille servante :

— Priez ce jeune homme d'entrer, madame Julienne, et si par hasard quelqu'un venait me demander, répondez que je n'y suis pas.

— Et ce serait en effet un hasard, monsieur,—répondit la servante en s'en allant; — car, excepté le commandant Brossard, le général Roland ou M. de Belcourt, son jeune aide de camp, âme qui vive ne sonne à notre porte.

Madame Julienne sortit et rentra peu après, pour introduire chez son maître Adalbert Delmare, qu'elle laissa seul avec le major Maurice.

Celui-ci alla vivement au-devant du jeune homme, et, sans lui dire un mot, examina ses traits avec une sorte de curiosité mêlée d'angoisse; cette muette contemplation sembla sans doute singulière à Delmare, car rompant le premier le silence, il dit assez brusquement au major :

— Quand vous m'aurez suffisamment regardé, monsieur, vous m'avertirez.

Mais Maurice, sans répondre, se dit à part :

— Oui... les yeux... le front... la bouche, et, sauf les cheveux qui sont blonds, la ressemblance est frappante.

— Serait-ce mon portrait que vous voulez faire, monsieur? — reprit Delmare d'un ton railleur ; — il fallait me dire cela hier soir...

— Hier soir, monsieur,—reprit le major de plus en plus préoccupé, — je n'avais pu examiner suffisamment vos traits... ce que je fais ce matin.

— Il y paraît... Mais est-ce pour cet examen assez bizarre que vous m'avez donné rendez-vous ici, à moi qui ne vous connais pas plus que vous ne me connaissez?

Maurice, de plus en plus absorbé, ne répondit rien. Alors Delmare lui dit avec une brusque impatience :

— Monsieur, permettez-moi de vous rappeler ceci : hier soir, à neuf heures, moi et l'un de mes amis nous avions cherché un refuge sous les arcades de la rue de Rivoli ; nous avons assez longtemps causé en nous promenant. Vers les dix heures, nous nous sommes séparés ; il s'en est allé d'un côté, moi d'un autre. La pluie avait cessé. Je traversais la place Vendôme, lorsqu'un homme enveloppé d'un manteau, et dont je ne pouvais guère distinguer les traits, me dit...

— Voici ce que je vous ai dit, monsieur,—reprit le major : « Nous sommes inconnus l'un à l'autre ; et j'ai pourtant à vous parler deschoses les plus graves. »

— Ce à quoi je vous ai répondu : Que je goûtais peu la conversation avec des inconnus... c'est mon caractère... je n'aime pas à me lier légèrement.

— Vous m'avez paru, en effet, fort désireux de vous débarrasser de moi ; alors j'ai employé le seul moyen qui me parût alors devoir vous inspirer quelque confiance... je vous ai dit : « Je me nomme le major Maurice, frère » d'armes et ami intime du général Roland, sur qui j'ai » beaucoup d'influence...»

— Oui, vous avez, en effet, fort insisté sur votre influence à l'endroit du général Roland.

— Et cette assurance de ma part n'a pas vaincu votre défiance ?

— Non... c'est vrai.

— Ne pouvant vous arracher une seule parole, je vous ai quitté en vous laissant ma carte et vous disant : « Sou- » vent la nuit porte conseil ; la vieille amitié qui me lie » au général peut vous être utile, demain je vous at- » tendrai toute la journée, à moins que vous ne me don- » niez votre adresse, et en ce cas, demain, je serai chez » vous à l'heure que vous m'indiquerez. » — Vous m'avez refusé votre adresse.

— C'est encore vrai, et pour suppléer à mon refus, mon brave monsieur, vous m'avez suivi. Je vous voyais du coin de l'œil, et après vous avoir longtemps promené, je vous ai échappé dans le passage Colbert. Mais, vous le voyez, la nuit m'a porté conseil, j'ai réfléchi... me voici... que me voulez-vous ?

— Vous avez réfléchi... à quoi ?

— A ce que vous m'avez dit.

— Au sujet de mon influence sur le général Roland ?

— Probablement.

— Et vos réflexions, quelles sont-elles ?

— Ceci, monsieur, frise l'indiscrétion.

— Enfin, vous n'êtes venu ici que parce que vous me saviez l'ami intime du général ?

— Il se pourrait.

— Il existe donc quelques rapports directs ou indirects entre vous et le général ?

— Tenez, monsieur, nous finassons trop ; vous m'avez donné rendez-vous ici dans un but quelconque... je viens apparemment aussi dans un but quelconque. Articulez nettement ce que vous désirez de moi... je vous répondrai.

— Avant d'articuler nettement ce que je veux, il faudrait que je fusse fixé sur un point.

— Eh bien! fixez-vous, pardieu ! Fixez-vous, qui vous en empêche ?

— Monsieur... je suis vieux, je connais les hommes, les physionomies m'ont rarement trompé.

— Et la mienne...

— Me laisse dans le doute.

— Sur quoi ?

— Sur ce que vous valez.

— Comme homme, comme moralité peut-être ?

— Oui, comme homme, comme moralité.

— Monsieur le major, ce doute est peu flatteur, et si c'est pour me faire de pareilles confidences que vous m'avez engagé à venir ici...

— Vous pouvez à l'instant éclaircir mes doutes, et à l'instant je vous parlerai en toute sincérité. Or, vous avez tout à y gagner, croyez-moi.

— Que dois-je faire pour cela ?

— Me répéter mot pour mot l'entretien que vous avez eu hier soir avec votre ami sous les arcades de la rue de Rivoli.

— Monsieur le major... c'est une plaisanterie ?

— Cet entretien n'est donc pas avouable ?

— Ai-je besoin de faire observer à un homme de votre expérience, monsieur, qu'il est des secrets les plus honorables du monde ?

— C'est juste, — reprit le major, et après un moment de réflexion, il reprit : — voyons, supposons (et c'est la vérité, que je vous dis sous forme de supposition, mais rien ne vous oblige à me croire), supposons... que vous me sachiez l'ami le plus intime du général Roland, ayant toute sa confiance, et possédant sur lui l'influence que donne une amitié éprouvée depuis trente ans... une amitié, — ajouta le major en regardant attentivement Delmare, en appuyant sur les paroles suivantes :— une amitié souvent sévère, et qui plus d'une fois a eu le bonheur d'amener mon ancien frère d'armes à reconnaître... et à généreusement réparer quelques fautes de sa jeunesse... oui... si vous étiez persuadé que telle est mon influence sur le général Roland, me confieriez-vous ce que vous appelez votre secret, cet entretien que vous avez eu hier soir, rue de Rivoli ?

— Vous me rappelez, monsieur, — reprit Delmare avec un accent de défiance croissante, — qu'hier soir, en causant avec mon ami, il nous a semblé plusieurs fois être suivis ; nous nous sommes retournés, mais nous n'avons vu personne... Il est vrai que l'épaisseur des arcades offre presque à chaque pas un abri commode pour la retraite... des indiscrets qui suivent les gens pas à pas pour surprendre leur entretien.

— Si je savais ce que je veux savoir, je ne vous interrogerais pas... D'ailleurs, tenez, ces réticences, ces équivoques me répugnent ; je vois que j'ai affaire à un habile adversaire, je le regrette.

— Voilà qui est naïf, monsieur le major.

— Peut-être... mais enfin je vous dirai simplement

ceci, et pesez bien mes paroles : Je crains que vous ne soyez sur le point de vouloir commettre une action... mauvaise et dangereuse.

— Monsieur...

— Laissez-moi achever ; je maintiens que cette action serait mauvaise, dangereuse pour vous, par ses résultats, quels qu'ils soient... Pesez encore bien ces paroles : ou cette action inconsidérée vous est inspirée par un ressentiment douloureux, légitime, honorable... et dans ce cas je me porte garant de vous faire donner toute satisfaction, mais par des moyens dignes d'un homme de cœur comme vous pouvez l'être... ou votre projet n'a d'autre but qu'une spéculation infâme... et alors...

— Et alors ?

— Et alors, comme il n'y a aucun ménagement à garder envers un homme capable d'une infamie, tout moyen est bon contre lui.

— Votre conclusion, monsieur le major, — dit Delmare avec un sourire sardonique, me semble un peut trop élastique.

— C'est possible ; mais, je vous le répète, si vous voulez agir en homme de cœur, avec convenance et mesure ouvrez-vous à moi, suivez mes conseils, et je vous le jure, vos espérances seront peut-être dépassées ; croyez-moi, — ajouta le major d'une voix pénétrante, —croyez-moi, l'on est toujours entendu lorsqu'on fait dignement appel à des sentiments généreux et éclairés.

Ces paroles parurent vivement impressionner Delmare ; il réfléchit profondément, puis tressaillant comme si un souvenir soudain lui venait à l'esprit, il se dit à part :

— Il est trop tard... l'autre me tient maintenant dans ses griffes ; mais comment le major sait-il ?... Il n'importe, j'ai eu raison de venir ici... J'apprends qu'on est prévenu... donc il faut agir promptement et chaudement.

— Eh bien?—reprit le major qui avait attentivement observé Delmare tandis qu'il réfléchissait,—êtes-vous décidé ?

— Oui, monsieur,—reprit brusquement l'audacieux personnage, — je suis décidé à faire mes affaires moi-même !

— Et moi, je suis décidé à empêcher une infamie. Et, mordieu monsieur, j'ai eu raison de gens plus déterminés que vous!

—Serais-je tombé dans un piège ? s'écria Delmare ;—suis-je ici dans un guet-apens ?...

Soudain la vieille servante entra toute effarée en disant au major :

— Monsieur... c'est le général Roland ; il désire vous parler à l'instant.

L'arrivée du général parut au major si inopportune, si étrange et si peu naturelle en ce moment, qu'il resta saisi de stupeur, et fut aussi frappé d'un mouvement involontaire échappé à Delmare. Le major courut ouvrir la porte qui communiquait à sa chambre à coucher, et dit à Delmare avec un accent d'autorité irrésistible :

— Entrez là... monsieur... à l'instant...

— C'est curieux, — répondit le jeune homme avec un éclat de rire sardonique, — un ordre à moi ?

— Oui... un ordre... à vous...

Delmare jeta un coup d'œil rapide autour de lui, se frappa le front et dit en s'inclinant :

— Enchanté, monsieur, de vous obéir.

Et il obéit en effet. Le major, ayant refermé à clef la porte de la chambre, alla au devant du général, qui parut aussitôt en s'écriant d'un air troublé :

— Je t'ai attendu cette nuit, croyant que tu rentrerais chez moi ; j'avais un service à te demander...

— Parle... parle...

— Avant toute chose, prie madame Julienne de faire entrer ici une dame qui, d'un moment à l'autre peut venir te demander.

— Me demander... moi ?

— Oui, mon ami, — reprit le comte Roland, en essuyant la sueur qui baignait son front, et il marcha çà et là d'un air agité, tandis que le major allant appeler sa servante lui disait :

—S'il vient une dame me demander, priez-la d'attendre dans le salon.

Puis il revint auprès de son ami.

— Maintenant, Maurice, écoute-moi, — reprit le général ; — hier soir, j'ai reçu ce billet de madame de Bourgueil... lis.

Le major, de plus en plus surpris, lut le billet écrit la veille par madame de Bourgueil, afin de demander une entrevue au général pour un motif de la plus grave importance, rendez-vous qui, par convenance, ne pouvait avoir lieu ni chez elle ni chez son ancien amant.

— Il faut, en effet, qu'il s'agisse de quelque chose de fort grave, — répondit le major en rendant la lettre à son ami ;—madame de Bourgueil ne se déterminerait pas sans cela à une pareille démarche. Que soupçonnes-tu ?

— Rien... je m'y perds... Impossible de la refuser... Malheureuse femme !... Quant au lieu du rendez-vous qu'elle me demandait, je ne savais que résoudre, car depuis mon mariage je n'ai plus de maison où donner des rendez-vous ; j'ai pensé à ta retraite isolée aux portes de Paris, certain d'avance que tu ne me refuserais pas ce service ; j'ai pour toute réponse, et selon la recommandation qui m'était faite, écrit ton adresse en ajoutant : *de midi à quatre heures*, supposant que madame de Bourgueil serait plus libre de s'absenter à ces heures-là. Toute la nuit, je t'ai attendu pour te prévenir. Vers les quatre du matin, heures je me suis couché, donnant ordre à Pietri de me faire éveiller si tu rentrais. Ce matin, à neuf heures, tu n'avais pas paru à l'hôtel ; j'ai résolu devenir prévenir madame Julienne, dans le cas où tu ne serais pas non plus rentré chez toi, que j'attendais quelqu'un ici... J'allais partir, lorsque le secrétaire du ministre des affaires étrangères est venu pour me communiquer des dépêches très urgentes relatives à mon ambassade ; impossible de ne pas le recevoir. Libre enfin, je suis accouru ici... dans une mortelle inquiétude... craignant d'être devancé par madame de Bourgueil, qui n'aurait pas trouvé la servante prévenue... mais...

L'entretien fut interrompu par l'entrée de madame Julienne, qui dit au major :

— Monsieur, la dame que vous attendez est là...

— Mon ami, je te laisse, — dit le major en se dirigeant vers sa chambre à coucher où il avait enfermé Delmare,— et surtout ne t'en vas pas sans me parler.

— Pour mille raisons, il faut que je te revoie,—dit le général.

— Et moi aussi, — reprit le major.

Puis, s'adressant à madame Julienne :

— Tant que cette dame sera ici, vous ne laisserez entrer personne, vous entendez? Absolument personne...

— Oui, monsieur, soyez tranquille.

— Maintenant, vous pouvez introduire cette dame...

— Maurice, — dit le général avec amertume, — à vingt ans de distance, voilà le second rendez-vous qu'elle me donne... Ah ! c'est souvent quelque chose de terrible que ces retours du passé.

Le major serra la main de son ami et entra dans sa chambre à coucher.

Un instant après, la vieille servante introduisit madame de Bourgueil, qui resta seule avec le général Roland.

XXXI.

Il y avait en effet plus de vingt ans que madame de Bourgueil, alors dans tout l'éclat de sa jeunesse et de sa beauté, cédant à un coupable entraînement, était venue chez le colonel Roland, après être restée si longtemps pure... et avait connu le remords... presqu'à l'heure même de sa faute...

Il y avait aussi plus de vingt ans que jeune, beau, brillant, livré à tous les enivremens de l'âge et des sens, ne comptant plus le nombre de ses succès, insouciant des larmes qu'il faisait verser, ne cherchant que le plaisir dans les liaisons qu'il rendait éphémères, ne comprenant pas les passions sincères, profondes, inaltérables, qui font souvent pardonner à une femme l'oubli de ses devoirs, le colonel Roland avait révélé la sécheresse de son cœur et la légèreté de son caractère à madame de Bourgueil, révélation terrible, première punition de cette infortunée, qui devait expier une faute d'un jour par une vie de tortures.

Tous deux, après tant d'années, se retrouvaient là, blanchis par l'âge ; elle, brisée par une longue et cruelle expiation ; lui, régénéré par l'accomplissement des doux et saints devoirs de la famille.

En dehors même des funestes circonstances qui amenaient le rapprochement de ces deux personnes, il avait en lui quelque chose de si fatalement providentiel, que tous deux, troublés, abattus, baissant les yeux, gardèrent, pendant quelques instans, un morne silence.

Le général Roland le rompit le premier et dit à madame de Bourgueil d'une voix émue :

— Ah !.. madame... je ne croyais pas après tant d'années...

— De grâce, monsieur, — dit vivement madame de Bourgueil en interrompant le général, — ne parlons pas du passé... mais du présent... il est menaçant...

— Je le crains, madame... d'après la gravité de votre démarche. Ai-je besoin de vous dire que vous devez en tout et pour tout compter sur mon dévoûment ?

— S'il ne s'agissait que de moi, monsieur, je ne serais pas venue à vous ; je souffrirais en silence... j'en ai l'habitude.

— Il est donc vrai, les traces profondes de chagrin que je lis sur votre visage, lorsque par hasard je vous rencontre dans le monde, ont une cause que je crains depuis longtemps d'avoir devinée.

— Je vous l'ai dit, monsieur, il ne s'agit pas de moi, mais de ma fille.

Le général tressaillit. C'était aussi de *sa fille*, à *lui*, dont parlait madame de Bourgueil, et il s'écria :

— Grand Dieu ! madame, qu'est-il arrivé ?

— Mon mari a reçu, ainsi que ma fille et moi, une invitation pour la fête que vous donnez demain, monsieur.

— Que dites-vous !... Non, non... c'est impossible !

— Je dis ce qui est, monsieur.

— Alors, c'est une erreur inexplicable... à moins que ce ne soit un piège... quelque odieuse machination.

— C'est malheureusement probable, car M. de Bourgueil exige que moi et ma fille nous l'accompagnions à cette fête.

— Et de cette exigence... quel en est le but ?

— Je l'ignore, comme j'ai ignoré dans quel dessein il m'a forcée de rechercher toutes les occasions de me rapprocher de madame la comtesse Roland.

— Ainsi... c'était lui ?

— Oui, monsieur.

— Mais pour lui obéir ainsi aveuglément, il faut...

— Il faut être incessamment placée comme je le suis, monsieur, entre cette alternative d'obéir en tout à M. de Bourgueil ou de l'entendre dire à ma fille : « Vous voyez » bien cette femme... votre mère... que vous vénérez » que vous adorez... eh bien ! c'est une infâme... vous » n'êtes pas ma fille, vous êtes la fille de son amant... »

— Oh ! malheureuse femme ! Je comprends tout maintenant ! Le misérable !

— Vous n'avez pas, non plus que moi, monsieur, le droit d'accuser M. de Bourgueil ; nous avons désolé sa vie... car lui... il m'aimait sincèrement.

— Ah ! madame, ce reproche...

— Ce n'est pas un reproche, monsieur, il ne m'est permis d'en adresser à personne... Voici ma position : Il me reste au monde une consolation, la tendresse de ma fille. Je suis à la veille peut-être de voir cette tendresse changer en mépris, en aversion... M. de Bourgueil veut conduire chez vous ma fille et moi, dans je ne sais quel but... Mais cela m'épouvante, je viens, au nom de tout ce que j'ai souffert, vous demander aide ou du moins conseil dans cette extrémité, car, je vous l'avoue, monsieur, j'ai la tête perdue.

— Cette invitation, — reprit le général Roland avec une anxiété croissante, — comment se la sera-t-il procurée ? Qu'elle vienne de ma femme, pour mille raisons c'est impossible.... Eh ! d'ailleurs, qu'importe ! S'il veut faire chez moi un scandale horrible, invité ou non, aujourd'hui ou demain, rien ne l'arrêtera ; lui écrire à ce sujet, ce serait provoquer, hâter un éclat. Que faire ? que résoudre ? vous engager à résister...

— Il me couvre à l'instant de mépris, de honte devant ma fille, — répondit madame de Bourgueil avec des larmes dans la voix, — je perds la seule consolation qui me reste au monde.

— Mon Dieu ! pauvre femme.... je le sais... je le sais... et cet éclat, face à face avec elle et votre mari, serait aussi horrible pour vous qu'un éclat public...

— Ce n'est pas tout... en résistant aux ordres de mon mari, je perds à jamais l'affection de ma fille, sans savoir même s'il veut réellement me conduire chez vous pour m'y déshonorer à la face de tous.

— Quel serait alors son dessein ?

— Celui qu'il poursuit depuis quelque temps : me rapprocher davantage encore de vous, de votre femme, de votre famille, afin d'augmenter le supplice que me cause ce rapprochement. Et puis enfin, je vous l'ai dit, il me domine par la peur que j'ai d'être avilie, perdue aux yeux de mon enfant. Ce dernier coup frappé, il ne peut plus rien sur moi, et je lui échappe, il perd sa victime. Car vous ne savez pas que cet homme souffre autant par la jalousie, par la haine, que moi par la honte et le remords ! Ce qui me soutient, moi, c'est l'amour maternel ; ce qui le soutient, lui, ce qui lui donne le courage de garder près de lui cette malheureuse enfant, qui n'est pas sienne, et qu'il accueille pourtant avec une feinte tendresse, ce qui lui donne ce courage, c'est l'assouvissement de la vengeance qu'il exerce chaque jour sur moi, en exaltant devant ma fille *mes vertus* de mère de famille, ma conduite irréprochable.

— Oh ! — s'écria le général Roland d'une voix altérée par la douleur, — quelle vie je lui ai faite !

— D'autres fois, et hier encore, il parlait de vous à ma fille.

— De moi !

— Oui. M. de Bourgueil lui vantait votre courage, votre gloire militaire, la noblesse de votre cœur.

— Devant vous ! devant vous !

— Oui, et comme, dans mon trouble et ma frayeur, je restais muette, ma fille, ignorant qu'elle enfonçait le poignard dans ma blessure, me reprochait ingénuement de ne pas joindre mes louanges à celles que vous prodiguait M. de Bourgueil.

— Non, — dit le général Roland en portant sa main à ses yeux, — non, c'est horrible... horrible !...

— Que voulez-vous que je vous dise ! — reprit l'infortunée, pouvant à peine contenir ses sanglots, — c'est à ce point que ma fille, cette innocente enfant, si douce et si tendre, me porte les coups les plus cruels ; deux ou trois fois par hasard, elle s'est trouvée dans le monde assise à côté de votre femme et de sa fille, et elle a ressenti pour celle-ci tant de sympathie, que sans cesse maintenant elle me parle d'elle, de vous... devant M. de Bourgueil. Tout cela vous épouvante pour moi, et pourtant je ne voulais pas me plaindre ; je ne me plains pas. La douleur m'arrache malgré moi ces paroles du cœur... C'est qu'aussi j'ai tant souffert depuis vingt ans !! sans oser... sans pouvoir le dire à personne, — ajouta madame de Bourgueil, ne pouvant retenir ses sanglots ; — j'ai en secret dévoré tant de larmes ! !

Les yeux du général Roland se mouillèrent aussi, et il s'écria d'une voix vibrante de douleur :

— Ah ! ces larmes que je verse, comme les vôtres, elles sont vaines, je le sais... Qu'elles vous prouvent seulement mon remords du mal que j'ai fait; oh ! je vous le jure ! souvent, bien souvent, au milieu de ces joies de la famille, ma seule vie maintenant, j'ai été navré en vous voyant pâle et triste, au milieu de ce monde où l'on vous traînait... Mais j'ignorais vos tortures de chaque jour dont la seule pensée me désespère pour vous, et pour cette malheureuse enfant qui est ma fille enfin... si vous saviez combien de fois mes regards contraints se sont arrêtés avec angoisse sur sa douce figure, comme mon cœur battait, avec quelle amertume je me disais : Je ne serai jamais pour elle qu'un étranger... qu'un inconnu !

— Et croyez-vous,—reprit madame de Bourgueil sans pouvoir retenir ses larmes,—croyez-vous que quand à la dérobée, je vous voyais ainsi regarder votre enfant, je ne souffrais pas, moi ?

— Je le sais, mes douleurs n'étaient, ne sont rien auprès des vôtres, que moi seul j'ai causées... Aussi, je vous en supplie, dites que vous croyez à mon repentir, dites que vous me pardonnez.

— Oui, je vous pardonne, je vous ai toujours pardonné... Je suis certaine qu'il y a vingt ans, si, malgré votre légèreté, vous aviez pu prévoir ce que je devais souffrir, vous n'auriez pas abusé d'une faiblesse coupable, ou vous auriez accepté la vie de dévouement que je vous offrais. Tenez, puisque la fatalité nous réunit pour la dernière fois sans doute, je veux... je dois vous dire que depuis votre mariage vous avez gagné mon estime... Je ne vous parle pas de votre gloire à la guerre, de l'éminente position que vous devez à vos mérites. Non, cette gloire, ces succès, me touchent peu.... Mais ce dont j'ai été touchée, profondément touchée, c'est d'apprendre combien vous aimez votre femme, si digne d'être aimée... car j'ai été à même de l'apprécier... c'est d'apprendre combien vous aimez votre fille, si digne aussi de votre adoration pour elle. Oui, en vous voyant révéler depuis tant d'années de si nobles qualités de cœur, j'ai excusé les égaremens de votre jeunesse, généreusement expiés; parfois même je me reprochais moins amèrement ma faute, me disant: Du moins je ne me suis pas abusée, dégradée, à ce point d'aimer un homme sans cœur !.. Ce cœur... a faiblement battu pour moi, qui avais à rougir d'un amour coupable, mais il s'est montré tendre, délicat, dévoué, pour la femme irréprochable qui pouvait... bien heureuse celle-là ! !... qui pouvait avouer son amour devant les hommes et devant Dieu! Peut-être m'auriez-vous aimé comme elle, si le sort m'eût destinée à être votre femme...

— Oh ! je ne pourrai jamais vous exprimer le bonheur que j'éprouve à vous entendre parler ainsi de ma fille et de ma femme ! Vous parlez de ma gloire ! Ma vraie gloire, c'est d'avoir regagné votre estime. Au moins, lorsque, dans sa candeur, votre enfant... notre enfant... prononcera le nom d'un père qu'elle ne doit jamais connaître... ce nom... vous ne le maudirez pas !

L'émotion du général et de madame de Bourgueil était à son comble; soudain celle-ci passa ses mains sur son front, comme si elle se fût éveillée d'un songe, tressaillit et s'écria :

— Mais nous sommes insensés ! A quoi bon ces vaines paroles, ces vaines larmes ? demain peut-être... votre fille, votre femme, que vous chérissez, seront, comme vous, comme moi, victimes d'un affreux scandale.

— Mon Dieu ! mon Dieu ! il n'est que trop vrai ! Que faire ?

— Et l'heure presse... Je ne puis rester trop longtemps absente de chez moi, n'étant pas sortie dans ma voiture.

— Ah ! comme vous j'ai la tête perdue... A quoi nous résoudre ?

Après un moment de réflexion, le général dit à madame de Bourgueil :

— Nous sommes ici chez mon meilleur, mon plus ancien ami.

— Oui... le major Maurice.

— Il y a vingt ans, il était, ainsi que M. de Bourgueil, témoin de cet horrible duel avec M. Delmare; il sait donc tout ce qui vous concerne, vous et moi; il est là. Permettez-moi de l'appeler; il est homme de sang-froid, de conseil sûr et de résolution. Ne se trouvant pas comme nous en proie à mille émotions diverses, peut-être son avis nous éclairera-t-il.

— Soit, M. Maurice est homme d'honneur. Appelez-le ! Pour l'amour du ciel, ne m'abandonnez pas.

Le général Roland courut aussitôt à la chambre à coucher du major, où celui-ci avait dû retrouver Adalbert Delmare, et frappa en s'écriant :

— Maurice ! Maurice !

Au premier appel, le major sortit pâle et visiblement agité.

— Mon ami,—lui dit le général,—madame de Bourgueil et moi perdons la tête; je ne sais quel malheur nous menace, M. de Bourgueil a reçu ou s'est procuré, je ne sais comment, une invitation pour la fête de demain; il veut forcer madame, et il le peut... à l'accompagner, elle et sa fille, à cette fête... Dans quel but, nous l'ignorons... mais il peut vouloir provoquer chez moi, devant tout Paris, un terrible scandale... Tu en prévois les sus...ite Maintenant, que faire ?

— Vous ignorez, madame, — dit le major pensif, — par quel moyen M. de Bourgueil s'est procuré cette invitation ?

— Oui, monsieur.

— Et tu es bien sûr, toi, que ta femme, ayant eu quelques relations dans le monde avec madame de Bourgueil, ne l'aura pas invitée ?

— J'en suis certain; pour mille raisons ma femme me l'aurait dit.

— Qui est chargé chez toi de remplir et d'envoyer les invitations ?...

— C'est Pietri.

— Lui ! — s'écria le major en tressaillant, — encore... lui !

— Que veux-tu dire ?...

— Je crois maintenant deviner comment M. de Bourgueil a reçu une invitation.

Et après avoir assez longtemps réfléchi pendant que le général Roland et madame de Bourgueil le regardaient avec une anxieuse attente, le major reprit :

— De deux choses l'une : ou M. de Bourgueil veut faire un terrible éclat chez toi, ou il veut seulement y conduire madame et sa fille pour les mettre en la présence par une de ces recherches de méchanceté qui lui sont familières.

— Il ne peut avoir que l'un de ces deux buts. Madame de Bourgueil et moi en sommes convaincus.

— Il faut donc, pour parer à tout événement, que M. de Bourgueil n'assiste pas à la fête de demain; il y a un moyen pour cela, je crois; je l'emploierai.

— Oh ! Maurice... tu serais notre sauveur !

— Ah ! monsieur... pour moi... pour ma fille... je vous aurai une reconnaissance éternelle !

— Malheureusement, madame, je ne puis encore répondre de rien ; il se peut que je réussisse, j'emploierai du moins tous mes efforts à cela.

Tout à coup la servante du major frappa à la porte en s'écriant :

— Monsieur !... monsieur !...

— Qu'est-ce ?—dit le major en se rapprochant de la porte,— je vous avais formellement défendu de recevoir personne.

— C'est vrai, monsieur,— reprit la servante toujours en dehors, — mais il s'agit d'une chose qui ne souffre aucun retard... un homme est là... il m'a conjurée, au nom de votre amitié pour le général Roland, de venir vous avertir.

— Quel est cet homme ? — dit vivement le major, — son nom ?

—M. Pietri, — dit la voix de la servante,—il est l'homme de confiance de monsieur le général.
— Pietri !... — s'écria le général, — ah ! il faut en effet qu'il s'agisse d'une chose grave... ce fidèle serviteur ne viendrait pas sans cela.
— Pietri ici... — dit à part le major, — est-ce le comble de l'adresse et de l'audace... ou me serais-je trompé sur lui !!
— Monsieur, —dit madame de Bourgueil avec anxiété au général, — l'heure me presse... et si j'étais vue de cet homme...
— Ne craignez rien à ce sujet, madame,—reprit le major. — Pendant que vous allez sortir par l'antichambre, je resterai avec Pietri dans une pièce voisine, d'où il ne pourra vous voir.
Et il dit à la servante à travers la porte :
— Faites entrer cette personne dans la salle à manger, j'y vais à l'instant.
Puis s'adressant à madame de Bourgueil :
— Madame, il faut partir.
— Ah ! monsieur, mon sort, celui de ma fille est entre vos mains !
— Comptez sur mon dévoûment, madame ; ce qu'il est humainement possible de faire... je le ferai !
— Adieu...—dit le général à madame de Bourgueil d'une voix étouffée, — adieu !
Et il tendit la main à madame de Bourgueil, qui la prit, et la serra en lui répondant avec une émotion non moins profonde :
— Adieu... et pour toujours adieu...
Tous deux sortirent précédés du major Maurice, qui alla dans la salle à manger retrouver Pietri, pendant que madame de Bourgueil, remontant en voiture, regagnait Paris.

XXXII.

Madame de Bourgueil ayant quitté la maison du major Maurice, celui-ci rentra dans son cabinet avec le général Roland et Pietri, dont les traits étaient empreints de leur bonhomie habituelle.
Le général, s'adressant avec inquiétude à son vieux serviteur, lui dit :
— Pietri, qu'y a-t-il ?
— Ah ! général, je ne m'attendais pas à vous rencontrer ici ; mais M. le major n'étant pas rentré à l'hôtel cette nuit, j'ai espéré le trouver chez lui afin de le prévenir d'un malheur qui vous menace...
— Un malheur ! — s'écria le général ; — quel malheur ?
— Je n'avais pas voulu vous inquiéter avant d'avoir vu M. le major ; telle est la cause de mon silence de ce matin envers vous, mon cher maître ; mais le temps presse : il vaut mieux, je crois, tout vous révéler ; vous aviserez ensuite avec M. le major.
— Pietri, — s'écria le général Roland, — s'agit-il de madame de Bourgueil ?
— De madame de Bourgueil ?—reprit le Corse d'un air surpris. —Non, monsieur ; pas le moins du monde.
— Ah ! Maurice, — dit le général avec anxiété, — de quoi suis-je donc encore menacé ?... la journée est fatale.
— Parlez vite, Pietri, — dit le major en attachant sur le Corse un regard de plus en plus observateur et pénétrant.
— De quoi s'agit-il ?
—Le voici, monsieur le major... Hier, en rentrant à l'hôtel, après avoir accompli diverses commissions pour madame la comtesse, je trouve une lettre chez le concierge. Dans cette lettre on me dit : — « On sait votre attachement » pour le général Roland, votre maître ; si vous voulez lui ren- » dre un grand service, trouvez-vous ce soir, rue de Rivo- » li, sous les arcades, devant le ministère des finances, à » neuf heures du soir. »
— Et cette lettre, — dit le général, — de qui était-elle signée ?
— De personne, général.
— Une lettre anonyme ?
—Oui, général...Aussi, sachant le peu de confiance que méritent de telles lettres, j'ai hésité à accepter ce rendez-vous. Cependant il s'agissait de vous, mon cher maître, et à tout hasard je suis allé rue de Rivoli. J'ai vu bientôt venir à moi un grand garçon, de vingt-cinq à trente ans ; il m'a dit » en m'abordant : — « Vous vous nommez Pietri, vous êtes » homme de confiance du général Roland ? — Oui, mon- » sieur. — Marchons et causons, » — a-t-il repris. Et alors, général, il m'apprend... Est-ce vrai ? je ne le sais pas encore... Il m'apprend qu'il est fils de madame Delmare... et de vous, mon cher maître.
— Maurice ! — s'écria le comte en regardant le major avec stupeur, — l'entends-tu ?
— Laisse-le achever, — reprit froidement le major ; et s'adressant à Pietri, qu'il poursuivit d'un regard opiniâtre, — Continuez.
— Ce jeune homme ajouta qu'il avait découvert récemment le secret de sa naissance ; qu'il en a des preuves irrécusables, des lettres de vous à sa mère, en assez grand nombre ; qu'il a toujours vécu dans la détresse, se résignant à son sort ; mais qu'ayant cependant appris que le général Roland était son véritable père, et la seule cause des chagrins et de la mort de sa mère, il voulait enfin le trouver. Il me déclarait ses intentions, ajouta-t-il, afin que vous en fussiez prévenu, général, disant que sa conduite à venir dépendrait de l'accueil plus ou moins paternel que vous lui feriez, mon cher maître.
— Que prétend-il donc ?— s'écria le comte avec une anxiété croissante,—que pense-t-il faire de ces lettres de moi qu'il a entre les mains ? Que veut-il ? est-ce de l'argent ? est-ce un scandale ?
— Vous comprenez, général, que ma première répon- » se a été celle-ci : « Vous vous dites fils de M. le général » Roland et de madame Delmare ? je ne sais d'abord, mon- » sieur, si votre affirmation a seulement l'ombre de la » vraisemblance ; mais enfin, cela serait-il vrai, il faudrait » le prouver ; et cette preuve faite, ce dont je doute » complètement, vous n'auriez quoi que ce fût à exiger » de M. le comte Roland. »
— Tu as eu tort,— s'écria le général,—c'est risquer de l'irriter, tandis que je suis, au contraire, décidé à assurer le sort de ce malheureux ; c'est mon devoir.
— Permettez, mon cher maître, vous m'avez interrompu ; je lui ai dit : « Vous n'avez quoi que ce soit à exi- » ger du général, mais si le fait que vous alléguez était » vrai, si vous étiez réellement digne d'intérêt, je ne dou- » te pas que M. le général ne vous vint en aide. »
— Et qu'a-t-il répondu ?
— Qu'il ne voulait pas d'aumône, et que d'ailleurs il était résolu à aller vous trouver chez vous et à juger par lui-même de vos sentimens à son égard.
— Lui venir chez moi ! exposer ma femme ou ma fille à le rencontrer ! Non, jamais ! à aucun prix ! Jamais !
— J'ai tout de suite compris, mon cher maître, le danger de cette menace, d'autant plus que ce garçon m'a paru d'un naturel violent... et résolu ; aussi je l'ai sermoné, tâchant de lui faire entendre raison. Malheureusement, tout a été vain ; nous avons ainsi passé près d'une heure à discuter, en nous promenant sous les arcades de la rue de Rivoli ; voyant enfin que je n'en pouvais rien tirer, je l'ai quitté.
— Et où demeure-t-il ?
— Il s'est absolument refusé à me donner son adresse, ajoutant que, si on le poussait à bout, on ne la saurait que trop tôt, son adresse !
— Ah ! Maurice,—s'écria douloureusement le comte,— tu le vois, la fatalité m'accable !

Le major avait écouté Pietri avec une attention profonde, luttant tour à tour contre le soupçon et la confiance ; il lui dit, en faisant signe au général d'écouter encore :
— Poursuivez.
— Ma première pensée monsieur le major, fut de vous tout confier, de crainte d'inquiéter inutilement le général, car, après tout, ce prétendu Delmare peut bien n'être qu'un aventurier. Malheureusement, monsieur le major, vous n'êtes pas rentré de la nuit à l'hôtel. Ce matin j'ai encore été sur le point de m'ouvrir à mon cher maître. Les mêmes scrupules m'ont retenu, mais le voyant sortir, j'ai profité de son absence pour accourir ici, espérant peut-être vous trouver, monsieur le major, et suivre vos bons conseils.

Ce récit, fait avec autant de bonhomie que de simplicité, avait un tel caractère de vérité, que Maurice se sentait de plus en plus indécis dans son opinion à l'endroit du Corse. Cependant, au moment où le général allait s'adresser à Pietri, il dit soudain à celui-ci en l'examinant avec une profonde attention :

— C'est vous, Pietri, qui êtes chargé d'envoyer les invitations pour les fêtes que donne la comtesse ?
— Oui, monsieur le major, — répondit le Corse impassible.
— C'est vous qui ajoutez le nom des invités aux lettres imprimées ?
— Oui, monsieur le major.
— Ainsi, les invitations pour la fête de demain ont été écrites et envoyées par vous ?
— Oui, monsieur le major. — Et le Corse feignait une surprise naïve à chacune des questions de Maurice. — Depuis je ne sais combien d'années, c'est moi qui suis chargé des lettres d'invitation ; je les rédige d'après les indications de madame la comtesse. Il en a toujours été ainsi, monsieur le major... toujours.
— Alors, — dit vivement le général, — comment se fait-il que madame de Bourgueil, qui n'était pas sur la liste, ait reçu une invitation pour demain ?
— Madame de Bourgueil ? — dit Pietri de l'air du monde le plus naturel ; — c'est impossible.
— Cela est cependant, — reprit le major.
— Je puis affirmer à mon cher maître que le fait est faux ; je n'ai envoyé aucune invitation à madame de Bourgueil ; d'abord par une raison bien simple, c'est que cette dame n'est pas portée sur la liste ; puis, ajouta le Corse avec émotion, — parce que je sais pour quelles graves raisons madame de Bourgueil ne peut pas venir à une fête chez mon cher maître. Et justement encore, hier matin, madame la comtesse m'avait chargé d'une mission assez délicate, en ce sens que je devais m'informer si madame de Bourgueil était ou non sortie, et dans ce dernier cas seulement remettre la carte de madame la comtesse, qui désirait rendre sa visite à madame de Bourgueil sans la rencontrer chez elle. Je cite ce détail bien insignifiant à mon cher maître afin de lui démontrer que pour mille raisons je ne pouvais commettre l'étourderie de porter madame de Bourgueil sur la liste d'invitation.
— Comment se fait-il pourtant, — reprit le major, — que M. de Bourgueil ait remis lui-même cette invitation à sa femme ?
— Ah ! c'est M. de Bourgueil qui lui-même a remis cette invitation à sa femme ? dit Pietri en réfléchissant. Puis, tressaillant comme s'il eût été frappé d'une idée subite,
— Ah ! monsieur le major, je crois tout deviner maintenant.
— Quoi ? — reprit le général, — que devines-tu ?
— Mon bon et cher maître, — répondit le Corse avec un accent pénétré, — vous avez assez confiance dans la fidélité de votre vieux Pietri pour lui dire parfois vos secrètes pensées. C'est ainsi que, par vous, j'ai su votre contrariété de rencontrer souvent madame de Bourgueil dans les salons où vous alliez avec votre famille, supposant, non sans raison, je crois, que cette malheureuse dame cédait en ceci à la méchante obsession de son mari.

— Sans doute... j'ai dit cela... Que veux-tu en conclure ?
— Eh ! mon Dieu ! une chose bien simple, mon cher maître... Pourquoi M. de Bourgueil, dans je ne sais quel but, n'aurait-il pas tout bonnement fait lithographier ou imprimer une lettre d'invitation en votre nom, général, et en celui de madame la comtesse ? lettre dont M. de Bourgueil aurait rempli ou fait remplir les noms.... car si j'en étais réduit à me disculper, aux yeux de mon cher maître, de l'étourderie que l'on me reproche, il serait facile de s'assurer si les noms de M. et madame de Bourgueil sont écrits de ma main... et je vous jure, par ma respectueuse affection pour vous, mon cher maître... je vous jure...

Et portant la main à ses yeux, il ajouta d'une voix tremblante et mêlée de larmes :
— Non... je n'aurais jamais cru être soupçonné d'un étourderie pareille à mon âge.
— Allons, mon vieux Pietri, — lui dit le général avec bonté, — ne vas-tu pas te chagriner pour une misère !
— C'est qu'aussi, mon cher maître, — ajouta le Corse en essuyant ses yeux, — je ne suis pas un étourneau, moi ; je ne suis qu'un pauvre homme sans éducation ; mais je comprends la portée des choses.
— Mais est-ce que je t'accuse ? Un fait singulier se produit ; nous t'en parlons ; tu l'expliques, nous te croyons ; et mieux que cela, avec ton simple bon sens tu trouves ce que le major et moi ne pouvions pas trouver, car évidemment, n'est-ce pas, Maurice ? Pietri nous donne la seule solution vraisemblable, au sujet de cette invitation.
— C'est probable, — répondit le major de plus en plus ébranlé dans sa défiance contre le Corse ; car les raisons de celui-ci semblaient si plausibles, il s'exprimait avec tant de bonhomie et une telle apparence de sincérité, que Maurice sentit ses doutes se dissiper presque entièrement. Cependant il dit au Corse :
— Pietri, laissez-nous, je vous prie.

Le Corse s'inclina et se dirigea vers la porte avec une imperturbable assurance ; seulement, au moment de sortir, il dit :
— Mon cher maître, dois-je attendre vos ordres ou repartir seul pour Paris ?
— Non, attends, j'aurai peut-être besoin de toi.
Dès que le Corse fut sorti, Maurice dit à son ami :
— Adalbert, j'ai à te faire une confidence très délicate.
— Que veux-tu dire ?
— Pour des raisons inutiles à t'expliquer en ce moment, je me suis vaguement défié de Pietri.
Le général recula de deux pas, comme s'il ne pouvait croire à ce qu'il entendait ; puis il reprit :
— En vérité, Maurice, il me faut te prier de répéter ce que tu viens de dire.
— Je te répète que je me suis vaguement méfié de Pietri.
— De Pietri ?
— Oui.
— De ce bon vieux serviteur, qui me sert depuis trente ans ! Allons, mon ami, tu n'y songes pas.
— Je ne parle jamais légèrement.
— Te défier de Pietri ! toi ? toi ? vivant dans notre intimité ; toi qui as eu cent fois des preuves de l'admirable dévoûment de cet excellent homme, non-seulement pour moi, mais pour ma famille ! Allons, mon pauvre Maurice tu es fou !
— Puissé-je me tromper !... Je t'avouerai d'ailleurs qu'en ce moment j'en suis presque à me reprocher cette défiance.
— Tu peux, tu dois te la reprocher tout à fait. Doute, du dévoûment de Pietri pour moi et pour les miens ! Ah Maurice... Maurice !...
— C'est vrai, on ne fait pas le mal pour le mal ; cette trahison, si elle existait, devrait avoir une cause ; jusqu'ici je n'ai pu la pénétrer. Quoi qu'il en soit, à tort ou à raison, je me défiais de Pietri. Hier soir, sur les huit heures et demie, je rentrais chez toi ; j'ai vu Pietri sortir. Cédant à je ne sais quel instinct de défiance et de curiosité, je l'ai suivi de loin, cachant bien ma figure dans mon man-

teau ; il s'est dirigé vers la rue de Rivoli. Un jeune homme l'a rejoint...
— Ce Delmare, sans doute ?
— Oui. Tous deux marchaient devant moi. Je les suivais, ton nom a été prononcé, celui de madame Delmare aussi. Enfin ces mots ont frappé mon oreille : *Après tout, c'est mon père... et il faudra bien...* Je n'ai pas entendu le reste de la phrase, car je marchais par précaution assez loin, m'abritant çà et là lorsque Pietri et ce jeune homme revenaient sur leurs pas, afin de n'être pas remarqué.
— Mais, mon ami, tu confirmes le fait que Pietri est venu spontanément nous apprendre. D'où naîtrait ta défiance ?
— Laisse-moi achever. Ayant ainsi surpris quelques lambeaux de phrases, suffisans pour accroître mon inquiétude, je les ai vus, Pietri et Delmare, se séparer. J'ai suivi ce dernier, car il n'y a pas à en douter, c'est ton fils.
— D'où sais-tu ?
— Sa ressemblance avec toi est frappante.
— Mais la nuit, comment as-tu pu remarquer...
— Je l'ai revu ce matin.
— Où cela ?
— Ici.
— Ici ?
— Il était chez moi lorsque tu es entré.
— Il te connaît donc ? Comment se trouvait-il là ?
— Hier soir, je l'ai suivi et abordé sans lui apprendre que j'avais surpris une partie de son entretien avec Pietri ; je lui ai dit que j'étais ton intime ami et que je pouvais lui être utile ; j'ai trouvé en lui un homme impénétrable, refusant de me répondre ; il se défiait naturellement de moi. A tout hasard, je lui ai laissé ma carte, espérant que peut-être l'intérêt, la curiosité, la réflexion, l'amèneraient ici. Je ne m'étais pas trompé.
— Et que t'a-t-il dit ? que veut-il ? Au moral, quel homme est-ce ?
— Je l'ignore encore. Dans le doute, je n'ai voulu m'ouvrir à lui qu'à demi, lui faisant cependant comprendre que, s'il cédait à un sentiment de tendresse filiale irréfléchie peut-être, mais honorable, il pouvait, en se montrant plein de réserve, mériter ton intérêt, mais que, s'il espérait spéculer sur le scandale, tout moyen me serait bon pour empêcher cette indignité.
— Qu'a-t-il répondu ?
— Il s'est d'abord tenu dans une entière réserve, l'œil sec, jouant au fin avec moi... Cependant, un moment il m'a paru s'émouvoir à mes paroles... puis il est redevenu audacieux, ironique, et à ce moment tu m'as fait demander.
— Et alors, où est-il allé ?
— Je l'ai presque contraint d'entrer dans cette chambre, dont j'ai fermé la porte ; puis, lorsque j'ai su ton rendez-vous avec madame de Bourgueil, je suis rentré là, comptant emmener Delmare dans une pièce voisine de ma chambre à coucher pour continuer mon entretien avec lui. Je voulais qu'il ne fût pas à même d'entendre ta conversation avec madame de Bourgueil.
— Eh bien ?
— Eh bien ! j'avais oublié que ma chambre étant au rez-de-chaussée donnait sur le jardin, et quand je suis rentré...
— Il avait disparu ?
— Malheureusement.
— Ah ! Maurice, cette sécheresse de cœur, cette fuite... mauvais symptômes !
— Je le crois.
— En tout cas, tu le vois, Pietri ne m'avait pas trompé à ce sujet... Et dans quel but, mon Dieu ! me tromper ? Ah ! Maurice, s'il fallait joindre aux inquiétudes dont je suis bourrelé la douleur de douter de ce vieux serviteur, tiens, ce serait trop ! Douter de lui, qui m'a toujours si fidèlement servi ! de lui à qui je dois, pour ainsi dire, le bonheur de ma fille !...
— Comment ! — reprit le major avec un étonnement profond, — le bonheur de ta fille, tu le dois à Pietri ?
— Oui.
— Explique-toi.

— Pietri m'avait prié de garder le secret, continua le général ; mais à toi, je peux tout dire... Et je veux d'ailleurs te donner une nouvelle preuve de l'excellent cœur de ce digne homme.
— Je t'écoute, dit le major Maurice.
— Lorsque j'ai remplacé mon aide de camp, Pietri m'a dit : — Mon cher maître, je ne vous ai jamais rien demandé de ma vie ? — Non, malheureusement. — Vous cherchez un aide de camp ; permettez-moi de vous en recommander un, et surtout de ne jamais m'interroger sur le motif de l'intérêt que je porte à ce brave jeune homme, dont je suis inconnu. Il doit toujours ignorer ma démarche. Du reste, mon cher maître, a ajouté Pietri, prenez tous les renseignemens possibles sur mon protégé, orphelin de père et de mère. Vous verrez qu'il mérite vos bontés. Or, mon cher Maurice, le protégé de Pietri, c'était...
— Charle Belcourt ?
— Oui, ce jeune homme si bon, si loyal, si distingué, que tu as voulu toi-même éprouver, étudier, lorsque je t'ai fait part de mes projets sur lui, projets que tu as complètement approuvés.
— Certes, tu ne pouvais, je crois, mieux choisir ; mais ce mystérieux intérêt que porte Pietri à Charles Belcourt... c'est étrange !
— Il y a quelque généreuse action là-dessous, je suppose ; mais avoue du moins que Pietri a la main heureuse dans ses recommandations.
— Mais ce mystère ne te paraît pas singulier ?
— Mystère tant que tu voudras, il n'en est pas moins vrai que la seule faveur que cet excellent homme m'ait demandé de sa vie a eu pour résultat le bonheur de ma fille. Et je me défierais de ce vieux serviteur ! Non, non ! Je n'ai pas besoin de me créer des inquiétudes chimériques ; la réalité est assez menaçante !
Le major Maurice était devenu de plus en plus pensif depuis la révélation du général au sujet de l'intérêt que Pietri portait à Belcourt ; une inexplicable défiance, que rien ne motivait cependant, serrait le cœur du major. Il reprit donc :
— Tu as raison, mon ami, tout ceci est menaçant... Je ne veux rien empirer, loin de là ! j'espère déjouer les odieux projets de M. de Bourgueil, quels qu'ils soient. Quant à ton fils, il sera, je le crois et je le crains à la fois, facile de se débarrasser momentanément de lui avec de l'argent.
— Alors, qu'aurai-je à redouter ?
— Aujourd'hui sera sauvegardé, soit ! Mais demain... mais l'avenir ?... Si ta fille n'était pas ce qu'elle est, une sensitive qui se briserait au moindre opprobre jeté sur ta vie, sur toi, que toi a jusqu'ici adoré que vénéré, voyant dans son père l'idéal de ce qui est délicat, généreux, grand et respecté de tous...
— Maurice, n'achève pas ! Telle est la candeur de cette âme angélique, telle est son ignorance du mal et des mauvaises passions auxquelles moi et tant d'autres avons succombé, que la moindre déception à mon égard serait pour elle un coup affreux.
— Je le crois... oui, un coup affreux, horrible ! Eh bien ! dans cette prévision, dans cette crainte, veux-tu suivre mon conseil ?
— En peux-tu douter !
— Ce conseil va te paraître insensé...
— Enfin... parle...
— Envoie dans deux heures au roi ta démission d'ambassadeur...
— Maurice... y songes-tu ?
— Fais en même temps, à la hâte, tes préparatifs de départ, et envoie chercher des chevaux de poste.
— Parles-tu sérieusement ?
— Avant la fin du jour, monte en voiture, avec ta femme, ta fille, Charles Belcourt.
— Maurice...
— Voyage incognito, et va marier ces enfans, en Allemagne, en Italie, où tu voudras... mais quitte Paris sans

bruit, ce soir, et laisse passer l'orage, qui, je le prévois, je le pressens, sera terrible...

— En vérité, ce que tu me proposes là, Maurice, est inouï, insensé !

— Nous y voilà.

— Eh ! puis-je autrement qualifier un pareil conseil ? Quoi ! moi... fuir Paris comme un fou, sans avoir une raison à donner à ma femme, à ma fille... Moi ? m'exposer aux plus incroyables interprétations par cette démission soudaine de mon poste d'ambassadeur, suivie d'une disparition inexplicable? Faire cette injure au roi qui me comble de ses bontés ? aux princes ses fils qui doivent assister demain à la fête que je donne ? me couvrir de ridicule aux yeux de tous ? de honte, aux yeux de ma femme et de ma fille? rougir devant elles, puisqu'il me faudrait leur mentir, pour expliquer, si cela était possible, une conduite inconcevable ? Me résigner à une pareille extrémité? pourquoi ? parce que ce Delmare, fruit d'un moment d'égarement prétend spéculer sans doute sur le scandale de sa naissance ? parce que cet odieux Bourgueil a l'impudence de vouloir venir chez moi sans y être invité ! Mordieu ! Maurice, c'est par trop de faiblesse aussi ! Suis-je donc le seul, le premier, qui ait sur les bras des enfans naturels voulant gueuser quelques billets de mille trancs, et des maris crevant d'une vieille jalousie rentrée?... Car en vérité, je suis trop stupide aussi de m'inquiéter de si peu ! Est-ce que je ne suis pas le maître de recevoir chez moi qui je veux? Est-ce que je n'ai pas le droit de faire jeter ce bâtard à la porte ?... Comment ! j'aurais peur de pareils misérables ! Comment ! à mon âge ! dans ma position ! après vingt ans passés à réparer honorablement les fautes de ma jeunesse ! Estimé des gens de bien... méritant cette estime... je peux le dire... et je le dis.le front haut ! je serais obligé de me sauver comme un banqueroutier, de cacher un nom que j'ai rendu, sinon illustre, du moins respecté?... Par la mort-Dieu ! Maurice, toi qui parles si souvent de Providence, elle aurait de singuliers caprices !...

— Et cette Providence ne s'est jamais manifestée à mes yeux plus redoutable et plus juste qu'en ce moment, — s'écria le major avec un accent d'autorité irrésistible. — Ah ! tu parles des faveurs du roi ! de l'amitié des princes, qui doivent assister à tes fêtes ! de l'estime des gens de bien ! de l'éclat de ton nom ! Est-ce que cela fait que tu n'aies pas séduit la femme de M. Delmare avant son mariage ! et tué à coups de couteau cet homme jusqu'alors inoffensif et heureux ? Est-ce que cela fait que tu n'aies pas déshonoré M. de Bourgueil ? Est-ce que cela fait que tu puisses l'empêcher de dire en plein salon, ce n'est pas dans le tien, dans un autre, et cela devant ta femme, devant ta fille : » Vous êtes un infâme, vous avez porté l'adultère et le deuil » dans ma maison, vous que je traitais en ami » ! — Ah, pardieu ! ça leur est bien égal à eux, que le roi et tes princes te distinguent ! que tu sois ambassadeur et maintenant estimé des gens de bien ! Ah ! tu crois que vingt années d'expiation... (et quelle terrible expiation ? un bonheur domestique de tous les instans...) suffisent à désarmer cette providence dont tu te raillais ? Tu crois que souvent elle n'ajourne pas ses coups pour les rendre plus sûrs? Ah ! tu t'étonnes que les larmes que tu as fait couler il y a vingt ans, que le sang que tu as versé, se lèvent aujourd'hui contre toi? Ah ! tu te révoltes contre la Providence et ce que tu appelles ses caprices ! Ah ! parce que tout te sourit aujourd'hui, parce que tu touches à l'idéal de la félicité humaine, tu trouves monstrueux que ceux-là qui t'ont dû la honte, la douleur, la misère, le remords de leur vie, se dressant maintenant comme des spectres du passé, te disent : « A cette heure, comptons ensemble ! »

— Maurice... — reprit le général Roland avec un pénible effort, — tu m'avais accoutumé depuis vingt ans à plus d'indulgence pour des fautes dont je croyais avoir mérité le pardon...

— Adalbert ! — dit le major d'une voix profondément émue, — ce ne sont pas les hommes qui pardonnent, c'est Dieu !...

— Ah ! quelle serait donc cette justice de Dieu, si elle retombait sur deux créatures innocentes comme ma femme et ma fille !

— Et madame Delmare ? et Paula? et madame de Bourgueil ? n'étaient-elles pas innocentes de tout mal avant d'avoir été séduites par toi ? Quel était leur crime ? Et pourtant leurs souffrances ont été horribles ! Adalbert... mon ami, mon vieil ami, — poursuivit le major en prenant les mains du comte avec effusion, — si mon langage est rude, sévère, si je te mets sous les yeux le sombre tableau du passé, c'est que le présent menace, c'est que je voudrais te voir assez résolu pour fuir et mettre ainsi toi et les tiens à l'abri des dangers que l'instinct de mon amitié prévoit... Et tu le sais, rarement mes pressentimens m'ont trompé...

— Maurice, — reprit le général Roland d'une voix grave, — si un terrible châtiment providentiel doit me frapper, je ne lui échapperai pas, non... pas plus que l'on n'échappe à la foudre par la fuite. Ce châtiment m'atteindra partout, en tout lieu, à toute heure. Si, au contraire, le bien que j'ai tâché de faire depuis vingt ans a été une expiation suffisante, je n'ai rien à craindre...

— Mais ce tranquille fatalisme est insensé devant des dangers aussi précis que ceux dont tu es menacé !—s'écria le major.—Tu as exagéré la portée de mes paroles. Je ne suis pas, moi, dans les secrets de la Providence ; je te dis seulement ceci : « Il y a vingt ans que tu as fait le mal ; les conséquences de ce mal apparaissent aujourd'hui et se tournent contre toi. Est-ce destinée, châtiment providentiel, justice divine, hasard ? Peu importe ! cela est, ce péril existe ; je te donne, selon moi, le meilleur moyen de le conjurer. » Tu préfères l'inertie ? tu te dis : « Si je suis frappé, je le serai ; si je ne dois pas l'être, je ne le serai pas. » Soit! tu ne le seras pas, je l'espère, mais fais donc au moins ce qu'il faut pour cela ; c'est toujours le vieux proverbe : — Aide-toi, le ciel t'aidera.

— Maurice,—dit le général à son ami d'une voix pénétrée,—ne discutons pas davantage ; ta tendre amitié pour moi s'exagère le péril. Je suis résolu de le braver, fort de ma conscience.

— Mon ami, crois-moi; rarement, je te le répète, mes pressentimens m'ont trompé.

— Bon et brave cœur, — reprit le général attendri, — tu les comme l'homme de la fable. Il arrive chez son ami. « Qu'avez-vous ? — J'ai rêvé que vous étiez menacé d'un malheur. »

— Adalbert,—reprit le major d'un air presque solennel, — la comparaison est plus juste que tu ne le crois...

— Quoi ! tes inquiétudes naîtraient d'un rêve?

— Qu'elles naissent de là ou d'ailleurs, mes angoisses, justifiées par les faits d'hier et d'aujourd'hui, sont assez profondes pour que je te supplie une dernière fois de quitter Paris dès ce soir, et d'aller pendant un certain temps vivre éloigné de ceux que tu aimes.

— Maurice ! — s'écria le comte avec une sorte de douloureuse impatience, — je t'ai dit : non... c'est non.

— Mon ami, — reprit doucement le major, — cette réponse me prouve qu'il serait fou à moi de songer maintenant à lutter contre ton opiniâtre fermeté... Que le destin s'accomplisse ! tu l'auras voulu. Retournons à Paris... Je vais d'abord m'occuper de M. de Bourgueil. Quant à ton fils Delmare... attendons-le, puisque nous ignorons et sa demeure et ses prétentions ; je ne te quitterai pas ces jours-ci ; tu peux avoir besoin de moi.

— Et les vaines terreurs de ton amitié évanouies comme le songe qui les a causées peut-être, — dit le général en serrant les mains du major, — nous partons tous ensemble pour mon ambassade de Naples... Tu l'as promis à ma fille.

— Partons d'abord pour Paris, — ajouta le major en soupirant.

Et le comte et son ami, suivis de Pietri, se rendirent de Ville-d'Avray à Paris.

XXXIII.

Le lendemain du jour où se sont passés les événemens précédens est arrivé.

L'on a fait de grands préparatifs dans le magnifique hôtel du général Roland, pour la fête qu'il doit donner le soir. Mandé par le roi dans la matinée, pour recevoir de lui diverses instructions diplomatiques, le général a aussi vu les princes aux Tuileries, et il lui ont réitéré l'assurance qu'ils assisteraient à la fête.

Sept heures viennent de sonner, déjà les gendarmes à cheval stationnent aux portes et aux abords de l'hôtel, pour mettre l'ordre dans la file des voitures; déjà les gens en grande livrée, les maîtres d'hôtel et les valets de chambre en habits noirs, commencent d'allumer les lustres des salons sous la direction de Pietri.

Le Corse semble ravi, et a retrouvé ses *jambes de vingt ans*, dit-on dans la maison, en voyant l'activité qu'il déploie.

Les scènes suivantes vont se passer dans un splendide salon en rotonde, séparé, par une large baie garnie de portières, d'une longue galerie blanc et or, éblouissante de cristaux, de lumière, et parfumée par de véritables buissons de fleurs, que des milliers de glaces reflètent à l'infini.

Pietri se promène tout en surveillant les derniers préparatifs, et se dit en se frottant les mains :

— Tout va bien, tout va bien ; le major est complétement dépisté, grâce à ma démarche d'hier à Ville-d'Avray... Ah ! major du diable, tu voulais ruser avec le vieux Pietri... Tu ne sais donc pas qu'il voit la nuit, comme les oiseaux de proie, et qu'avant-hier soir il t'avait reconnu et vu de loin le suivre jusque sous les arcades de la rue de Rivoli. Aussi, te sachant aux aguets, il a dit et fait dire à peu près ce qu'il a voulu à ce coquin de Delmare, que j'ai rencontré revenant de Ville-d'Avray, où il était allé, m'a-t-il avoué, tenté par cet infernal major. Oui, celui-ci m'eût peut-être enlevé mon précieux Delmare, si je n'avais tenu ce drôle dans mes griffes, qui sont longues... Mais,—ajouta le Corse en faisant quelques pas vers la galerie, — je ne vois pas l'aide de camp... il doit pourtant venir aussi donner son coup d'œil aux préparatifs de la fête, pendant que la comtesse et sa fille sont à leur toilette. Le moment est parfait pour entretenir Charles Belcourt ; je ne pouvais lui parler plus tôt ; c'eût été imprudent... Mais le voici.

En effet, le Corse vit arriver de loin, par la galerie, Charles Belcourt en élégant costume de soirée, l'air radieux et ne marchant pas, comme on dit, sur la terre.

Le Corse fit semblant de ne pas apercevoir le jeune homme, qui vint droit à lui et lui dit :

— Monsieur le surintendant des fêtes de l'hôtel, je vous fais mon compliment.

—Ah ! c'est vous, monsieur Charles, — répondit Pietri avec sa bonhomie habituelle ; — vraiment, vous êtes content des préparatifs? Dame, monsieur Charles, j'ai tâché de ne rien oublier. C'est un si beau jour pour mes chers maîtres que celui-ci !... il faut tâcher de l'encadrer de son mieux.

— Oh ! oui, c'est un beau jour, mon cher Pietri. Tenez, je suis dans un tel ravissement que c'est pour moi comme un rêve.

— Dieu merci ! monsieur Charles, pour mademoiselle Hélène et pour vous, c'est mieux qu'un rêve... Avouez qu'il y a des gens bien heureux en ce monde !

— C'est pour moi que vous dites cela, mon bon Pietri ?

— Eh ! eh ! cela se pourrait bien ; pourtant, il me semble, à moi, qu'il vous manque quelque chose.

— Quoi donc, Pietri ?

— Un père... une mère... pour être témoins de votre bonheur, monsieur Charles,—dit le Corse d'une voix touchante;—n'est-ce pas que c'est un peu vrai... hein ? ça vous manque.

—Oh ! vous avez raison, Pietri, — reprit Belcourt avec un sourire mélancolique,—mais, hélas !... orphelin depuis mon enfance... je ne devais pas connaître ces joies si douces, que je regretterais davantage encore si je n'avais trouvé une famille dans celle du général Roland.

— Du moins, monsieur Charles, votre excellent et digne père, par une de ces idées qui ne peuvent naître que dans le cœur d'un père rempli de sollicitude et de tendresse, vous a... si cela se peut dire, du fond de son tombeau, guidé pas à pas dans la vie...

Charles Belcourt tressaillit, et regardant le Corse avec une profonde surprise, il lui dit :

— Comment... savez-vous?...

— *Ces quatre lettres*... écrites par lui, avant sa mort, et que votre tuteur... vous remettait successivement... à mesure que vous avanciez en âge... et où vous trouviez pour ainsi dire votre ligne de conduite tracée d'avance... depuis votre entrée au collége... jusqu'à votre entrée à l'École Militaire... car il tenait essentiellement à ce que vous fussiez militaire... votre pauvre et excellent père... Il y avait même cette phrase, dans une lettre de lui, qui insistait sur cette vocation : *J'adjure mon fils... au nom de la sainte tendresse que j'ai pour lui, d'embrasser l'état militaire... Est-ce vrai ?*

Charles Belcourt, de plus en plus étonné de voir le Corse si parfaitement instruit de ces particularités de famille, l'avait écouté sans l'interrompre ; puis il s'écria :

— Mais, encore une fois, comment savez-vous...

— Oh ! oh ! le vieux Pietri sait bien des choses encore... Et cette lettre où votre père vous recommande si instamment de vous livrer dès votre première jeunesse à l'escrime, au tir, recommandation très naturelle d'ailleurs, puisque vous deviez embrasser l'état militaire...

— Pietri,—reprit le jeune homme avec une émotion profonde, — vous avez donc connu mon père ? vous aviez donc sa confiance la plus intime ?

— Peut-être bien... car savez-vous, monsieur Charles, qui a engagé le général Roland, qui ne vous connaissait pas, à vous demander pour aide de camp? c'est le vieux Pietri.

— Vous !... c'est à vous que je devrais...

— Interrogez le général... dites-lui de ma part que je le délie de la promesse qu'il m'avait faite de me garder le secret... vous verrez ce qu'il vous répondra...

— Comment ! Pietri... vous êtes la première cause du bonheur de ma vie !... puisque c'est ici que j'ai connu mademoiselle Hélène. Vous avez eu l'intime confiance de mon père... et ce soir, pour la première fois, vous me faites cette révélation !... mais vous aviez donc peur de ma reconnaissance ?

— Je vous voyais heureux... cela me suffisait.

— Ah ! Pietri, combien le général et sa famille ont raison de vous aimer ! Quel bonheur pour moi d'avoir maintenant tant de raisons de partager cette affection !

— Oh ! monsieur Charles, ne me croyez pas quitte ainsi envers le vieux Pietri... j'ai à mon tour quelque chose à vous demander.

— Tant mieux... parlez vite...

— Et j'attache d'autant plus d'importance à cette demande que...

— C'est accordé d'avance, mon bon Pietri.

— Laissez-moi donc achever, monsieur Charles ; j'attache, disais-je, d'autant plus d'importance à cette demande, qu'il s'agit de mon cher maître.

— Du général ?

— Oui. Monsieur Charles, dites-moi, il vous reste une

dernière lettre de votre père, dont vous n'avez pas pris connaissance?

— C'est vrai, il s'en faut encore de trois mois pour que l'époque où je dois ouvrir cette lettre soit arrivée.

— D'après tout ce que je viens de vous dire, vous devez être convaincu que j'étais dans l'intime confiance de votre père, et que dans mon humble sphère j'ai tâché de vous servir.

— Je vous dois tout, Pietri, tout, je vous le répète : l'affection du général, la main de sa fille...

— Eh bien donc, écoutez ceci : il se peut qu'avant l'époque fixée pour ouvrir la dernière lettre de votre père, vous soyez à même de rendre au général un très grand service.

— Et comment?

— En devançant l'époque fixée pour la lecture de cette lettre.

— Ah! Pietri... ce serait aller contre les dernières volontés de mon père.

— Je le sais ; mais me croyez-vous capable de vous donner un pareil conseil, s'il ne s'agissait pas des intérêts les plus graves, et pour le général et pour vous?

— Pour moi?

— Je veux parler de votre mariage avec mademoiselle Hélène.

— Grand Dieu! que dites-vous?... Oh! de grâce, expliquez-vous!

— Il peut arriver dans cette maison aujourd'hui, demain, je ne sais quand, tel événement qui, malgré ses menaçantes apparences, se dénouerait de la façon la plus heureuse du monde pour le général, sa famille et vous, grâce à l'ouverture anticipée de la lettre de votre père.

— Quoi! Pietri, mon mariage avec mademoiselle Hélène pourrait être compromis, menacé!

— Oui, pendant un instant; mais, je vous le répète, l'ouverture de la lettre en question ferait aussitôt évanouir ce danger.

— Pietri, ces mystérieuses paroles m'inquiètent malgré moi.

— C'est à tort, monsieur Charles. Pourquoi redouter le péril lorsqu'on a en main de quoi le conjurer sûrement?

— Mais si ce péril menaçait, comment saurai-je le moment opportun d'ouvrir cette lettre!

— Fiez-vous à moi, je vous avertirai.

— Et ce péril, quel est-il?

— Monsieur Charles, tout mystérieux que soit le bonhomme Pietri, vous avouerez au moins que ceux auxquels il est heureux de se dévouer n'ont pas à se plaindre.

— Je le sais mieux que personne, mon bon Pietri, mais...

— Eh bien donc, ne vous étonnez pas, et surtout ne vous alarmez pas de ce que j'ai encore quelques petits secrets. Ayez confiance en moi, vous ne le regretterez jamais. Quant à la lettre en question, vous l'avez ici?

— Elle est en main dans mon secrétaire.

— Très bien! mais j'aperçois madame la comtesse avec mademoiselle Hélène. Pas un mot de tout ceci, je vous en conjure, ni à ces dames, ni au général, ce serait les alarmer sans doute à tort, car j'ai l'espoir que tout ira pour le mieux ; seulement, il faut tout prévoir ; il est donc entendu, monsieur Charles, que je vous prie de garder le secret sur tout ce qui a rapport à la lettre de votre père, mais vous pouvez demander à M. le comte si ce n'est pas moi qui l'ai engagé à vous choisir comme aide de camp.

— Votre parole ne me suffit-elle pas, Pietri?

— Enfin, monsieur Charles, libre à vous d'interroger mon cher maître. Quant au reste, secret absolu, vous me le promettez?

— N'est-ce pas mon devoir? Irai-je, sans raison à moi connue, jeter le trouble, l'inquiétude dans cette famille qui va bientôt être la mienne?

— Je savais d'avance pouvoir compter sur votre discrétion, monsieur Charles. Mais voici madame la comtesse et mademoiselle Hélène, je vous laisse.

Et le Corse s'éloigna ; puis, tirant sa montre, il regarda l'heure, et se dit en sortant précipitamment par une des deux portes latérales du salon pendant que la comtesse et sa fille entraient par la baie de la galerie :

— Déjà sept heures et demie... Vite, vite...

La comtesse Roland et sa fille s'approchèrent de Charles Belcourt, que son entretien avec Pietri laissait dans une vague inquiétude ; il l'oublia bientôt à la vue d'Hélène, dont la blanche toilette de bal et de fiancée était ravissante.

— Monsieur Charles, — dit-elle au jeune aide de camp en souriant, — trouvez-vous ma robe jolie?

— Charmante, mademoiselle... Cette garniture de lilas blancs, pareille à votre coiffure, est d'une fraîcheur et d'une élégance...

— C'est ma mère qui l'a choisie. Vous le voyez, monsieur Charles, elle s'entend à parer *son idole*, ainsi qu'elle m'appelle.

— Oui, — reprit en souriant la comtesse, — mais ce que je ne saurais, moi toute seule, donner à *mon idole*, c'est le bonheur qui anime tes traits, la joie qui brille dans tes grands yeux ; et cette parure-là tu la dois un peu, je crois, à M. Charles.

— Monsieur Charles, — dit la jeune fille avec un sourire enchanteur, — faut-il avouer que c'est vrai?

— Ma réponse serait facile, mademoiselle, s'il m'était permis de juger de votre bonheur d'après celui que j'éprouve.

— Vous êtes donc bien heureux mes enfants? — dit la comtesse en regardant les deux jeunes gens avec un attendrissement inexprimable.

— Ah! mamère!

— Ah! madame! —répondirent-ils tous deux en prenant chacun une des mains de la comtesse placée au milieu d'eux. Celle-ci, s'adressant à M. de Belcourt, lui dit en souriant :

— *Madame*, c'est... bien cérémonieux, ce mot-là, monsieur Charles. Heureusement, après-demain vous pourrez me dire comme Hélène : ma mère, et moi vous dire : Charles. Aussi, patience, patience! nous nous dédommagerons ; mais en attendant, vous allez venir tous deux avec moi visiter la salle du buffet pour nous assurer que rien n'est oublié.

— Je suis à vos ordres, madame.

— Maman a raison, il faut que la fête soit irréprochable ; car enfin, nous allons recevoir les fils du roi...

— Monsieur Charles, — dit en riant la comtesse, — entendez-vous cette petite glorieuse?

— Oh! maman, c'est vrai.. glorieuse, on ne saurait plus glorieuse pour mon père. N'est-ce pas à son rare mérite, aux services qu'il a rendus à notre pays, et surtout à son caractère si aimé, si respecté, que mon père doit ces faveurs, je devrais dire cette justice?

— Toujours la même, vous voyez, monsieur Charles,— reprit en souriant la comtesse, — elle est incorrigible ; je ne connais pas de fille plus fière, plus orgueilleuse de son père...

— Et cet orgueil, tu ne le partages pas, toi, maman?

— Monsieur Charles, sauvons-nous vite,—dit en riant la comtesse au jeune homme en prenant son bras,— il ne faut pas donner raison à cette petite glorieuse.

Et tous trois disparurent par la galerie au moment où le major Maurice entrait par une des portes latérales du salon.

XXXIV.

Le major Maurice s'adressant à l'un des gens de l'hôtel qui traversait la galerie, lui dit :
— Le général n'est pas encore descendu de chez lui ?
— Non, monsieur le major, je crois que M. le comte finit de s'habiller.
— Et Pietri ?... savez-vous où il est ?
— Je l'ai tout à l'heure vu traverser le salon d'attente, monsieur le major. Mais voici M. le comte.

Le général Roland entrait, en effet, habillé pour la soirée avec une sévère élégance, portant le grand cordon rouge sur son gilet blanc, et la plaque de la Légion d'honneur enrichie de diamans au côté gauche de son habit noir ; il était pâle ; une vague inquiétude se lisait sur ses beaux traits. A la vue du major, il alla rapidement à sa rencontre et lui dit :
— Eh bien ! Maurice, rien de nouveau ?
— Rien ; — et d'ailleurs Delmare n'étant venu chez toi, ni hier, ni aujourd'hui dans la journée, tu n'as plus maintenant à redouter sa présence avant demain.
— En effet, cet homme n'irait pas choisir l'heure de cette fête pour avoir avec moi un pareil entretien.
— En tout cas, te je l'ai dit, Adalbert, mes précautions sont prises...
— Merci, Maurice, c'est déjà un souci de moins... Quant à M. de Bourgueil, tu es bien certain...
— Je ne suis certain que d'une chose, de lui avoir dit ceci hier, et je te le répète pour te rassurer : « Vous vous êtes
» procuré, monsieur, une invitation pour la fête que don-
» ne le géral Roland, espérant, dans un but nécessaire-
» ment odieux, conduire chez lui votre femme et votre
» fille. Je vous déclare que, si vous persistez dans ce pro-
» jet, je m'y opposerai par un moyen qui vous paraîtra
» fort singulier, fort ridicule peut-être ; en un mot, vous
» ne trouverez ni plus ni moins qu'un planton de service
» à la porte du salon d'attente, que je ne quitterai pas
» d'un instant de la soirée, très résolu à vous barrer le
» passage. Si vous avez compté sur un éclat, il ne dépasse-
» ra pas du moins l'antichambre. Libre à vous, monsieur,
» d'exposer madame de Bourgueil et sa fille à un scandale
» que je regretterai profondément pour elles ; mais ma
» résolution est prise. »
— Et déconcerté par cette menace, il t'a promis [de ne donner aucune suite à son dessein ?
— Il me l'a promis, et m'a paru en effet fort déconcerté ; car, à défaut d'un autre moyen, si brutal que soit celui que j'emploie, il est du moins efficace.
— Maurice, mon bon Maurice, tu nous sauves peut-être d'un éclat déplorable !
— Dieu le veuille ! Aussi, malgré la promesse de M. de Bourgueil, je me rends à mon poste. Je ne me fie pas à cet homme.
— A peine s'il est huit heures ; personne n'arrivera si tôt.
— C'est probable ; mais j'aime mieux être prêt une heure d'avance. M. de Bourgueil n'est pas le seul dont tu puisses avoir à craindre la visite.
— Tu as raison. Ce Delmare... Mais il n'aurait pas l'audace...
— Il faut tout prévoir... Je serai ce soir ton *garde de la porte*, et personne n'entrera dans ces salons avant d'avoir passé mon inspection.
— Maurice !... toujours dévoué !... Mais tu as beau sourire, tu n'es pas plus rassuré que moi. Faut-il te l'avouer ? à mesure que l'heure de cette fête approche, je me sens parfois aux regrets de n'avoir pas suivi ton conseil d'hier, quoiqu'il m'en eût coûté... Et pourtant, fuir, honteusement fuir devant des craintes chimériques peut-être !... D'un autre côté, quand je songe au coup cruel qu'un scandale public porterait à ma fille, ma perplexité est affreuse.
— Adalbert, il est trop tard pour changer d'avis ; ne va pas maintenant t'alarmer outre mesure : grâce aux précautions que j'ai prises, nous n'avons rien à redouter pour ce soir. Allons, courage, ami !
— Aie la bonté, mon ami, de dire à l'antichambre que l'on vienne me prévenir dès que le piqueur qui précède la voiture des princes entrera dans la cour, afin que j'aille les recevoir à la porte du vestibule ; ils viendront, m'ont-ils dit, de bonne heure, car ils vont ensuite à l'ambassade d'Autriche.
— Tu seras prévenu de l'arrivée du piqueur de tes princes. Je cours à mon poste. Encore une fois, courage, ami... je réponds de tout.

Le major sortit et laissa le général Roland seul dans le salon.
— Ah ! — se dit le comte en se promenant avec agitation, — jeune, j'ai assisté impassible à de sanglantes batailles. En Afrique, j'ai commandé une armée dans des circonstances si meurtrières, que la moindre hésitation de ma part pouvait faire exterminer des milliers de braves soldats dont je répondais devant mon pays. Mais au moment de les mener au feu, je n'ai jamais éprouvé une angoisse pareille à celle que je ressens à cette heure. C'est un serrement de cœur inconcevable. Je ne sais quelle terreur sourde m'abat et m'énerve... C'est absurde... c'est fou... Mais je n'ai pas la force de lutter contre cet accablement...

Et en disant ces mots, le général Roland tomba plutôt qu'il ne s'assit sur un fauteuil placé près d'une table de jeu, où il s'accouda afin d'appuyer son front dans sa main.

Alors une petite porte de dégagement, masquée dans la boiserie de la galerie, s'ouvrit, complètement habillé lentement et laissa voir la tête de Pietri, qui avança le cou avec précaution, de côté et d'autre, puis se retira et quelques instans après introduisit Adalbert Delmare par cette porte, que le Corse tint presque constamment entr'ouverte, assistant ainsi de là à l'entrevue qu'il avait ménagée entre le père et le fils.

Delmare était vêtu, selon son habitude, avec une sorte de recherche de mauvais goût : il portait une cravate de couleur tranchante, un ample pantalon écossais plissé par devant, un paletot blanchâtre, et un chapeau gris crânement placé sur l'oreille. L'animation de ses traits, le feu de ses regards, ne prouvaient que trop que ce malheureux, suivant le conseil de Pietri, avait puisé une nouvelle audace dans une copieuse libation d'eau-de-vie. Sortant du couloir de dégagement, il resta un moment ébloui par l'éclat des lustres et des dorures de la galerie ; puis il s'approcha lentement du général Roland, toujours assis, le front appuyé sur sa main. Cependant, au moment de passer le seuil du salon, il éprouva une sorte d'hésitation ; mais, surmontant cette faiblesse, il enfonça d'un coup de poing son chapeau encore plus crânement sur sa tête, plongea ses deux mains dans les vastes poches de son pantalon, et, l'épaisseur des tapis amortissant le bruit de ses pas, il put s'avancer sans être entendu de lui, presqu'à toucher le général Roland, tant la préoccupation du comte était alors profonde. Aussi le général fit-il un bond de surprise sur son fauteuil, lorsqu'il entendit soudain à ses oreilles la voix rauque et enrouée de Delmare, lui disant d'un ton cynique et railleur :
— Bonsoir, papa !

Le général pâlit, se leva brusquement, et s'écria presque effrayé :
— D'où sort cet homme ?

Puis, toisant Delmare d'un air de hauteur et de menace, le général ajouta :
— Que voulez-vous ? qui êtes-vous ?

—Qui je suis? Votre fils, pardieu! *AmableJustin-Adalbert* Delmare, pour vous idolâtrer, s'il en était capable.

— C'est lui! —dit à part le comte anéanti. Et il ajouta avec douleur et dégoût :

— Quel langage! quel aspect! quelle grossière insolence!

Ces remarques redoublant sa crainte et sa colère, il s'écria :

— Qui vous a permis de vous présenter ici? par où êtes-vous entré?

— Par où? mais par la porte, petit père... tout bonnement par la porte...

— Et Maurice! Maurice!... il est en bas pourtant! il le connaît; comment l'a-t-il laissé entrer? — dit le général à part; — et ma femme et ma fille qui peuvent venir d'un moment à l'autre!...

Se dirigeant alors rapidement vers une des portes latérales du salon, il l'ouvrit et dit d'un ton impérieux et courroucé :

— Monsieur, sortez à l'instant de ce salon, et attendez mes ordres dans cette chambre!...

— Comment! nous envoyons déjà c't enfant faire dodo? — dit le bandit; — ah! mais non, mais non! — Et il s'assit et se carra dans un fauteuil. — Causons d'abord, petit père...

— Malheureux! — s'écria le général d'un ton menaçant, — oses-tu bien!...

— Quoi?... du scandale?... du bruit?... vous en voulez? Ça me va, oh! ça me va!... Voyons, appelez vos grands laquais pour jeter votre fils à la porte de votre hôtel!... Ça sera drôle, mais gare à vos laquais!... je suis professeur de chausson à l'école polytechnique.

— Oh! c'en est trop!

— Ma profession vous humilierait-elle, petit père? Dame!... j'avais encore une corde à mon arc, j'étais marchand de billets de spectacle de contremarques... Vous me direz que c'est peu *chouette* pour le fils d'un ambassadeur... mais chien perdu mange ce qu'il trouve!

— Assez! monsieur, assez! — reprit le général avec autant de colère que de dégoût. — C'est de l'argent que vous voulez? finissons, vous en aurez; mais, mordieu! entrez là, ou sinon!

— Sinon, quoi?

— Insolent! — s'écria le général hors de lui en saisissant Delmare au collet. — J'emploierai la force s'il le faut, mais tu sortiras!

— Je vénère trop l'auteur de mes jours pour me permettre de lui passer la jambe, — répondit Delmare en s'allongeant dans son fauteuil. — Je me contenterai d'opposer une résistance aussi passive que respectueuse à mon petit père, et à moins qu'il n'ait la poigne de *Mitouflet*, dit l'*hercule d'Arras*, je le défie de m'emporter d'ici, dans ce fauteuil.

— Mais tu auras de l'or, te dis-je! — s'écria le général à voix basse, en reconnaissant l'impossibilité d'employer la force; — entre là seulement, te dis-je; je monte chez moi, je redescends à l'instant et je t'apporte dix mille francs, misérable!

— C'est superbe! Ce vieux satan de Pietri m'avait bien conseillé, —dit Delmare à part.

— N'est-ce pas assez? reprit le comte en interprétant le silence de son fils comme un refus;—je double la somme! c'est tout ce qui me reste ici. Dans quelques minutes je t'apporte vingt billets de banque. Te faut-il plus? Rends-toi demain chez le major Maurice; tu connais sa demeure... je te donnerai plus encore; j'ajouterai une pension. Mais quitte ce salon; entre dans cette pièce; restes-y caché jusqu'à la fin de la fête; je viendrai te faire sortir d'ici, et que l'enfer me délivre à jamais de ton exécrable présence, infâme qui spécules sur la honte qu'un père ressent de l'avoir pour fils!

A ces mots, Delmare tressaillit, se releva, jeta son chapeau à ses pieds avec fureur. D'insolente et railleuse sa physionomie devint sombre; un amer et douloureux sourire contracta ses lèvres, et il s'écria :

— Je suis tombé bien bas!... si bas que j'étais venu ici pour exiger de l'argent de vous. Je ne sais ce qui se passe en moi, mais, tenez, gardez votre or, et au moins j'aurai le droit de vous dire que le plus infâme de nous deux, ce n'est peut-être pas moi, entendez-vous? Non, ce n'est pas moi! L'infâme est celui qui accueille ainsi le fils d'une femme qu'il a séduite, et qui est morte de désespoir. L'infâme est celui qui, revoyant son fils après vingt ans de misère et d'abandon, lui dit : « Tiens, prends de l'or, et dé-» livre-moi de ton exécrable présence! »

— Monsieur, — dit le général Roland, —surpris de ce soudain revirement de langage, — si vos premiers mots n'avaient pas été presque des insultes...

— J'ai eu tort; j'avais bu un verre d'eau-de-vie de trop, pour me donner de l'aplomb; votre dureté, votre écrasant dédain, me dégrisent; j'aime mieux cela.

— Alors, monsieur, revenez à des sentimens meilleurs. Entrez là, vous dis-je. Après la fête j'irai vous trouver, nous causerons... Vous serez content de moi, si je le suis de vous; mais j'attends du monde d'un moment à l'autre; ma femme, ma fille, peuvent entrer dans ce salon...

— C'est pour cela que je reste; je ne donnerais pas, voyez-vous, ma place ici, à cette heure, pour vos vingt billets de mille francs.

— Monsieur, —reprit le comte presque suppliant et plus effrayé du calme de Delmare que de l'insolent cynisme qu'il avait d'abord montré;—monsieur, vous avez prononcé le nom de... votre mère. J'ai eu de grands torts envers elle, et pourtant c'est en son nom que je vous conjure...

— Et moi, c'est en son nom que je tirerai de vous une vengeance éclatante, entendez-vous! moi qui ai vu sa lente agonie, moi qui l'ai vu mourir en embrassant mon frère, triste et premier souvenir de mon enfance.

— Votre frère!—s'écria le général, cédant à un vague et dernier espoir. — Vous ne pouvez pas être le fils de madame Delmare; elle n'avait qu'un enfant!

— Huit mois après la mort de son mari, l'homme que vous avez tué, ma mère a mis au monde un fils, le fils de M. Delmare... Plus heureux que moi, ce frère n'a pas été voué à l'abandon, à la misère. Un parent de M. Delmare l'a adopté, l'a élevé, lui a donné son nom. Ce frère, je ne l'ai pas revu, moi, orphelin à sept ans, renié par tous, élevé par charité, jeté ensuite dans le monde, sans guide, sans appui; livré au mal, tantôt par la faim, tantôt par des égaremens de jeunesse que personne n'avait intérêt à réprimer en moi; vivant au jour le jour et par tous les moyens, honnêtes si le hasard le voulait, honteux si je ne trouvais mieux, car je n'avais pas le choix; aujourd'hui, lancé en aventurier dans un certain monde par un coup de dé, demain retombant dans la crapule, où je cherchais un pain fangeux que je ne trouvais pas toujours...

—Oh! mon Dieu!—murmura le comte en cachant sa figure dans ses mains, — le malheureux!

— Oh! — reprit Delmare avec un sourire amer, — je ne veux pas faire ici le bon apôtre... Dire que ma mauvaise conduite a été toujours involontaire, non! Peu à peu dégradé, avili, perdu par cette vie de bohémien; sachant que personne n'avait à rougir de moi, je n'ai pardieu pas joué au scrupuleux, *pour l'honneur*, comme on dit au billard. Entre une vie probe, misérable et dure, et une vie équivoque, fainéante, où je pipais quelque argent, je choisissais l'argent et la bassesse! C'est ignoble, n'est-ce pas? Qui vous dit le contraire? J'aurais bien voulu vous voir à ma place. Abandonné à quinze ans, tout seul et sans le sou, sur le pavé de Paris, qui sait si vous n'auriez pas fait pis que moi encore? C'est facile, la vertu, quand rien ne vous manque! et si j'avais été élevé comme tant d'autres dans l'aisance et avec sollicitude, je n'aurais pas plus mal tourné que tant d'autres. Mais tout ça vous était bien égal, à vous! Tandis que le fils vivait, aujourd'hui en mendiant, demain en chevalier d'industrie, le père...

— Votre père...—reprit le général d'une voix profondément altérée, — votre père, pleurant des larmes de sang sur les malheurs qu'il avait causés, tâchait de les expier par une vie meilleure ; votre père n'avait pas de jour sans se demander avec inquiétude ce que vous étiez devenu ; car votre mère avait disparu avec vous, alors que j'étais presque mourant des suites de cet horrible duel. Et si hier, au lieu de ruser avec le major Maurice, mon meilleur ami, et fuir de chez lui, vous l'eussiez écouté, il vous aurait dit mes remords en lui parlant de votre malheureuse mère, mes regrets et ma sollicitude en lui parlant de vous, de qui j'ignorais le sort...

— Monsieur, — dit Delmare touché malgré son cynisme de l'émotion de son père, qui se peignait si poignante sur sa noble et belle figure, — si j'avais... pu croire que vous aviez pour moi... quelque affection...

— Eh ! ne voyez-vous pas que je pleure, que j'oublie tout, que ma fille et ma femme peuvent entrer ici d'un moment à l'autre...

Et le général Roland, malgré la vigueur de son caractère, ne pouvant résister à cette violente secousse, tomba assis dans un fauteuil et cacha sa figure entre ses mains en s'écriant :

— Ah ! je suis bien malheureux !

A ce moment, Pietri, qui, de temps à autre entrebâillant la porte masquée dans la boiserie de la galerie, avait attentivement suivi les différentes péripéties de cette scène, avança de nouveau la tête et observa.

Soudain on entendit du côté de la galerie la voix de la comtesse interrompue çà et là par les doux éclats de rire de sa fille.

A ce bruit, le général tressaillit, se releva, les traits empreints d'une angoisse inexprimable, puis s'adressant à Delmare avec un mélange de douleur navrante et de dignité, il lui dit :

— Voici ma femme et ma fille ; vous pouvez me frapper dans ce que j'ai de plus cher au monde ; faites, ce sera ma punition...

— Vous m'avez parlé avec des larmes dans les yeux, monsieur, — reprit Delmare d'une voix profondément émue, en se dirigeant rapidement vers la porte que le comte avait laissée ouverte ; — j'ai honte de ma conduite. Merci à vous de me donner l'occasion de la réparer.

— Ah ! tout est oublié ! — s'écria le général pouvant à peine croire à ce revirement soudain.—Tu parles en fils, tu trouveras en moi un père ! Entre là. Après la fête, j'irai te rejoindre.

— Monsieur, — dit Delmare, le regard humide, au moment où la porte allait se refermer sur lui pour la première et la dernière fois peut-être, — votre main...

— La voilà, et de tout cœur, — reprit le comte en la lui donnant. — Tout est oublié, te dis-je !

Et fermant précipitamment la porte, il mit la clef dans sa poche au moment où sa femme et sa fille, arrivant par le fond de la galerie, entraient en riant dans le salon. Pietri, de sa cachette, avait vu le comte enfermer Delmare.

— Bravo ! — dit le Corse, — le fils est sous clef. A la fille, maintenant.

Et la porte masquée de la galerie se referma sur lui.

— Ma femme ! ma fille ! il était temps, — dit le général en essuyant la sueur qui coulait de son front, et tâchant de cacher son émotion à la comtesse et à Hélène.

XXXV.

Le général Roland, faisant pour sourire un violent effort sur lui-même, alla au devant de sa femme et de sa fille, et dit à celle-ci :

— Saurai-je, chère petite folle, la cause de cette gaîté que l'on entend de si loin ?

— La faute en est à mon parrain Maurice, mon père, — répondit la rieuse, dont les joues étaient encore colorées par son accès d'hilarité.

— Vraiment ? — dit le comte ; — je ne croyais pas mon pauvre Maurice si plaisant.

— Eh bien ! mon père, tu te trompais. Figure-toi que nous étions allés, maman, M. Charles et moi... — Puis se retournant, elle ajouta naïvement : — Tiens ! où est-il donc ?

— Sois tranquille, — reprit la comtesse en souriant, — il se retrouvera.

— Je l'espère bien, maman. Enfin, mon père, pour en revenir à mon parrain, que tu crois si peu plaisant, nous étions allés donner partout un dernier coup d'œil aux préparatifs de la fête, jusque dans le salon d'attente ; là nous trouvons mon parrain. Nous croyons le ramener ici avec nous. Ah ! bien oui ! pas du tout ! il nous dit qu'il s'est mis là de planton, et cela d'un air si comique, si comique, que le fou rire me prend.

— Et pourquoi Maurice était-il là de planton, chère folle ?

— Tiens, mon père, je te le donne en cent, en mille ! tu ne le devinerais pas ; et c'est là ce qu'il y a de plus comique...

— Voyons, je t'écoute.

— « Ma petite Hélène, » — me dit mon parrain avec ce sang-froid que tu lui connais, — » un vieux loup comme
» moi serait mal à l'aise dans vos salons, au milieu de tou-
» tes vos jolies femmes, et pourtant, j'aime beaucoup à
» voir de jolies femmes en toilette de bal : cela me rap-
» pelle ma jeunesse ; or, pour les admirer, je suis aux
» premières loges dans ce salon d'attente, et pas gêné
» du tout... Et puis je les vois ôter leurs manteaux, don-
» ner un dernier coup d'œil à la grande glace du milieu,
» rajuster une boucle de cheveux, faire enfin une foule de
» petites mines coquettes ; et pour un philosophe c'est un
» spectacle très divertissant ; enfin j'ai ainsi la primeur de
» toutes ces élégances que vous ne verrez, vous autres,
» qu'après moi ; je reste donc ici de planton. » — Et il s'est mis droit comme un soldat au port d'armes. Mais il nous contait tout cela avec un sérieux si comique, que moi, maman et M. Charles, qui, par parenthèse, me semble beaucoup tarder à revenir, nous ne pouvions nous empêcher de rire aux éclats.

— Bon Maurice, quelle présence d'esprit ! — dit à part le général.

Et il reprit tout haut en souriant :

— Ton excellent parrain est, comme toujours, un peu original. Ainsi, depuis un quart-d'heure, vous n'avez pas quitté le salon d'attente ?

— Non, mon père.

— Et vous y avez trouvé le major... seul ?

— Oui, mon père, et de planton. — Puis la jeune fille, riant de nouveau de tout son cœur, tâcha d'imiter la pose militaire du major.

— Et, chère folle, tandis que vous étiez là, vous n'avez vu entrer personne ?

— Non, mon père... puisqu'il n'y a personne dans les salons ; il est encore de trop bonne heure.

— Je veux dire vous n'avez vu entrer aucune personne étrangère à la maison?
— Non, mon père.
— C'est étrange ! — dit le général à part. — Par où donc sera-t-il passé ?

Et il reprit tout haut, s'adressant à sa femme:
— Ainsi, ma chère amie, tu es satisfaite des apprêts de la fête ?
— Tout est à merveille, mon ami; notre bon Pietri, chargé de l'arrangement des fleurs, s'est surpassé : il y en a partout des montagnes... et disposées avec un goût parfait !
— Oh ! — reprit Hélène en riant, — le vieux Pietri est dans son élément, quand il s'agit de fleurs... il les aime tant !..

A ce moment on entendit le roulement d'une voiture dans la cour de l'hôtel. Malgré lui, le général, pensant à M. de Bourgueil, tressaillit.
— Déjà des voitures ? — dit la comtesse assez surprise ; — il est pourtant de bien bonne heure encore !..
— Ah !... je tremble ! — dit à part le général. — Heureusement, Maurice est en bas...
— Quelle est l'impatiente provinciale qui a tant de hâte d'arriver à ta fête, chère maman, pour faire admirer une toilette peut-être d'un goût douteux ? — dit Hélène en riant.
Puis redoublant d'hilarité: — Ah ! mon pauvre parrain Maurice... qui s'est mis de *planton* pour avoir les primeurs des élégances !.. je crains que cette fois il ne soit fort attrapé !...

Et la jeune folle de rire encore..
— Allons, Hélène, sois donc raisonnable, — lui dit en souriant la comtesse, et voyons un peu quels sont ces empressés.

La femme du général et sa fille se dirigeaient vers la galerie lorsque, par une des portes latérales du salon, entra Charles Belcourt, l'air assez inquiet, et se disant :
— Pietri vient de m'engager à aller chercher chez moi la dernière lettre de mon père. Le moment approche, m'a-t-il dit... Quelque malheur nous menace donc ? Je suis d'une anxiété !...
— Ah ! voilà M. Charles enfin ! — dit Hélène. — Il va peut-être nous apprendre quelles sont les personnes qui nous viennent si tôt.
— En traversant le vestibule, mademoiselle, je n'ai vu entrer dans le salon d'attente qu'une dame qui descendait de voiture : elle m'a paru charmante et très élégante...
— Je respire ! — dit à part le général ; — ce n'est pas Bourgueil et sa femme !
— Pour une élégante, — reprit en souriant la jeune fille, — elle arrive de bien bonne heure !... Voilà du moins mon parrain Maurice à même de commencer ses observations philosophiques.
— Madame la baronne de Montglas, annonça — de loin un valet de chambre au fond de la longue galerieque Louisa Marchetti, dite baronne de Montglas, la veille encore prisonnière à Saint-Lazare sous le nom de Louise Beaulieu, devait parcourir pour arriver au salon où se tenait la comtesse.
— La baronne de Montglas? — dit à part le général Roland en tressaillant ; — il me semble que ce nom ne m'est pas étranger.
— Mais je ne connais pas de baronne de Montglas, — dit à son mari la comtesse fort surprise, en se dirigeant néanmoins, accompagnée de sa fille, vers la galerie, pour y recevoir la prétendue baronne, la protégée de Saint-Lazare, condamnée à la prison pour tentative de meurtre, et mise en liberté la veille même de ce jour, grâce à l'hypocrisie de sa conduite et à la puissante recommandation de la comtesse.

Louisa Marchetti, rendons-lui son véritable nom, arriva donc lentement du fond de la galerie ; sa toilette de bal, d'une extrême élégance, quoique fort simple, faisait **ressortir** encore sa rare beauté; ses joues brunes étaient animées, ses grands yeux noirs brillaient d'un sombre éclat; son sourire contraint, sardonique trahissait une résolution implacable ; car elle venait venger sa mère, pour qui elle avait conservé une sorte de culte malgré les hontes désordres de sa vie.

La comtesse, suivie de sa fille, et ne pouvant d'abord de loin suffisamment distinguer les traits de la jeune femme, s'était avancée vers elle, se demandant quelle pouvait être cet élégante baronne de Montglas. Mais lorsqu'elle ne fut plus qu'à quelque pas de Louisa, la comtesse s'arrêta pétrifiée. Ne pouvant en croire ses yeux, il lui semblait reconnaître son humble protégée de Saint-Lazare ; mais ce fait parut si impossible qu'elle crut d'abord à une ressemblance extraordinaire, d'autant plus que le hideux costume des prisonnières, leur béguin gris, cachant les cheveux, avait jusqu'alors donné à Louisa, aux yeux de la comtesse, une physionomie, une apparence toute autre. En effet, elle n'était plus reconnaissable sous cette élégante robe de satin jaune paille recouverte d'une tunique de tulle blanc, et coiffée de ses magnifiques cheveux noirs, simplement ornés de gros nœuds de rubans de satin jaune paille comme sa robe, et frangés d'argent.

La comtesse se persuada donc d'abord qu'un hasard inconcevable avait donné à sa protégée de Saint-Lazare une ressemblance frappante avec cette baronne inconnue, dont la démarche élégante et la gracieuse aisance, en traversant cette galerie, annonçaient d'ailleurs, comme on dit, une femme tout à fait du monde.

Le général Roland avait suivi sa femme et sa fille, et il eut bientôt reconnu avec un saisissement inexprimable cette prétendue veuve d'un de ses anciens compagnons d'armes, cette femme séduisante qui avait fait sur son âge mûr une vive impression à laquelle il avait ce pendant résisté, aidé dans cette louable résolution par les sages conseils du major Maurice, confident de cette coupable velléité. Mais le major ne connaissait pas Louisa. Aussi, voyant passer devant lui, dans le salon d'attente, une jeune femme très élégante, il avait dû la croire une des personnes invitées à la fête.

Louisa était trop adroite pour ne pas tout d'abord, et afin de faire tolérer sa présence, invoquer ses anciennes relations avec le général Roland ; elle le mettait de la sorte dans une position très embarrassante aux yeux de sa femme et de sa fille, et s'assurait un allié. Aussi, après avoir fait à la comtesse une révérence pleine de grâce et de dignité, Louisa lui dit en souriant :
— Je ne saurais, en vérité, madame la comtesse, quelle excuse donner à mon étrange indiscrétion, si ce cher général, — et elle indiqua le comte d'un regard familier, — si ce cher général ne devait vous être garant, madame la comtesse, que bien que je n'aie pas eu l'honneur d'être invitée par vous, le nom de mon mari, l'un des anciens frères d'armes du général, m'aurait peut-être permis d'espérer la faveur de vous être présentée. Maintenant, mon cher général, — ajouta-t-elle en faisant un pas vers le comte, dont le trouble augmentait à chaque instant, — je me mets sous la sauvegarde de nos bonnes et anciennes relations pour vous prier d'être mon défenseur auprès de madame la comtesse.

Celle-ci restait atterrée. Ce n'était pas seulement les traits de sa protégée de Saint-Lazare qu'elle retrouvait dans la baronne de Montglas, ressemblance, après tout, rigoureusement possible quoique extraordinaire : c'était encore sa voix, son accent. Sans cette ressemblance véritablement effrayante, la comtesse n'aurait vu dans la démarche, si indiscrètement hardie, de cette inconnue qu'un manque de savoir-vivre, et, quoique fort contrariée, elle l'eût peut-être excusée; mais cette ressemblance inconcevable avec Louise Beaulieu, et son appel aux souvenirs du général à propos d'anciennes et amicales relations, qu'il ne démentait pas, tout jeta la comtesse dans une cruelle perplexité.

Le général Roland prit un parti désespéré : éconduire la baronne de Montglas comme une intrigante effrontée, c'était risquer de la pousser à des explications fâcheuses, en cela qu'elles pouvaient être mal interprétées, quoiqu'il n'eût rien à se reprocher ; aussi, espérant que cette baronne équivoque ne serait peut-être pas remarquée dans la foule qui allait bientôt envahir les salons, il dit à sa femme avec un sourire contraint, car il mentait :

— Je regrette, ma chère amie, que madame de Montglas ne soit pas adressée à moi, pour avoir l'honneur de vous être présentée. M. de Montglas, son mari, a en effet servi avec moi, et lors d'une demande de pension que madame a faite, elle a bien voulu me demander mon appui, au nom de mes anciennes relations avec M. de Montglas...

— Puis-je maintenant espérer, madame la comtesse, — reprit Louisa de sa voix insinuante et douce, — que vous daignerez excuser l'indiscrétion de ma démarche ?

La comtesse répondit par un demi-salut d'une hauteur glaciale. Pour la première fois de sa vie, elle doutait de la fidélité de son mari, dont elle remarquait le trouble croissant depuis l'arrivée de cette jeune femme d'une beauté rare. Et d'ailleurs, plus elle écoutait la voix de Louisa, plus elle examinait ses traits, plus elle inclinait positivement à reconnaître en elle sa protégée de Saint-Lazare. Mais la comtesse pouvait-elle faire cette révélation devant sa fille au moment même où le général venait pour ainsi dire de couvrir cette femme de sa protection, au moment où les invités allaient arriver ?... Quel éclat ! quel scandale !... Et pourtant, recevoir dans son salon et voir à côté de sa fille, une recluse de la veille, condamnée pour meurtre graciée, il est vrai, mais enfin condamnée ? la comtesse en avait le vertige !

Hélène, avec la candeur de son âge, ne voyait dans Louisa qu'une charmante jeune femme très élégante, de manières parfaites, fort indiscrète sans doute ; mais le désir d'assister à une belle fête pouvait faire oublier tant de choses !... Et puis enfin, et c'était tout pour Hélène, son père ne protégeait-il pas la baronne de Montglas ?

Charles Belcourt, quoique préoccupé des recommandations de Pietri, mais plus clairvoyant que la jeune fille, remarquait l'embarras du général, l'air de plus en plus triste et glacial de la comtesse, l'attitude hardie de cette inconnue malgré sa position plus qu'équivoque ; et il se demandait avec une anxiété croissante si les prévisions de Pietri, au sujet de fâcheux incidents, ne commençaient pas à s'accomplir, et s'il ne devait pas bientôt songer à ouvrir la dernière lettre de son père, d'après l'avis du Corse.

Louisa Marchetti jugea d'un coup d'œil sûr que, pendant quelques instans, elle dominerait la position; aussi dit-elle à la comtesse d'un ton pénétré :

— Veuillez croire, madame, que ce n'est pas absolument pour avoir le plaisir d'assister à une fête magnifique que je me suis permis de me présenter chez vous sans y être invitée. J'obéis à un motif plus sérieux, je pourrais même dire à un devoir.

— Je ne vous comprends pas, madame, — répondit sèchement la comtesse. — J'ignore quel devoir peut vous appeler ici.

— Un devoir cher à tous les cœurs généreux, madame la comtesse : la reconnaissance, car vous avez été mon bon ange.

— Madame ! — s'écria la comtesse, stupéfaite de cette audace qui ne lui pouvait plus laisser le moindre doute sur l'identité de Louise Beaulieu, — songez-vous à ce que vous dites ?...

— J'y songe, madame la comtesse, et je suis heureuse, je suis fière de pouvoir proclamer bien haut... vos inépuisables bontés.

— Madame, — reprit la comtesse, pouvant à peine se contraindre et en interrompant Louisa Marchetti, — si je ne me trompe, il me semble que c'est, au contraire, très bas... que vous devriez parler de ce que j'ai pu avoir fait pour vous.

— Oh ! sans doute, madame, — répondit Louisa avec un aimable sourire, — votre modestie préférerait mon silence, mais ma vive gratitude ne peut tenir secret le nom de ma bienfaitrice.

— Et je vous approuve de toutes mes forces, madame, — reprit Hélène avec une grâce charmante ; — toutes les personnes que ma mère a eu le bonheur d'obliger devraient faire comme vous, se révolter, parler bien haut, l'on saurait tant d'actions généreuses et cachées !

— Mais, ma chère amie, — reprit le général Roland au comble de la surprise, — tu m'avais dit ne pas connaître madame.

— Allons, mon cher général, — reprit Louisa en souriant, — êtes-vous donc le seul à savoir que madame la comtesse ne reconnaît jamais les personnes qu'elle a comblées de ses bontés.

— Mais, monsieur Charles, — dit tout bas Hélène à M. Belcourt, — elle est fort aimable, cette dame...

— Sans doute, mademoiselle, — répondit le jeune homme assez embarrassé, tandis que Louisa reprenait :

— Ce qui va vous surprendre bien encore davantage, mon cher général, c'est de savoir pour quelle raison je bénis ma bienfaitrice... Imaginez-vous qu'avant-hier encore j'étais prisonnière... à Saint-Lazare... Mon Dieu, — ajouta-t-elle d'un petit air coquet, — j'étais prisonnière à Saint-Lazare... condamnée pour avoir donné un coup de couteau à mon amant, et grâce à la bienfaisante sollicitude de madame la comtesse, mon cher général, aujourd'hui je suis libre, et, comme vous voyez... ma première visite est pour ma protectrice...

— Mon Dieu, maman, — s'écria Hélène toute tremblante ; — cette dame est folle !

— Ma chère amie, — s'écria à son tour le général, — de grâce, que signifie.....

— Cela signifie, — reprit la comtesse mise hors d'elle-même et s'adressant à Louisa avec un geste écrasant, — cela signifie que puisque vous payez ma compassion par une telle ingratitude, je vous ordonne de sortir à l'instant de chez moi, entendez-vous, Louise Beaulieu ?

— Je ne m'appelle pas Louise Beaulieu, madame, — reprit la jeune femme, et se redressant implacable, effrayante, elle tira de sa poche quelques papiers, qu'elle remit au général, en ajoutant : — Voici la preuve que je me nomme Louisa... et que je suis fille de Paula Marchetti...

— Grand Dieu ! — s'écria le comte atterré, tandis que Louisa reprenait d'une voix plus éclatante, s'adressant à la comtesse :

— Que me parlez-vous de sortir, madame, je suis ici chez mon père, entendez-vous !... oui, chez le général Roland, mon père !

La comtesse se recula de deux pas en regardant son mari sans pouvoir trouver une parole, non plus que Charles Belcourt, aussi éperdu.

— Ma mère, que dit cette femme ? — murmura Hélène en blêmissant. — J'ai peur... oh ! j'ai peur !...

— Je dis, ma sœur, — reprit Louisa en saisissant la main de la jeune fille épouvantée, — je dis, ma sœur, que voilà mon père et le tien. Oui, cet homme que tu vois là, écrasé de honte, n'osant pas lever les yeux sur moi ! cet homme infâme a séduit, déshonoré et abandonné une pauvre fille ! Elle est morte de désespoir ; et moi, son enfant, vendue à treize ans, j'en suis venue jusqu'à l'escroquerie, jusqu'au vol ! oui, ma sœur ; et puis un jour, dans ma fureur jalouse, j'ai donné des coups de couteau à mon dernier amant.

A cette effrayante révélation, il se fit un silence de mort parmi ces cinq personnes ; silence qui fut troublé par la voix d'un des valets de chambre annonçant successivement du fond de la galerie :

— Leurs Excellences madame l'ambassadrice et M. l'ambassadeur d'Angleterre !

— M. le duc et madame la duchesse de Renneville.

— Lord et lady Beresford !

— M. le ministre des affaires étrangères !

XXXVI.

À l'annonce des invités à la fête, qui, selon l'habitude, commençaient d'affluer presque tous à la même heure, le général Roland se vit perdu. Cependant la galerie était longue, il devait se passer plusieurs minutes avant que les invités atteignissent l'entrée du salon où se trouvaient réunis Louisa, Hélène, Charles Belcourt, la comtesse Roland et son mari. Celui-ci tenta un dernier effort pour échapper à l'horrible scandale qu'il redoutait. S'adressant vivement à sa femme et lui montrant au loin les invités qui s'avançaient, il s'écria :

— Pour l'amour de ta fille, aie du courage... Je reste près d'elle, va recevoir... Et vous, Charles, courez fermer les portières de la galerie...

La comtesse Roland, éperdue, obéit presque machinalement aux ordres de son mari, et alla plus morte que vive au-devant des personnes qui s'avançaient et qu'elle rejoignit vers le milieu de la galerie, au moment où Charles Belcourt détachait les embrasses des portières, qui, se croisant en retombant, isolèrent ainsi le salon de la galerie.

Louisa, les traits empreints d'une haine implacable, d'un triomphe farouche, se tenait immobile comme la statue de la vengeance. A côté d'elle, et la contemplant avec épouvante, Hélène, pâle, immobile aussi, les mains jointes, ne pouvait articuler une parole, mais ses dents s'entrechoquaient par un tremblement convulsif; le général Roland, presque fou de douleur, de honte et d'effroi, ne songea qu'à arracher sa fille à cette scène affreuse, et s'écria en allant à elle :

— Charles... emmenez-la d'ici !

Mais Hélène, se jetant dans les bras de son père comme pour y trouver un refuge, murmura presque égarée :

— Mon père !... je rêve... n'est-ce pas... Ce qui se passe... ici... cela n'est pas vrai ?... cette femme... qui est là comme un fantôme. — Et elle désignait Louisa d'une main tremblante. — Cette femme... qui a volé... qui a tué... cette femme... ce n'est pas ta fille ?... ce n'est pas ma sœur ?... Tu vas lui dire qu'elle ment... n'est-ce pas ?...

— Tais-toi !... oh ! tais-toi !... — s'écria le général à voix basse, car il craignait d'être entendu de la galerie. — Viens !... viens... malheureuse enfant !...

Et montrant à Charles Belcourt, non moins éperdu, la porte qui faisait face à celle de l'endroit où était renfermé Delmare, — Charles... ouvrez cette porte... emmenez Hélène...

Mais l'infortunée, de plus en plus égarée, s'échappa des bras de son père, et, se rapprochant de Louisa, qui savourait sa vengeance avec une joie infernale, elle lui dit d'une voix déchirante et entrecoupée de sanglots :

— Vous mentez... Vous n'êtes pas ma sœur !!!

— Si, je suis ta sœur !... — reprit l'implacable créature. — Oui, tu es la sœur d'une voleuse... qui a donné des coups de couteau à son amant ! oui, tu es ma sœur ! oui, ton père est aussi le mien !... Vois s'il ose me contredire !... Lui a tué ma mère par la douleur et la misère.

— Je vous dis que vous mentez, car mon père serait un monstre !... — s'écria Hélène, dont les sanglots convulsifs éclatèrent. — Vous mentez ! Tout le monde vénère et bénit mon père... entendez-vous ?

— Oh ! c'est à en mourir ! — s'écria le comte, et, dans une résolution désespérée, il saisit sa fille entre ses bras et, l'enlevant malgré sa résistance et ses sanglots, il s'apprêtait à l'entraîner par l'issue que Charles Belcourt avait ouverte, lorsqu'à cette porte apparut le major Maurice pâle, effrayé, s'écriant :

— Adalbert... les gens de justice... un commissaire de police... le procureur du roi... il veut te parler... Il doit être maintenant là, dans la galerie.

A ce nouveau coup, le général Roland faillit perdre la raison. Sa fille, incapable de lutter plus longtemps contre de si terribles émotions, s'était presque évanouie dans ses bras, et elle tombait à terre sans son fiancé qui la soutint, l'assit dans un fauteuil et ne la quitta plus.

Le comte était encore sous le coup de la stupeur où le plongeaient les paroles du major Maurice, lorsque les portières du salon se relevèrent et laissèrent voir la galerie remplie d'une foule brillante, interdite, silencieuse, que venait de traverser le procureur du roi, suivi du commissaire de police. La comtesse Roland, chancelante et livide, les accompagnait, pendant que Charles Belcourt et le major s'empressaient auprès d'Hélène, qui, plus blanche que sa robe, la tête renversée en arrière, tressaillait convulsivement ; quelques larmes brûlantes s'échappaient de ses paupières demi-closes.

Louisa, interdite et effrayée à la vue des gens de loi, devina trop tard dans quel piège l'avait fait tomber Pietri, en paraissant servir la vengeance qu'elle voulait tirer du séducteur de sa mère. La jeune femme crut pouvoir fuir par la porte qui avait donné passage au major, mais un agent de police, embusqué là, parut, et dit à Louisa :

— Pardon, madame, personne ne peut sortir d'ici en ce moment.

Louisa baissa la tête et serra les poings de rage.

Le général Roland faisant un violent et suprême effort sur lui-même, s'était avancé au-devant du procureur du roi, en lui disant :

— De quel droit, monsieur, s'introduit-on ainsi chez moi, au milieu d'une fête que je donne à mes amis ?

Le magistrat répondit au milieu du profond silence de la foule attentive :

— Je suis désolé, monsieur le général, d'être obligé d'accomplir en un pareil moment une pénible mission... mais la justice a des droits rigoureux auxquels tous doivent se soumettre ; la police est depuis longtemps à la recherche de deux repris de justice des plus dangereux, l'un ayant pris tour à tour les noms de *Morisset*, de *Saint-Lambert*, et ayant été condamné par contumace à cinq ans de travaux forcés pour faux ; son véritable nom est *Adalbert Delmare.*

Les cheveux du général se dressèrent sur sa tête ; il resta muet, pétrifié, livide...

— L'autre contumace, — reprit le procureur du roi, — a pris tour à tour les noms de d'Harville, de baronne de Montglas, et dernièrement de Louise Beaulieu, sous lequel elle a été condamnée pour tentative de meurtre et graciée hier... Mais elle a à rendre compte à la justice de nombreuses escroqueries et de plusieurs vols qualifiés, commis sous son faux nom de baronne de Montglas, car elle s'appelle Louisa Marchetti.

— Eh bien, monsieur, — reprit le comte d'une voix étranglée et avec un sourire effrayant, car en ce moment sa raison l'abandonnait, — eh bien ! qu'est-ce que cela me fait à moi, vos repris de justice ?

— Des renseignemens que nous avons tout lieu de croire certains, monsieur le général, — reprit le procureur du roi, — nous autorisent à penser qu'à votre insu, Adalbert Delmare et Louisa Marchetti sont en ce moment cachés ici... dans votre hôtel... La capture de ces deux dangereux repris de justice a paru si importante, qu'à notre grand regret, monsieur le général, nous venons faire ici des recherches, en vertu du mandat qui nous est confié.

— Cela ne me regarde pas, moi, — répondit le général Roland, presque hébété par la terreur et avec son même sourire effrayant. — S'il y a des malfaiteurs chez moi... arrêtez-les... L'on ne m'arrêtera peut-être pas, moi, je suppose ?

Et il se mit à rire d'un rire convulsif.

— Ah ! le malheureux ! — s'écria le major Maurice en courant à son ami, — sa raison s'égare, il n'y résistera pas...

Et s'adressant au général à voix basse en lui prenant la main :
— Mon ami... du courage... reviens à toi...

Le comte ne parut pas entendre le major, et jeta autour de lui en ricanant des regards de plus en plus effarés.

La comtesse s'était rapprochée de sa fille, que Charles Belcourt ne quittait pas.

Hélène avait peu à peu repris ses sens ; ses grands yeux s'ouvraient fixes, attentifs à tout ce qui se passait. Deux ou trois fois sa mère lui parla, mais, sans lui répondre, la jeune fille, posant son doigt sur ses lèvres, fit signe à la comtesse de garder le silence, et parut écouter avec une sombre curiosité ce qui se disait autour d'elle.

La foule des invités pressés à l'entrée du salon avait fait entendre un sourd murmure de surprise en voyant l'étrange attitude du général Roland en cette circonstance et en entendant ses réponses non moins étranges.

A ce moment, la tête de Pietri parut à l'embrasure de la porte gardée par l'agent de police, auquel le Corse dit deux mots à l'oreille, en lui désignant d'abord du geste l'endroit où était enfermé Delmare, puis Louisa, qui, debout, le front indomptable, les lèvres contractées par un affreux sourire, oubliait son sort, pour jouir d'une vengeance plus horrible cent fois que celle qu'elle avait rêvée dans sa haine contre le séducteur de sa mère.

— Monsieur le général, — reprit le magistrat, — nous allons, si vous le permettez, commencer nos recherches.

— Vous n'irez pas loin, monsieur le procureur du roi, — dit l'agent de police en mettant sa grosse main sur la blanche épaule de Louisa : — voilà déjà Louisa Marchetti !

Alors il se fit une grande rumeur dans la foule des invités, stupéfaite de voir cette reprise de justice, cette voleuse, en élégante toilette de bal dans le salon du général Roland, tandis que le commissaire tira un signalement de sa poche, le lut en examinant attentivement Louisa, et dit :

— C'est elle, c'est bien elle !... Agent, ne la quittez pas d'une seconde.

— Monsieur le procureur du roi, — reprit l'homme de police, — il paraît qu'Adalbert Delmare a été caché par M. le général dans cette chambre-là en face, — et il désigna la porte, — et que M. le général a mis la clef dans sa poche.

Un nouveau et plus profond murmure des invités se fit entendre, et en même temps le major Maurice, qui tâchait en vain de rappeler le général au sang-froid et à la raison, aperçut au premier rang de cette foule brillante M. de Bourgueil, sardonique et menaçant, ayant à côté de lui sa femme, pâle, défaillante, et sa fille, inquiète et interdite comme tous les assistans.

— Serait-il vrai, monsieur le général, — reprit le procureur d'un air de doute, — que vous ayez enfermé le repris de justice Adalbert Delmare dans cette chambre dont voici la porte ?

— C'est parfaitement vrai, mon cher monsieur, — répondit le général avec un éclat de rire insensé. — Ah ! ah ! ah !... vous concevez, ce pauvre jeune homme... ah ! ah ! ah ! c'est étonnant comme il doit m'intéresser, ce faussaire...—et fouillant dans sa poche, il ajouta : — Voici la clef, — et il la remit à l'homme de police... — Voici la clef... ah ! ah ! ah !... vous allez peut-être aussi m'arrêter comme complice !...

L'agent de police ouvrit la porte au milieu d'un morne silence, entra précipitamment... puis, au bout d'une seconde, il poussa un cri, et ressortit tout pâle en disant :

— Ah ! monsieur le procureur du roi !... ah ! monsieur !
— Qu'y a-t-il ?—dit vivement le magistrat.
— Mort ! — répondit l'agent de police. — Adalbert Delmare s'est pendu avec sa cravate à l'espagnolette de la croisée.

A ces mots les deux magistrats entrèrent précipitamment dans la chambre, pendant que plusieurs femmes, poussant des cris d'effroi, quittaient la galerie, suivis de leurs maris ; mais le plus grand nombre des invités, cédant à une curiosité invincible, firent irruption dans le salon, et parmi eux se trouvaient M. de Bourgueil, sa femme et sa fille.

La comtesse Roland se sentait mourir ; elle voyait Hélène, toujours calme, attentive, muette, les traits décomposés, prêter une attention dévorante à ce qui se passait autour d'elle ; soudain elle entendit son père s'écrier, délirant :

— Mort, mon fils ! mort !
— Son fils ! — murmura la foule avec épouvante ; — ce repris de justice, c'est son fils !
— Hélène, n'écoute pas !—s'écria la comtesse non moins égarée que son mari en voulant presser la tête de sa fille contre son sein. Mais, se dégageant doucement, Hélène fit de nouveau à sa mère le signe de garder le silence.
— Adalbert Delmare ! c'était mon frère... il serait vrai ! — s'écria Louisa d'une voix retentissante. — Oh ! tu es vengée, ma mère ! — Et s'adressant au comte. — Eh bien ! général Roland... eh bien ! mon père... tu dois être fier de tes deux enfans !
— Sa fille ! — murmura de nouveau la foule avec un redoublement d'épouvante. — Cette voleuse, c'est aussi sa fille !
— Suis-moi, malheureuse, — reprit l'agent de police en entraînant Louisa. Au moment où le procureur du roi et le commissaire de police sortaient de la chambre mortuaire, l'un de ces magistrats tenait un papier ; il dit au général :
— Il n'est que trop vrai, monsieur le général, ce malheureux s'est suicidé. Il a laissé sur une table ce pli à votre adresse.
— Voyons, — dit le comte prenant le papier malgré les efforts de Maurice, auquel il dit : — Tu as raison, la Providence, quand elle s'en mêle, va jusqu'au bout ; mais, par l'enfer ! moi aussi j'irai jusqu'au bout !

S'avançant vers la foule des invités, effrayant de désespoir, il leur dit :
— Ecoutez ce que m'écrit mon fils avant de se tuer... mon fils le repris de justice... le frère de cette malheureuse... ma fille, qui a volé... qui a assassiné... car ce sont bien mes enfans... véritables enfans de l'amour... La mère de l'un est morte de douleur et de honte... la mère de l'autre est morte de désespoir et de misère... leurs enfans abandonnés sont devenus des criminels... C'est charmant, n'est-ce pas, mes hommes à bonnes fortunes ? Depuis, vous le voyez, mes honorables amis, je n'en ai pas moins glorieusement fait mon chemin dans le monde. Le roi me comble, et ses fils viennent chez moi ce soir ; seulement, si, dit-on, tout est pour le mieux, le plus beau de la fête sera passé... Mais j'oubliais cette lettre de mon fils le repris de justice... le suicidé... cette lettre, vous l'attendez... écoutez-la donc... entre amis, pas de secrets.

Et le comte, au milieu d'un silence glacial et d'une impression impossible à rendre, lut d'une voix saccadée, convulsive, ces lignes d'Adalbert Delmare :

« Mon père, vous m'avez dit de bonnes paroles, vous
» m'avez pardonné, vous m'avez tendu votre loyale et
» glorieuse main... Ce contact m'a donné du cœur. J'ai tout
» entendu. On me cherche, du moins vous n'aurez plus
» à rougir de moi. Vivant, j'étais las de la vie, et encore
» plus de la honte. Peut-être aurais-je fini autrement si je
» vous avais connu plus tôt. Adieu, mon père. »

A mesure que le général Roland avait lu cette lettre, l'espèce de spasme convulsif et d'égarement auquel il était en proie avait cédé à l'émotion ; il acheva sa lecture d'une voix entrecoupée de sanglots et il murmura :

— O le malheureux enfant !

Puis, relevant les yeux, il vit à peu de distance de lui monsieur et madame de Bourgueil, ainsi que leur fille.

Alors le général Roland s'écria avec l'accent d'un homme désespéré qui s'attend à tout :

— Monsieur de Bourgueil, vous aussi ! arrivez donc, vous manquiez à la fête !

Madame de Bourgueil frémit, regarda sa fille et sentit ses forces l'abandonner; mais quelle fut sa surprise d'entendre son mari s'incliner devant le général Roland, et lui répondre d'une voix émue et pénétrée :

— Croyez, monsieur, qu'ainsi que toutes les personnes qui ont la douleur d'assister à ces déplorables événements, je suis navré du coup imprévu qui vous frappe.

Et s'inclinant de nouveau et profondément devant la comtesse, il dit à madame de Bourgueil :

— Venez, madame.

— Oh ! merci ! — lui dit-elle d'une voix étouffée ; — vous êtes généreux pour lui.

— Le cœur me manque, — reprit M. de Bourgueil. — Je ne serai pas assez lâche pour frapper un homme ainsi accablé... Je ne suis que trop vengé. — Puis s'adressant tout bas à sa femme, il lui dit avec sincérité : — Julie, je vous pardonne.

— Et à ma fille, — murmura madame de Bourgueil, — lui pardonnez-vous aussi ?

— Oui, — répondit-il très ému, — oui, je vous le jure... jamais elle ne saura ce triste secret... dès aujourd'hui je l'adopte pour ma fille... Mais venez... venez... cette maison est maudite.

Au moment où M. de Bourgueil, sa femme et sa fille quittaient la galerie, un domestique accourut du dehors en disant :

— Général... le piqueur qui précède la voiture de Leurs Altesses Royales vient d'entrer dans la cour.

Maurice fit un signe au domestique et sortit avec lui pour éviter une dernière humiliation au général, qui, brisé, anéanti, était tombé assis dans un fauteuil, la figure cachée entre ses deux mains... Peu à peu la foule consternée s'était écoulée silencieuse, la brillante galerie, éblouissante de lumières et de fleurs, devint déserte.

La comtesse, agenouillée devant le fauteuil où était assise sa fille, tâchait de la ramener à elle-même ; mais Hélène, les yeux fixes, les lèvres contractées par un sourire convulsif, semblait ne voir ni entendre sa mère... Seulement, de temps à autre, elle portait machinalement son doigt à ses lèvres, disant à voix basse, d'un air égaré :

— Écoutez... écoutez !... c'est ma sœur... c'est mon frère...

Charles de Belcourt debout, de l'autre côté du fauteuil, ne prononçait pas une parole, mais les larmes ruisselaient sur ses joues.

Pietri, entrant alors sans bruit par une des portes latérales près de laquelle se tenait le jeune homme, lui dit à demi-voix :

— Tout paraît désespéré... ouvrez la lettre de votre pauvre père... tout sera réparé... la joie succédera au chagrin, comme le beau temps après l'orage, lisez vite.

Et avant que Charles Belcourt ait eu le temps de lui répondre, le Corse se retira du côté de la galerie, où il resta à demi caché derrière l'une des portières dépliées ; Charles cédant à un dernier espoir s'approcha d'une console où brûlaient des bougies, tira de sa poche la dernière lettre de son père et la lut.

Le major Maurice rentrait alors ; il courut au général, dont l'anéantissement était tel, qu'accoudé sur la table, sa tête dans ses mains, il sanglotait n'osant lever les yeux sur sa femme et sur sa fille.

— Mon ami, — lui dit le major d'une voix grave, — Dieu a puni ; peut-être maintenant aura-t-il pitié de tant de maux, il te reste ta femme, ta fille, l'honnête homme que tu lui as choisi pour époux, ils savent maintenant tes égaremens d'autrefois, mais ils savent aussi, par le bonheur qu'ils te doivent, que ces égaremens tu les as expiés. Courage donc, le cœur d'une épouse et d'une fille renferment des trésors de tendresse inépuisable ; ces cœurs généreux seront ton refuge. Viens, ami, elles sont là, elles t'attendent.

— Non. — murmura ce malheureux, écrasé de honte et de douleur, et la figure toujours cachée, — non, je n'ose pas... je leur fais horreur.

— Madame, — dit le major en allant vers la comtesse, — madame, vous entendez Adalbert, venez le rassurer... vous, Hélène, venez aussi.

— Mais vous ne voyez donc pas que sa raison s'égare ! — dit la comtesse en fondant en larmes ; — elle ne me voit pas... elle ne m'entend pas.

Le major s'approcha de sa filleule, lui prit la main, et se penchant vers elle, lui dit d'une voix vibrante :

— Hélène, votre père est bien malheureux... votre père pleure... il vous attend... Vous ne l'aimez donc plus, votre père ?

A mesure que la voix du major parvint à ses oreilles, la jeune fille tressaillit, redressa la tête, parut revenir peu à peu à elle, et lorsque le major répéta une seconde fois :

— Hélène, vous ne l'aimez donc plus, votre pauvre père qui pleure ?... Il est si malheureux !...

La jeune fille se leva comme en sursaut et, apercevant le général, courut se jeter à son cou en disant :

— Mon père, oh ! ne doute pas, du moins !

La comtesse suivit sa fille ; toutes deux s'agenouillant devant le général, l'enlacèrent de leurs bras, tandis que lui, sa tête grise toujours inclinée, n'osant encore lever les yeux, murmurait à travers ses sanglots :

— Non, non, vous ne pourrez jamais me pardonner ! vous ne pourrez plus m'aimer !

— Ne plus t'aimer ! — s'écria la comtesse, — quand nous te voyons si malheureux !!

— Ne plus t'aimer ! — murmura Hélène, — et qui donc maintenant t'aimerait, si ce n'est nous ? — Et Hélène retourna machinalement la tête comme pour chercher du regard son fiancé, étonnée qu'il ne fût pas, comme toute la famille, auprès du général.

Le jeune homme, suivant l'avis de Pietri, avait ouvert la dernière lettre de son père ; elle n'était pas longue... et pourtant il lui fut longtemps à la lire... Il semblait épeler chacun des mots en frémissant. Il venait de la relire encore, au moment où Hélène le cherchait du regard... Alors elle le vit s'approcher lentement... trébuchant presque comme un homme ivre... puis tenant cette lettre ouverte à la main, la présenter au général Roland en lui disant d'une voix entrecoupée par des intermittences convulsives :

— Monsieur... vous... avez... tué... mon père... dans un duel... à coups de couteaux.

— Que dit-il ! — s'écria le major en se précipitant vers le jeune homme, et saisissant la lettre qu'il tenait à la main. Charles Belcourt ne la lui disputa pas, et dit d'une voix sourde :

— Ce malheureux qui s'est suicidé là, c'était... c'était... mon frère !

Le général, sa femme et sa fille regardaient Charles en silence et avec stupeur ; ils le croyaient fou. Car après avoir contemplé un moment encore Hélène, il poussa un cri de douleur déchirant et disparut de la galerie, fuyant éperdu comme un insensé, tandis que le major, après avoir lu la lettre, s'écriait :

— Lui... fils de M. Delmare ! C'est impossible.

— Mon cher maître, ne craignez rien ! — s'écria tout à coup Pietri, qui, sortant de derrière la portière, semblait accourir par la galerie. — Mademoiselle Hélène, rassurez-vous ; tout va s'expliquer. Assez de malheurs pour aujourd'hui. M. Charles s'est trouvé mal... ça ne sera rien ; on lui donne les premiers soins... Mais, au nom du ciel, mes chers et bons maîtres, ne vous alarmez pas... je vais tout vous expliquer.

Si étranges qu'eussent été les événemens de la soirée, le général et le major lui-même, en proie à de nouvelles angoisses, ne songèrent pas en ce moment à accuser ou à soupçonner Pietri d'avoir été le secret moteur de ces événemens. Il accourait d'ailleurs, disait-il, afin de conjurer le dernier coup dont était menacée cette malheureuse famille. Il fut donc écouté avec une avide anxiété.

— Mes chers maîtres, — dit-il de sa voix tremblante, —

vous m'excuserez s'il y a quelque trouble dans mon récit ; mais les affreux événemens de ce soir m'ont tant ému que je peux à peine rassembler mes idées... enfin m'y voici. D'abord, mademoiselle Hélène, rassurez-vous, au sujet de votre mariage ; voici pourquoi, une heure avant ce duel fatal dont mon cher maître ne s'est que trop souvenu, M. Delmare a écrit plusieurs lettres ; s'il était tué, elles devaient être remises à son fils Adalbert Delmare, à différentes époques de sa vie. Ces lettres furent placées sous enveloppe par M. Delmare avec cette adresse : *Pour mon fils.*

— Mais, — dit le major, — ces détails, comment les savez-vous ?

— Pardon, monsieur le major, je ne peux tout dire à la fois... Ayez pitié de moi... ma pauvre tête est si faible... si bouleversée par ce qui arrive... que c'est à peine si je joins deux idées... Après les deux lettres dont je vous ai parlé, M. Delmare en écrivit une autre à un de ses parens, dépositaire des valeurs de portefeuille qui composaient la totalité de sa fortune. Excusez-moi d'entrer, monsieur, dans ces petits détails, ils ont leur importance, vous allez le voir. M. Delmare instituant ce parent légataire universel, à la condition d'adopter Adalbert Delmare, de lui donner son nom et d'en faire son héritier... M. Delmare succomba dans le duel que vous savez... Mais peu de temps après la mort de son mari, madame Delmare s'aperçoit qu'elle est mère. Or, c'est à cet enfant po-thume, que par la délicatesse de sa mère, d'accord en cela avec le légataire universel de son mari (suivez-moi avec attention je vous prie, de peur de confusion), c'est à cet enfant posthume dis je, le véritable fils de M. Delmare, que furent plus tard remises les lettres primitivement destinées à Adalbert. Vous me comprenez bien, je crois. Or, le seul but de ces lettres était, dans la pensée de M. Delmare, de préparer de loin une terrible vengeance, à laquelle mon cher maître a heureusement échappé, de mettre le père et le fils l'épée à la main en face l'un de l'autre... Le sort en a heureusement décidé autrement, car (et c'est là surtout ce qui doit vous rassurer, mes chers maîtres) ce ne fut plus Adalbert qui dut venger la mort de Delmare ; ce fut son enfant posthume, son vrai fils, qu'un certain M. Belcourt, légataire universel du défunt, adopta, et auquel il laissa son nom.

— Mais vous êtes fou ! — s'écria le major, commençant à pressentir une nouvelle trahison de Pietri, — ce que vous dites est faux.

— Pardon, monsieur le major, je veux seulement bien établir ceci : que M. Charles Belcourt, fiancé de mademoiselle Hélène, est le fils posthume de M. Delmare, de sorte que, suivez bien mon raisonnement, s'il vous plaît... de sorte qu'en épousant la fille de mon cher maître, ce jeune homme se trouverait naturellement le gendre du meurtrier de son père.

Alors Pietri, profitant d'un moment de stupeur causé par cette foudroyante révélation, tira de sa poche deux pistolets dont il s'arma pour protéger sa retraite, et commença de l'effectuer à reculons.

Charles Belcourt parut alors au fond de a galerie, pâle comme un spectre. A la vue de Pietri qui, ses pistolets à la main, reculait en élevant de plus en plus la voix, le fiancé d'Hélène s'arrêta les deux bras croisés sur sa poitrine et écouta.

— Ainsi, mon cher maître, — disait Pietri, — le dernier espoir qui vous restait pour votre fille vous est enlevé... tout ce qui est arrivé ce soir ici, est arrivé par ma volonté... J'ai tout fait... j'ai tout préparé... depuis vingt-cinq ans, je couve ma vengeance, mon honoré maître ; j'ai attendu longtemps afin de vous frapper plus sûrement vous et les vôtres... car il y a vingt-cinq ans vous avez séduit Paula Marchetti... et je l'aimais moi ! Ta femme et ta fille mourront de chagrin, et tu leur survivras.

A ces terribles paroles, Hélène, qui s'était jusqu'alors tenue debout près de sa mère, tomba évanouie en poussant un cri déchirant ; son père, sa mère, le major Maurice coururent à elle, tandis que Pietri marchant toujours à reculons opérait sa retraite ; mais il n'avait pas aperçu à quelques pas derrière lui Charles Belcourt, toujours debout, immobile, les bras croisés sur sa poitrine ; aussi à peine eut-il dépassé le seuil de la galerie que le fiancé d'Hélène se jeta sur Pietri pour lui arracher ses armes ; les rideaux retombèrent dans la lutte, et l'on entendit presque aussitôt deux coups de feu.

Charles Belcourt avait brûlé la cervelle à Pietri et s'était tué ensuite.

ÉPILOGUE.

Quinze mois environ se sont passés depuis les événemens précédens; une lampe brûle dans une des froides cellules de l'abbaye de la Trappe, et jette sa pâle clarté sur la couche où est étendu un mort revêtu de la robe à capuchon des frères trappistes.

Au chevet de ce mort, un homme portant le même costume monastique est assis son front penché sur sa main.

Cinq heures du matin sonnent au loin, à l'horloge de l'abbaye; bientôt le glas funèbre des cloches se fait entendre.

Le trappiste tressaille, se lève et dit:

— Cinq heures, la veillée de la mort est terminée... on va venir le prendre et rendre ses dépouilles à la terre.

S'agenouillant alors et prenant la main froide et raide du mort, le trappiste y déposa un pieux baiser et dit:

— Adieu, ami! j'ai assisté à ta longue agonie, car après la mort de ta fille et de femme, ta vie n'a plus été qu'une agonie... tu as espéré trouver quelque soulagement à ton désespoir dans les austères pratiques du cloître. Je t'ai suivi ici, je t'ai vu mourir, j'ai clos ta paupière, ta main déjà glacée a serré la mienne, ta voix expirante m'a dit: « Adieu, Maurice, tu as été fidèle jusqu'à la fin à notre » vieille amitié de soldat. Adieu, frère. »

Et à ce moment solennel, où nous allons être séparés pour jamais, — reprit le major sans pouvoir retenir ses larmes; — moi je te dis une dernière fois: adieu... frère... adieu, Adalbert, le devoir suprême accompli... je retournerai dans ma pauvre demeure de Ville-d'Avray... bien triste désormais... car je vous ai perdus... toi, ta femme, ta fille... vous trois... qui me faisiez oublier que je n'ai jamais eu de famille... On vient... encore adieu, ami... encore adieu, frère!..

. . . .

Les derniers devoirs rendus au général Roland, le major Maurice, qui n'avait fait en entrant à l'abbaye de la Trappe que des vœux temporaires, partit le jour même pour son humble et solitaire retraite de Ville-d'Avray, qu'il ne quitta plus, vivant avec ses livres et ses souvenirs.

FIN DES ENFANS DE L'AMOUR.

Paris. — Typ. de Mme Ve Dondey-Dupré, rue Saint-Louis, 46, au Marais.

www.ingramcontent.com/pod-product-compliance
Lightning Source LLC
LaVergne TN
LVHW020951090426
835512LV00009B/1829